李计忠破解《周易》系列

易界名家 独门首传

周易

八卦健康案例精典

李计忠 著

团结出版社

图书在版编目（ＣＩＰ）数据

周易八卦健康案例精典 / 李计忠著 . -- 北京：团结出版社 , 2010.7（2022.12 重印）

（李计忠解周易系列）

ISBN 978-7-80214-304-3

Ⅰ . ①周… Ⅱ . ①李… Ⅲ . ①周易－研究②八卦－研究 Ⅳ . ① B221.5

中国版本图书馆 CIP 数据核字 (2010) 第 134751 号

出　版：团结出版社
　　　　　（北京市东城区东皇城根南街 84 号　邮编：100006）
电　话：（010）65228880　65244790（出版社）
　　　　　（010）65238766　85113874　65133603（发行部）
　　　　　（010）65133603（邮购）
网　址：http://www.tjpress.com
E-mail：zb65244790@vip.163.com
　　　　　tjcbsfxb@163.com（发行部邮购）
经　销：全国新华书店
印　装：三河腾飞印务有限公司

开　本：170mm×230mm　16 开
印　张：20
字　数：264 千字
版　次：2010 年 7 月　第 1 版
印　次：2022 年 12 月　第 2 次印刷

书　号：978-7-80214-304-3
定　价：49.00 元

自伏羲画卦、文王演易以来，《易经》就被看成经典中的经典，哲学中的哲学，智慧中的智慧。道学专家萧天石先生曾说：《易经》"由无入有，由简入繁，由无极而太极、而阴阳、而四象、而八卦、而六十四卦、三百八十四爻，以至于无穷之象，无穷之数，无穷之变，无穷之理，均可推而得之，借而用之。由一本而万殊，由万殊而复归一本；本一而无穷"（萧天石：《道德经圣解》）。不仅如此，《易》还是中华民族几千年文明的根源，为诸子百家之所祖。对中国文化影响最大的儒道两家，其中心思想无不以易为体，仅法易有别而已。儒法乾，道法坤。易之要在乾坤，以乾坤为门户。《系辞上传》曰："乾坤其易之门邪。乾，阳物也；坤，阴物也。阴阳合德，而刚柔有体。以体天地之撰，以通神明之德；其称名也，杂而不越，于稽其类，其衰世之意邪？"儒法乾，乾为纯阳之卦，法乾之"天行健"，而主"自强不息"，主先、主动、主上、主刚、主强、主进取，主张积极作为，是入世之学；道法坤，坤为纯阴之卦，法坤之"地势坤"，而主"厚德载物"，主后、主静、主下、主柔、主弱、主顺应，主张消极无为，功成身退，为出世之学。也就是说，儒家学说以周易中的第一卦乾卦为自己的逻辑起点，立论乾卦刚健特性，以此推演出自己对人生、社会、国家以至于万事万物的看法；而道家学说以坤卦为自己的逻辑起点，立论坤卦厚德品性，以此推演出对人生、社会、国家以至于万事万物的看法。然乾阳极而阴生，泰极而否至，物不可极，极则必反；坤阴极而阳生，无为而无所不为。儒道虽立论不同，然异曲而同工。"两家思想之所以相反而又能终相合者，不穷通乎《易》，便无以得其几微矣"（萧天石：《道德经圣解》）。及至现代，中国科学教育最权威高校之一——清华大学的校训"自强不息，厚德载物"也出自《周易》乾坤两卦卦辞，即"天行健，君子以自强不息"（乾卦），"地势坤，君子以厚德载物"（坤卦）。意谓：天（即自然）的运动刚强劲健，相应于此，君子应刚毅坚卓，奋发图强；大地的气势厚实和顺，君子应增厚美德，容载万物。"自强不息，厚德载物"精辟地概括了中国文化对人与自然、人与社会、人与人之间关系的深刻认识与辩证的处理方法。中华民族历经几千年的时间考验和兴衰变化，而一直能稳固地凝聚在一起，并保持一个伟大民族的生机与活力，是同这种深刻认识分不开的。事实上，"自强不息，厚德载物"已构成中华民族的民族精神与民族性格的重要表征。（徐葆耕：《关于校训的解释》）。由此可见，《易经》对中华文化影响之巨大、之深远！

古有三《易》，曰"连山易"、曰"归藏易"、曰"周易"。连山易属神农（也有认为属伏羲），归藏易属黄帝，周易属周。前二易已失传，独周易仅存，经孔子等人发扬光大而更加流光溢彩。周易是一部集理、象、数为一体的特殊的哲学著作。虽"《易》本为卜筮而作"（《朱子语类》），其中却包含了深邃的哲学思想，其卦形、卦爻辞无不渗透着深刻的哲学道理，经孔子（孔子对周易的哲学提升主要见诸"十翼"，即《彖上传》《彖下传》《象上传》《象下传》《系辞上传》《系辞下传》《文言传》《序卦传》《说卦传》《杂卦传》）、王弼、朱熹、程颐等人的发展，已上升为体系完整的哲学著作，由此产生了专以阐释周易哲学大义为主要内容的"易理派"。而周易之要在理、象、数，其奇特之处、运用之妙几尽在其象数。离开象数，周易就不再是周易，而仅仅是一部普通的哲学著作了。因此，只有"易理""象数"相互参用、才能辨明周易大旨。南怀瑾先生也曾说："理、象、数通了，就能知变、通、达，万事前知了。"（南怀瑾：《易经杂说》）就易理而言，可以说，各有各的理，正理只有一条，歪理可有千条（南怀瑾语，见《易经杂说》）。正如《系辞传》所说："仁者见之谓之仁，知（智）者见之谓之知（智）。"然而周易的象数，却是科学，科学只有真理与谬误之分。

周易的魅力在于其蕴涵的深刻哲理性，周易的哲理性又依附在卦画的无穷变化上，而卦画的变化又是基于数的严密推演。因此，作为一部博大精深的哲学著作，周易中还包含着其他哲学著作没有的以象、数为基本要素的特殊逻辑推演体系。《系辞上传》中就有专门阐释"大衍之数"的内容。辞曰："大衍之数五十，其用四十有九。分而为二以象两，挂一以象三，揲之以四以象四时，归奇于扐以象闰，五岁再闰，故再扐而后挂。天一地二，天三地四，天五地六，天七地八，天九地十。天数五，地数五，五位相得而各有合。天数二十有五，地数三十，凡天地之数五十有五。此所以成变化而行鬼神也。"这是对周易著筮推演程序的介绍，但具体如何断卦，则没有说明。其实，古今易学专家皆精于象数和筮法。孔子及其周易传人梁丘贺、丁将军、孟喜，以及西汉的焦延寿、京房等，都是以善占而名流史册。仅以孔子为例，孔子晚年酷爱周易，常爱不释手，读《易》韦编三绝，还说"假我数年，若是，我于《易》则彬彬矣"。意思是说，再给我几年时间，就能够把周易融会贯通了。不仅如此，孔子还常常自筮。《孔子家语·好生》中就记载孔子自筮情况。原文如下：

孔子常自筮其卦，得贲焉，愀然有不平之状。子张进曰："师闻卜者得贲卦，吉也，而夫子之色有不平，何也？"孔子对曰："以其离耶！在周易，山下有火谓之贲，非正色之卦也……"

意思是孔子常常自己占卦。有一次占得贲卦，脸色变得很难看，显示出不高兴的样子。孔子的弟子子张，走上前来问道："我听说占卜得贲卦，十分吉利。老师，您的脸色为什么显得不高兴呢？"孔子回答说："因为它偏离我意。在《周易》上，山下有火叫贲卦，不是正色的卦。"贲卦，内离外艮，《象·贲》曰："文明以止"，也就是说内离明而外艮止。孔子本打算行道于天下，没有遇见乾龙等卦而得到贲卦，止以《诗》《书》，所以不高兴。这一案例说明，孔子晚年学易以后非常看重占卦。

周易象数及占卦方法随着历史的发展而不断丰富完善，并派生出了门类繁多、异彩纷呈的各种流派，诸如八卦六爻、四柱命理、梅花易数、奇门遁甲、大六壬、小六壬、紫微斗数、铁板神数、手相、面相等。这些流派虽各具特色，各有自己的逻辑体系和预测技法，其皆根源于周易八卦。近代易学专家尚秉和先生曾总结不同历史阶段周易占卦方法的区别，说："盖《易》之用代有阐明，而其别有三：伏羲以来察象，周用辞而兼重象，至西汉乃推本辞象而益以五行。五行明而筮道乃大备矣。是以汉之焦、京，魏晋之管、郭，唐之李淳风，宋之邵尧夫，其筮法之神奇，有非春秋太史所能望见者。则以春秋太史局于辞象，后之人能兼用五行也。"（尚秉和：《周易古筮考自叙》）也就是说，伏羲时期，占卦主要看卦象，以卦象推吉凶；周朝时期，虽也兼用卦象，但已重视根据卦爻辞判断吉凶；到西汉时期，已经把八卦和五行配合起来，按照一定的逻辑关系进行推演预测。所以，才出现西汉焦延寿、京房，魏晋管骆、郭璞，唐朝李淳风，宋朝邵尧夫等人的神奇占筮技法。这些技法是春秋时期专管占筮的太史们所无法企及的。

记得我十三岁那年，拜当地人称为"神圣高人"的曹宝件先生为师，先生曾对我说："要想进入易学的殿堂，八卦是必修课。只有学好了八卦，才能起卦断事，明辨吉凶祸福。"还指出："学好手面相，可以识人面而知人心，又是为人排忧解难最快捷、最方便的门径；四柱命理易学难精，但必须要掌握，因为四柱和八卦是打开一切术数大门的两把钥匙，要为人解灾就离不开事主的四柱八字；奇门三式可学可不学，但要成为易学专家，至少要弄懂奇门遁甲术。易学专家的必精之术是地理风水，但要切记，十年之内不可研习风水之术，必须待到有一定生活阅历后，才可以深研风水，而且必须在研读十年风水之后，把玄空、三合、八宅等几个大门派的风水技法综合掌握，才能进行独立操作。因为风水术不同于其他术数，应用其他术数稍有误差只是误事，而应用风水术出了差错会损人家性命，甚至会损害人家的子孙后代。切记！"从此以后，我一直沿着恩师指导的这条道路往前走。如今，已过知天命之年的我，深感周易八卦之精妙，习之愈深，愈感其"洁静精微"，妙不可言、神不可言。

在长期的断卦实践和总结前人的基础上，我首创了"一卦多断"独门技法，并创新发展了"八卦断风水""八卦配十二宫""大小限断流年""三飞""一卦断终生"等技法，以化煞、解灾、调理、改运等方法为人化解灾难，常有奇妙效果。断卦和化解灾难的实践使我深信周易八卦的科学价值。然而，易学知识博大精深、易学典籍浩如烟海，使人如站在易学殿堂之外，遥望宫殿的锦楼翠阁而望洋兴叹。

长期以来，我希望把自己几十年来学习积累的这些宝贵的周易八卦断卦技法公之于众，献给社会，造福于百姓，使中华民族易道发扬光大。2010年1月，我出版了《周易·一卦多断入门》《周易·一卦多断点窍》《周易·一卦多断精解》《周易与家居环境》四部著作，深受广大读者的喜爱，在4个月内销售一空，5月又再次印刷。

之后，我又整理撰写了《周易·家居环境入门》《周易·家居与人生》《周易·家居与调理》《周易·环境与建筑》《周易·玄空大卦例解》《周易·八卦与阵法》《周易·八卦健康案例精典》《周易·八卦案例通解》八部易学著作，以飨读者。这些书以周易八卦为理论基础，结合现代社会现实情况进行创新，源于古法而不拘于古法；在学理分析上，力求由浅入深、层层剖析、循序渐进、通俗易懂。

当然，周易之用，圆融活泼、运舞无休，由于本人才学有限、时间仓促，在撰写过程中难免有错漏之处，欢迎广大读者批评指正。

李计忠

庚寅年壬午月于海口

目录

第一章　六爻八卦基础理论

第一节　六爻预测贵在变通

在六爻预测中，定义、定理是贯通卦理的真东西，对这些定义、定理的使用，要灵活变通。古今书籍中，对六爻八卦的使用，都讲求"贵在变通"。"变通"，就是要灵活运用。

父母爻在六爻卦中代表文书、证据、文凭、房子，也代表车船、飞机等。父母爻是保护自己的，但在一定条件下，是可以转化成官鬼的，如父母爻是房子或车子，但在一定条件下就不是父母爻，比如汶川地震时，房屋、车子都成官鬼了。车子发生了车祸压死了人，地震时房子倒塌砸死了人，此时的车子、房子不再具有保护功能，而变成官杀了。六爻在变化，五行也是变化的，子孙爻为福神，能逢凶化吉，但若子孙临忌神的话，则会更凶。什么叫作临忌神？子孙爻克用克世，且又临腾蛇白虎，一般情况下要死伤人，所以说会更凶。

一卦打出来后，怎么断，若静卦打出来就无法断吗？是非要找到动爻才能断吗？一卦出来后，不论看任何事情，首先看卦宫，看旺衰，看二五爻，二五爻无气，受月日之克，运气肯定不好，二五爻刑克世爻也不好，然后再看动爻，看动爻的动态，没有动爻，看六爻中最旺最衰的爻，最旺最衰就是病，最旺的爻也是要办的事。分清爻位，爻位也代表人体方位等，初爻受克入库不能断头有病，只能断足的部位有病。六爻是头部，六爻均主脑神经衰弱，休息不好。三爻代表脾胃，五爻代表心脏，二爻代表股部、妇科、泌尿、小腹部和大腿，二三爻也代表肚子等。如看父母病，不一定看父母爻，而是做透视，从上到下，再从下到上检查，初爻发动受克不能说是肝病，如四五爻木金旺才主是肝病，火土多均主癌症，所以爻位代表部位，五行定病情种类。成败好坏决定于六亲，化出动变之爻是非常重要的，变爻是真的事情。①看卦宫。②看五行生克有没有力度，都要分析透。卦宫是出于计算用的基础，推算人的身高，体重，人数多少等，一律看卦宫。如峦头理气，峦头是勘察的，理气是要测算的。卦宫就像我所说的风水中的理气，是要测算的，分清六爻，十二地支，五行生克一定要充分理解，初义至六爻要分清，二五爻要重视。

一卦多断是紫竹公司独家首创的断卦技法和特色卦术理论，断卦准不准看动态，动、变二爻力度最大看此爻旺衰。一卦多断要分析透，对卦的理解逻辑性要强，冲合刑害说明一个动态，同一时间打卦，或不同时间打同一个卦，男打女打都不一样，对每一个卦的卦意都要理解，对卦宫十二地支要理解，五行冲合刑害是基础。如测病，鬼化鬼化进神旺，此人没问题，如化退神衰而入库，此人不在人世了。又如女打风天小畜卦，女方起变化，内卦巽初变为乾，女找老头大款有钱之人。（因乾代表钱和男人），天风姤，姤为男方起变化，是男的出问题，是男的找女人，所以男女打卦，各不同断，再根据生克冲合就一目了然了。

要研习好八卦，一定要牢牢地打好基础，稳扎基本功。本着认真、客观、求实的态度，多实践，多总结，不能好高骛远，急功近利。

学习六爻八卦的预测方法，要善于打破原来形成的固有旧观念，才能吸收新的知识，才能有新的进步。

一个人要在八卦预测上取得成功，并非一日所为，要有量的积累才能有所悟道，有所成就。但愿广大易学同仁多读书，勤思考，大胆实践，终会有成功之时的。

练功有助于提高悟性。平时要特别注意培养自己的学习方法。断卦时一定要理清思路，掌握分析卦理的技法。在学习中，每达到一个提高点，都会出现迷茫的现象，这个现象很快会过去，这是提高的征兆。

不论学什么要学其精髓，一定要多看书，多动脑筋思考和分析问题，特别是对学习中的难点，要通过电话或信件求答疑点。每一本书，最少要看三至五遍，带着问题学习，有疑问的地方要做记号，最后在学习班上提出来。看书，要做到每看一遍都能提出问题，往后再每看一遍都能解决前面的问题，这样才能学到扎实的基础知识，有利于掌握较为深奥的断卦技术。

第二节　常用的起卦种类

由于时间、空间、人与人之间的关系（比如代替第三者预测）等等不同，我们起卦的方法就会不一样。

1. 铜钱摇卦法。即用三枚古铜币放在手掌心，双掌紧贴。默念所求之事约 1 分钟，然后随意摇，掷六次，形成一个卦象。即我们所说的"八卦"。

2. 数字起卦法。如电话报数、按姓名笔画数、时间数字等也可以起卦。

3. 按颜色起卦法。如黑色属坎卦、白色属兑卦等。

第三节　六神作用简论

一、六神的性情属性

六神：青龙、朱雀、勾陈、螣蛇、白虎、玄武。

它在卦爻中的作用：

1. 是吉凶参考的依据。如卦中，用神临白虎发动，防伤、病灾及丧事。

2. 是性情属性的参考。如测卦人临青龙旺，则说明此人的性格豪爽、慈善、耿直、善社交，人际关系好；若临朱雀，则说明测卦人能言善辩，开朗热情等。

3. 是从事职业的参考。如用神临白虎，说明从事公检、医生、部队或做与金属有关的职业等，其他以此类推。

二、六神入宫断贵贱

青龙入震巽宫。遇贵马德合，临官印阳爻，旺相得位者，必为馆阁清要之官。在震宫名助威，在坎宫名乘云，主骤进早达。在午爻则多财宝，在戌爻则有权衔，在寅爻则有贤子孙，在申爻名潜蛰，又名折足，在乙未爻名隐伏，在酉爻名丧身，在癸酉爻名制锁。皆减其威力，不为厚福也。若遮人之家，龙入木，娴礼义也；入土，值里役也。旺则富，衰则先富后贫也。入水火，灶户也。入金，军匠也。

朱雀入离宫，遇贵马德合，临官印阳爻，旺相得位者，必为词林督学之官。入震宫庚寅爻，名学堂。并贵马德合有气，必文章名世，富贵早达。在坎宫名泣险，若犯刑破，主生平多忧苦危厄。庶民之家，雀空墓，陶冶也。雀空旺，术士师巫也。雀福旺，梨园也。雀入巳父无气，词讼起灭人也。雀入火，临禄贵读书好名人也。入金刃，军卒也。加大杀劫杀日月建者，工匠也。入水，盐窑户也。入阳爻寅木者，巫也。入阴爻卯木者，祝也。

勾陈入坤艮宫，同贵马德合，临官印阳爻，旺相得位者，必司农京兆方伯屯田巡城之官。在乾宫名登天，入壬申爻名生德。若见贵马德合旺相者，主有战伐功勋，捕获寇盗，因得爵禄，有威武之名。在震宫庚寅爻为执仇，庚辰爻为刑墓，更犯休囚刑害克破，其人必好斗好讼，多遭刑狱。庶民之家，勾入土生旺，值里役也；入土休囚，躬稼稿也；入金，刀工针艺也。入木，斧伐漆织也。入火，衙役也，旺则窑匠也。入水，泥水匠也。

腾蛇入巽宫，并贵马德合，居官印阳爻旺相得位者，必词林衡文风宪之职。入艮宫，名在山。在丙辰爻，名入穴，又名带角，主为人淑善，虽刑不凶。入乾宫寅申爻，名变化，见德合贵马旺相，主骤发，得贵人提携。入乾宫癸亥爻，坎宫父子爻，名破首，更无气犯刑害克破，主为怪物惊死或食恶物而死。但看卦中来刑害克破之神是何物类，则知为何物所伤也。庶人之中遇蛇，主不务农业而逐末者。如逢生旺乃九流人。遇刑冲并墓必艺术之人，分金木水火土而别言之。带禄，坐贾也。带马，行商也。入金，铜钱铁匠也。金旺带德贵，金银珠宝铺也。金衰带德贵，在离宫者，缎绢铺也，日并金动刀针类也。入火，倾销织扎也。入水，漂洗淘沙也。或蓑笠伞铺也。入木，兴修漆画也。寅木加华盖，庄塑佛像也。入卯木，梳掠香盒花铺也。入辰土，磁器缸瓦铺也。入戌土，销钥靴履铺也。入丑土，轿铺也。入未土，镌印章酒馆也。又入土，为磊砌墁也。入巳火，画工砖瓦匠也。入午火。书纸铺也。入火加财。织锦攀花也。临丑午财，贩牛马也。临亥未财，贩猪羊也。临酉财，贩鸡鹅也。临酉福，贩酒也。又蛇加刃，轻贱人也。

白虎入乾兑宫，同贵马德合，临官印，阳爻旺相得位者，必为将帅司马之官。入坎宫，名陷井。在戊寅爻，名中机，纵有贵煞，亦减其威。若加刑破克害，为灾尤甚。在巽宫，名从口，遇贵煞，主腾达疾速。在辛酉爻，必因兵革奏凯，得食天禄。在辛卯辛巳爻，犯刑破克害而无气者，主其人疯病恶疾。与相冲流年，或爻逢三合之年，发出病来。白屋之家虎入火，文章之士，加官贵刑宪之官。入水，灶户也。入土，民籍也。入金旺相带刃贵把总之类，衰则哨长之类。休囚不见，则屠宰之流，或爪牙之属。入木，民壮也，临刃加大煞，非兵必猎户也。

玄武临坎宫水爻，并贵马德合，居印阳爻旺相得位者，必为槽盐河道水利之职。衰则缉捕之官，或因剿寇获盗而得爵。入艮宫丙辰爻，名抵刑。入墓更无气，主贫病夭折。入兑宫丁巳爻，更同亡神劫杀者，其人必为贼，而死于极刑也。庶民之中逢武鬼加天贼，必为贼，加天盗必为盗，加金刃劫杀必劫盗也，加兄刃必不良人也。入火，爪牙之属。火加禄，煎烧之属。入水，舟子、网罟淘沙之人。入土，乃设合之人。入木兄，赌博压群之辈。玄武会咸池花街柳巷，则丐户也。

三、六神论祸福

人生所遇祸福不常，胥以六神取之。六神生合，各应其福；六神伤克，各应其灾。然六神又以占时太岁临爻者为上，月建大六神次之，日建小六神又次之。凡六神喜逢恩、要归垣、克忌神，生用神者吉，克用神、生忌神者凶。何谓逢恩？龙入水，雀入木，勾入火，蛇入木，虎入土，武入金是也。何谓归垣？春龙、夏雀，秋虎，冬武，三九月勾，六十二月蛇，为当权之归垣；龙入木，雀入火，勾入辰戌，蛇入丑未，虎入金，武入水，为本象之归垣也。

青龙临太岁外动，岁内加官进财进禄，会天马同众喜事，加驿马自己喜事，内动加德合福喜者，主孕育婚姻喜庆。遇凶鬼刑害克破，主喜处招殃。或因花酒，或作保为媒，或行善愿，或往喜庆之家致祸，仕宦公门，以升迁荐举朝贺问馈之失致祸也。

朱雀临太岁外动，有加官进职应举文书之喜。内动有分离、火惊口舌官非事。加兄鬼刑害克破，主因怒气生灾，或文书，或寄信，或喧哗词讼，或往火场铳炮流星之类致祸。仕宦则或以敕宣给由文移表章申详之失，或因讥讽弹劾致祸也。

勾陈临太岁并贵马财禄外动，主加官禄进田产喜事，内动主灾患缠扰，不能摆脱。加官符，必有田产婚姻之讼。加凶鬼刑害克破，主扑跌瘟病。或改造，或安葬，或因田产，或往墓前致祸。仕宦则或以城郭、封疆、田土、钱财之失致祸也。

腾蛇临太岁动，主求谋多为外事牵连。内动主虚惊妖怪，梦寐不安。加凶鬼刑害克破，主动土起讼。官吏需索不已，或以发惶患病，或见鬼怪或致病，或梦中魇倒。仕宦则或以已有虚诈，人有牵连致祸也。

白虎临太岁外动，主武职升迁诸行吉利，经营称心，内动主血光、孝服，刀兵横祸。加凶鬼刑害克破，主丧家，或战斗宰杀之所，或虎狼之窟致祸。仕宦，则以刀兵、变乱、杀戮、征剿致祸也。

玄武临太岁外动，主舟行有盗贼之变，会吉神则斩获贼盗，或进舟船鱼盐酒醋之财。内动主家下阴私失脱，孕妇灾咎。加鬼杀刑害克破，主以水利、坑厕、阴人、酒馆、花街，或往江湖飘洋致祸。仕宦，则有渡江涉海遭逢盗贼，淫宠侍妾，痔漏之灾。（月日六神同断）

第四节　六亲作用简论

六亲即兄弟、父母、妻财、官鬼、子孙。它们在卦中的作用是取用神的重要参考依据。如父测孩子，则以子孙为用；夫测妻子，以妻财为用。其他以此类推。

六亲用法：

妻财爻——食物、财、老婆、桃花；测病时忌财，因财旺官旺病发狂，特别看父母、房屋，财宜静不宜动，一动父母便有灾。

1. 财在初爻，说明多半是你的房屋，阳宅不吉，不聚财，阴气大，这叫阴盛阳衰，家中宜出现病人。初爻为地基又为父，所以临财为阴盛阳衰，如又临勾陈白虎，说明地基下为坟堆，家里不出文人，没大学生。

2. 财在二爻，男摇卦，说明妻贤，家中有钱，有田地，母亲有才华，比父亲有本事。家里，住房比较豪华，厅堂大，不论旺衰。母亲虽有才华，但身体多病。初爻主长子，二爻多指老三或老四有才华（兄弟辈），在子女中，儿子比姑娘有出息（这都是指财爻在不临四库临金木水时用法）。

3. 财在三爻是先富后贫，白手起家。

4. 财在四爻是先穷后富，靠别人或外力发家。

5. 财临五爻，女测卦，说明老公在外面有过路的夫妻。丈夫有本事，因五爻又为丈夫。

财在五爻，说明你的财源在外地，也说明你的祖辈有才华，还说明你的老婆、父亲有本事，有钱。财临五爻为交际花，临马星，走动多，一般是不守规矩，有问题，是女强人有心计，财把不住（男测卦，说明管不住老婆）。

6. 财在六爻，一般是指外财，如赌博、彩票、六合彩，不义之财，当官的为受贿，通过黑手、黑道来财，股票也是。如发动旺相为职业性的；如安静，为业余性的；财爻临土的都不行，另当别论。如财临四库则按正常断法，多数主凶，土越旺越成穷光蛋。

财不管在哪爻，都宜静不宜动，一动不是破财、官司就是父母有病。古筮书上有句话，叫"财动有改章"，其含义是财爻只要发动就有文章，财一动被官泄，官指灾难或家中病人，财动要花钱，说明要破财。

官鬼在爻位上也相当重要：杀气、升官、职业、丈夫、疾病。

1. 官鬼在初爻一般说测运或住宅都不好，特别临四库，灾气特别大，说明他的住宅底下有坟墓，不干净。同时也说明小时候（十岁以前）一贫如洗，且小时候多病灾，逢冲逢克说明他小时候有一大难，死里逃生，家境不好，房子是祖上剩下的旧房，官鬼在初、二爻叫绝户宅（主女多，男丁少，如逢官化父更是绝户宅，如官化子孙这叫单传，即一辈一个男孩）。

如初爻逢冲，主卦或变卦逢冲，如初爻丑化未，丑化寅卯木，说明他的小腿到脚的部分有过伤灾，如金木相战那叫骨折。

不论男女，只要初爻临官鬼，他的第一个小孩没成活，夭折或流产，也主这种人先穿父孝，因初爻为父。又说明文化程度高，离家比较早，一般为16、17岁离家，外出比较早。

2. 官鬼在二爻临金、木、水，在风水上，主家中不安宁，有邪气、闹鬼、鬼宅，主家中破耗财，存不住钱，且病人不断。一般讲，家中有坐牢的，有手术之灾；一般女的为妇科手术，男主膀胱肌瘤，女犯神经衰弱症，主他家的厨房出现严重的问题（此时要调整炉灶）。如：煤气炉开关换个方向。总之一句话，官临二爻大凶。男测女，指老婆有病，且老婆当家，怕老婆，如官在二爻发动，有两个老婆，有生死离别之灾；如是女测男灾更大，官坐二爻，主家无隔夜粮。

3. 官鬼在三爻如临青龙或朱雀且旺相，主家中有当官的；官鬼在三爻临寅卯木并白虎，必须是不能克世，主出武状元。如官临四库主门前官司是非多，宜出病人、伤灾，说明住房门犯煞气了，宜改门。有句话叫"穷了改门"，说明门路有问题，影响致富。

三爻临兄弟为破财门，如官临三爻休囚又破，主家中不和，夫妻不睦，三爻为厅堂之门，进家的主门。如犯了路剑煞或楼梯煞可将门槛做成鱼背形状的一道（约四寸高）破解路剑煞。

三爻如临蛇、勾陈，主家中伤男丁（父、子、丈夫）。

4. 官鬼在四爻主残墙破壁，如临寅卯木旺主门前有树，寅为大树，卯为树木。卯木为新盖的门楼，而且门前有铁栏杆。一般不断为木门，官如临寅卯木加螣蛇，此宅为荒废的家宅，没人住。

5. 官鬼在五爻主伤掌门人。

6.官鬼在六爻看动向及外面环境，没有多大讲究。

父母爻在爻位上也重要：学业、保护、证件、坟墓、车船、票据、飞机等。

1.父母在初爻，房下面邪气重，人易得邪病，不是好宅。父母在初爻，为平房或低楼房。

2.父母在二爻旺，房好、厅堂大，能聚气，休囚不好。二爻临父母持世旺相安静好，休囚克破，房屋破漏不堪。

3.父母临三爻化父母者，其房宅必是有两扇大门。

4.父母在三四爻，门为两家人出入。父母爻在三四爻临宅，门前靠街市。

5.父母爻在四五爻，住宅是在楼层的偏上层。

6.父母爻临六爻亥子水，临阳爻为桥，临阴爻为庭柱。

父母爻在六爻，为楼层高。

子孙爻在爻位上也重要：公检、司法、医生、医药，财源等。

1.子孙在初爻，为小辈，旺相为吉，休囚为衰，若初爻休囚又冲克宅爻，或旺气冲克初爻，风水上应子孙有灾，原因在于初爻的状态不利。子孙爻在初爻临亥、子水临白虎，说明宅基附近的桥梁较好，若逢冲克必是坏桥。初爻为子孙临申酉金大吉，为财爻寅卯木大吉。

2.子孙爻在二爻临青龙临太岁旺静，是平安之家。二爻临子孙旺盛，家宅安宁，财源丰硕。二爻子孙受日冲，灶边不净，或有神位，主大凶。二爻子孙合日月灶大吉。

3.三爻临子孙临青龙，门庭干净，人口安康。

4.子孙爻发动在三四爻，门前有绿水青山。

5.五爻临子孙申金为楼房，子孙不孝，叛逆心很强。子孙爻临五爻与父爻相合，是子承父业之家。五爻子孙临寅申巳亥冲，为斜行路，五爻子孙临子午卯酉冲，为中心路，五爻子孙临辰戌丑未冲，为胁有路。子孙在五爻与父母爻相合，主子孝敬，若与父母爻相刑克，主不孝。

6.六爻临子孙，主家中喜事连连。子孙在六爻动，主画栋雕梁。

兄弟爻在爻位上：劫财，口舌，分离，朋友，同事等。

1.兄弟在初爻，宅基是别人的或公家的。

2.二爻临兄弟是旧门户，临子孙是旧墙壁临官鬼宅已破损了。

3.三爻临兄弟发动者，主耗破，资产不聚之宅。

4.四爻临兄弟，玄武或子孙，家中常会遭受水淹。

三四爻都为兄弟，为盗贼堵门，又主房少门多不聚财克家中女主人，有妻难留，妻喜欢在外玩，不喜欢回家。

5.五爻临兄弟，墙壁内有坑，五爻与世爻相合，路曲有情。

6.六爻临兄弟，夫妻不团圆，六爻临子孙主家中喜事连连。

第五节 取用神的方法

一、传统的方法，只取单一一个用神，测财看妻财，求官看官鬼，失于偏颇，所以准确性不高。其实无论测何事，六个爻都是用神，甚至一个爻反复多次使用，可作为多个不同的用神。

二、用临月破测终身，只是在月破，不能一生都破；原神伏于用下，为有用，如破而动则有灾，就像人打架一样，你没力量，不行，那你藏在屋里就没事，所以，月破受制之爻临用，宜于安静。

三、取用的多样性

①正常取用（即测什么事以什么六亲为用）；②飞数取用；

③飞宫取用；④十二宫取用；⑤爻位取用；⑥六神取用；

⑦五行取用；⑧卦象取用；⑨伏神取用。

四、举例说明取用神的法则。

某女测母病：

| 壬午年 | 壬子月 | 甲寅日 | （子丑空） |

《水天需》	《水泽节》	六神
妻财子水、、	妻财子水、、	玄武
兄弟戌土、	兄弟戌土、	白虎
子孙申金、、世	子孙申金、、应	腾蛇
兄弟辰土○	兄弟丑土、、	勾陈
父母巳火 官鬼寅木、	官鬼卯木、	朱雀
妻财子水、应	父母巳火、世	青龙

1. 用神不现时的取用顺序：

①此卦无父母，取生我者为父母，断六亲取法以爻位而定初爻为父，二爻为母，三爻为父，四爻为母，五爻为父，六爻为母。辰动生世，为母亲，此辰土在三爻应为父，为何要定成母亲呢？因为五爻戌土与太岁日建三合火局，戌土在五爻也是父位，五爻为尊位，另外在取六亲时往往有几个爻，其位都正，此时许多人就无所适从，不知从何处下手了。这里有一点诀窍，定父母之位时，旺者为父，衰者为母，故五爻戌为父位是父亲，辰土为母亲。

如此卦无辰、戌土，则取二爻为母，三爻为父。

六亲的取法和常规测事看法不同，多数用爻位。如果四、六爻都是父母，则取旺者为父，衰者为母。

②看兄弟，哥哥在五爻戌土，世爻申为老二，变卦申为老三（因在坎宫），老四取丑土为用。论感情老四和老二、老三好，和老大不好。此卦可断为三兄一妹，丑土为妹。

姐妹先从二、六爻找，如没有则没有，二、六爻代表姐妹、母亲，丑土可以断是妹妹（因在兑卦）。

测病最怕财旺，此卦水财旺助鬼，为肝病，官鬼虽在二爻，但在乾兑宫，部位在上，所以为肝炎，五行定病情，卦宫爻位定部位。胃也不好。记住：十个肝炎九个胃不好。

2. 用神多现时的取用顺序：

如财爻两现，不取月破，不取空亡为用。

若是求财卦，上卦之财是所求之财，下卦之财。则为家中之财到家之财，以内卦才为主。

阳爻为正妻，阴爻为情人，求财卦，阳爻为正财，阴爻为偏财（以此区分财与女人）。同为阳爻，旺者为财，衰者为妻。外卦财为所求之财，先看外卦之财，内卦为到家之财。

是合都论动，子月辰日，子不论入库。

世爻临用神，还有他爻也临用神，则取世为用神。应爻为用神，或用神伏藏在应爻之下皆为所求之财。三会、三合局（只要旺而不衰则合局成功，如衰爻发动合局也论成功）。如在卦中巳火爻于子月中遇日辰合，不论合起，合不起来都像死树上生了几个新芽一样都是无用的。

是合都是动，午爻动在未日，用神衰因则不宜动，动则有灾。

卯戌合不论化火，只论合。

求财逢土，财临土就不大，都是小财，水财为正财大财。

丑月午日，以丑合住卦中子水论，午火生在冬天，没有力量冲开子丑之合，丑土本来是克水的，但异性相合，合力大于冲力。

如逢卦爻自空在测终身卦时，看限运行到哪步而论，如测求财出空得财，测出行出空就到，测求官出空提升。

子月午日，如卦中子水动，午日合冲不动；如午日入卦动还有灾。相害在一般情况下不予考虑。大纲主要以生克制化为中心，子卯相刑，弱论生，旺论刑。如申月申日卦中寅木不一定克死，得看临何宫，如寅临震宫、坎宫就是克不死，如临乾兑宫则有可能。

丑化辰，以化进神论，不论旺衰。

断生男生女，参看阴阳卦宫。

在寅月，卯木化寅不论化退，在卯月，寅木化卯为化进。

寅巳申三刑，最得利者为巳火，寅日，寅生巳火克申金，申最吃亏，如是临申日，则申金最为有利。

第六节　十二地支的用法

一、辰戌丑未四土用法

通常的用法看月份，农历七、八、九月威力最大，辰、丑在午未月是干燥之土，不生金；戌未二土在七、八、十、十一、十二月为湿土，能生金。干土和湿土，可以根据条件相互转化，即干土可以成湿土，湿土可以成干土。

戌土、未土是燥土，丑辰为湿土，但如丑辰土生在巳、午月则为燥土，戌、未在亥子月也为湿土。

未戌发动临旺地，在艮坤卦，多半为癌症，艮卦为死期已到。

一般辰丑为凉性可治，未戌为热性，难治，但艮坤宫见辰丑，同样为癌，还是不好治，肠胃癌一般在三、四爻上。

未戌不见艮坤，但在测病卦中旺，也是癌或难治之症。

未戌土为热性，故断癌症为恶性；辰丑土为湿性，故癌症为良性；恶性为不治之症，良性为可治之症。

只要看病，未戌土一般主癌症、恶性；如是丑辰则为良性可治。

未戌土在十二月看病，要看它的性质（指丑辰就是良性可治，未戌就是毒性，危险难愈）。

合：在看男女关系时，见卯戌合，为女找男，已有很长一段时间了，而且已有了男女关系。见子丑合，为男找女，为冷合，只是在一块喝茶聊天，还没有男女关系。

亥卯未三合，问婚姻、感情事，说明一开始三个人一块，结果还是卯未合了，属热合。

午未合为阴阳之合，天地之合，最佳之合，又称鸳鸯之合。

辰戌丑未又是四刑，卦中出现，十件事没有一件成；如求财求官，办事都不成；辰戌丑未又为四冲，逢吉他也能变成凶，看四土全不全时，主、变卦都算，日、月也算，伏神不算。凡看病，四土俱现大凶，四土俱动，死期到了，往往血压高，百分之八十为癌症；如看人相貌，用临辰戌丑未，外貌丑陋。

辰戌丑未四土用法不掌握，将无法断卦。

在夏天，辰戌丑未土都克水。辰丑克叫死里有救；如是未戌克那叫死定了，说明没有余地。

七、八月为金月，土克不了水，土都生金去了，不管金上不上卦，月令环境是金，这时土就克不了水。

十、十一月亥子月土更克不了水。

二、寅卯木的用法

寅木之人个高，脸形不好看，头发有点黄。

卯木个高也漂亮，特点是头发秀美，卯木之人喜打扮，她的好看是打扮出来的，且喜在发型上做文章。卯木又为桃花星主漂亮，故卯木之人比寅木之人漂亮。

三、申酉金的用法
1. 申金的性质

申金，马星，杂金，硬，杀伤力强；申金人性格一般智谋多，阴谋也多，代表医院、飞机、医生、记者、教师、刚强、奸诈、运气好，坏事也相伴。

2. 酉金的性质

酉金为纯金、丧车，运气吉祥，为桃花、柔、冲杀力也比较强，酉金之人耿直，端正慈祥。

白虎、蛇如临申、酉金动，多数为凶死、伤灾、血光一类。

注： 申与酉是不同的。申金是杂金，酉金为纯金。如申可代表医院、飞机、手术刀；酉代表医药、眼镜，也是艺术、音乐等，申金人尖脸，酉金人方脸。申可代表飞机，酉则不能。

在五爻时，申为眼镜（特别是破或刑），为高度近视。主卦为右侧，变卦为左侧，申化酉是右眼有病或近视。

申金之人脸形窄，且临五爻时主戴眼镜。

酉金方圆脸主漂亮，比申金之人有气质好看，因酉金又代表桃花星，桃花星主漂亮，但酉临五爻不主戴眼镜。

四、巳午火的用法

一般巳午火中，巳火的力度大，午火则衰，因巳火是初生之火，是太阳刚升起之火，朝气大，力度大，越烧越旺，故巳火的杀伤力比午火的杀伤力大。巳火在人体上测病时，巳火就代表手术，因巳火为手术刀。巳火的人难相处，午火的人好相处，巳火的人心机多，阴毒，怀中藏刀；午火人刚强正直，巳火人善伪装，午火人不会伪装。

巳火在二、五爻出现多主凶事，巳火为手术刀，出现多数有手术之灾。

午火多按正常来断，在卦中分析吉凶时，是以力量的对比来判断。巳火有时看着吉时也作凶论，逢吉也变凶。寅木也有与巳同样的特性。

五、亥子水的用法

亥水代表西北方、家中长子，代表权力、静水、深水、井、池塘、湖泊，在家宅风水上代表天位、掌门人。

子水，代表河沟、下水道、旺了代表江河一类。

大海看什么？只要临日、月，亥子水都可代表大海，在人体上亥水为血液，子水为血管。在长相上，子水比亥水高且白，漂亮。亥比子胖。亥为黑胖，亥水代表女人时，为有风韵，水灵灵的。

亥水在五爻时，代表眼睛是双眼皮，如亥动化子，或子动化亥，说明两只眼睛，一个双，一个单。

亥水，双眼皮，为明亮，为清亮，为大眼。（指在五爻）

子水，单眼皮，为小，为浊。

六、头面部的看法

头，六爻辰戌鬼带刑冲或临勾陈主缩头。临金头有异骨突出。金鬼临子孙动回头克，主有脑神经病。木化火，头必有疮疤，头发稀。临土主头大，毛发稀。临木主头长头发多。临火主头尖，头发黄。临水鬼主聪明，头发少、黑。乾圆坤方震长巽直，合则正，克则歪，冲则摇（指血压高）。

五爻为酉乾圆坤方，震方长巽瘦长，离下尖上宽，坎方圆，兑清秀瘦方长形，艮上尖下圆，八卦的脸型。

五爻寅申巳亥面尖；子午卯酉圆辰戌丑未方厚；父母爻面大财秀美；子孙福相；兄丑，脸面有伤，破相，麻痣多。

例：测父母病。

子月　甲戌日　（申酉空）

《火泽睽》　　　　六神

父母巳火、　　　　玄武

妻财子水　兄弟未土、、　　白虎

　　　　　子孙酉金、世　　腾蛇

　　　　　兄弟丑土、、　　勾陈

　　　　　官鬼卯木、　　　朱雀

　　　　　父母巳火、应　　青龙

推断：

测病怎样看？先看卦中哪个爻最旺，哪个爻最弱就是病根。

此例中，酉金爻最弱，在子月处休囚，又临旬空，财不上卦（不能进食）是危重病人；且双夹丑未戌三刑，相当于发动，丑又为酉之库，酉又空，财子水又不上卦，水在人体上代表血液，虽子水临月但不上卦，说明血液不通。先看巳火当头，月克又入日库，邻爻兄未土又泄，六爻在人体为头，酉金太弱，说明心脏、头脑、血管症状显著，官卯入五爻兄未土之库，也说明血脂高，官鬼临卯为肝胆，胆固醇高血脂就高。

如是看女的：二爻官卯化辰主炎症，如临辰、戌、丑、未土为瘤；如是木火主炎症；二爻坐巳火，不管男女，多数腹部做过手术。

看病就看卦中动爻旺衰，以此理论依据而定病因。

第二章 五行生克制化刑冲合害

第一节 详释生克制化刑冲合害

一、论三合与六合

合——有克合、生合、静合、冲合、动合等多种形态。

三合为三支合力，相当于三个人的合力。如：亥卯未三合，三合力量大且有始有终。亥卯未三合局，又叫才随官鬼入库。

六合为二支合力，比起三合的三支合力力度要小，六合的焦点是合中带克煞，例：子丑合、卯戌合、申巳合（皆带克刑）。

如测交朋友遇巳申合，说明即刑又克为有害，不可交。而诸如寅亥合、辰酉合、午未合，皆是生合，如测交女友遇之则可建立友谊，但其结果却是一方受益，一方吃亏，受生者受益，生泄者吃亏。

如卦中巳火动冲寅亥合，叮论破合。但巳火在冲亥卯未合局中的亥时，有未土从中化泄，故冲不破局，所以说三合局面对四面八方，任何力量都能抵挡。如有酉金动冲卯木，此时，不但此时的酉金冲不破散卯木，反而因为酉金的冲，加大了亥卯未合局的力度，使此三合更为牢固，所以说三合局很难破，故说三合力度大，有始有终。

巳申之合又称为败局之合，实际上巳申是不能合的，因为合的结局为双方都受害。

二、论三刑

1. 寅巳申三刑

三刑，说明动，动中有刑，主卦变卦中三个出现就论刑，也不一定都得动才论刑，其实不动也论刑，大凡构成刑局的，主测事不成又主伤灾，打官司、口舌之战、牢狱之灾等。三刑主不是一人所为。

看天时占卦，寅木当令，巳火得力，受伤的是申金，详情看卦中临何六亲，兄临巳火动，破财了。父为项目，出现三刑则不成功。三刑结果源头有灾，如寅木有灾，临卦中六爻头部受伤。如化戌土，戌为火库，也指火葬场。如坐震卦，震卦又主烟囱。

寅巳申三刑在申酉月份测卦，最差的是巳火。

寅巳申三刑在寅卯月测卦，最差的是申金。

寅巳申三刑在亥子月测卦，最差的也是申金。

寅巳申三刑在巳午月测卦，最差的为寅木，申金也受损。

寅巳申三刑在辰、戌、丑、未、四库月测卦，寅木失利。

2. 丑未戌三刑

此三刑四季都旺，如丑未戌三刑在春天出现一样旺，看卦，逢土三刑指定有灾，测人定有准验，此为经验之谈。丑未戌三刑比寅巳申三刑力度大，寅巳申三刑能解，而丑未戌三刑（其实丑未辰照样三刑，三个土碰到一块就是三刑，四个土碰到一块就是四库动刑），此三刑俱动，往往是死伤、病灾、癌症、刑狱之灾。伤灾体现也是各有千秋，几乎半死，或死里逃生，严重的会死人，特指其伤害性大。

初父寅木化巳火，一样说明寅巳申三刑，临初爻，初爻为腿脚，说明腿受过轻伤，像是扭伤过，谈不上大伤。

有三刑论三刑，有三合论三合，库逢刑则开，所以巳动化戌，戌逢刑时，论库开不进库；巳酉丑三合局成功，丑逢刑则不进库。如酉金财爻为用，巳火动生用下之未土，则未土又生酉金，故为得财。

3. 用神合太岁必有喜事来

2003 年测卦，世爻午火合五爻未土（未土临太岁）合化火，主文化文明，临白虎，白虎主动又主武职，所以其人必是文武双全。

甲戌年四路来财，因子孙临辰戌丑未四库全且旺为四路来财之象，但因丑未戌三刑，被刑掉三个，只剩下一个辰土，戌岁冲动辰土合财酉金得财。

4. 六爻中的三刑，三合都成立，没有不成的

在子月，世爻午火月破，测终生，寅午戌是一家人，午火临月破，寅木必定相生，这叫死处逢生。所以三合局中的中神不管受伤何种程度，合局不论破，且三合局为最好的应验期，如月破在午，午月填实就成功了。哪一个旬空的，填实了就成功。如测找人，寅午戌合局，看孩子外出何时回？如寅木休囚，那就在寅年、月、日、时为应期，动了回来就快，应于日、时，如是安静，可能应于年、月。

月破，出月之时不为破；空亡，取填实之期为应。

如三合局缺哪支，哪支出现之期为应期。

如三刑，缺哪一地支构成刑局，则在日、月出现哪一地支的构成刑局为应期。

黄金策有云："用动值三合，行人如归家"。只要用在三合局中，都全的时候，就应期到了，百发百中，其他方面同理。

三刑不生，三刑有克杀力量，主犯大煞，在测运中，犯小人。

如壬午年乙未月酉日测得《未济》之《归妹》卦中，如逢子年太岁，冲克世爻午火，就是有病受伤，有灾的应期，亥年合动寅木，则巳午火亦旺。

此例中的寅木，一个寅巳申三刑，寅木在月日不得令，故不克辰土，还有一个入月库。

如果在申月，初爻如果是父卯发动的话，它就有能力克二爻辰土，即使辰土当令，虽然卯木月克力弱，但却动了，动了就有力量，

只能说力量小，就像一个人是卯木，辰土人当令却未动，故辰土人被卯木人打了，但是打不死，因辰临月日令旺之故。

衰爻发动，照样能克旺静爻。

像上例《未济》之《归妹》卦中，看宅子，只要初爻持父母临金木水火土动就有坟，加上二爻又为鬼库，信息更明显。

初爻父动化兄弟巳火，临青龙，巳火为蛇主细长，青龙为大蛇也主细长，青龙又为水沟，变卦为左，故在其宅左边有水沟，而且在宅东南也有一水沟，巳火为东南，青龙又为东，故在东南方位有一水沟。

看卦变：坎变兑，兑为泽，水湿之地，所以房基地低洼，阴气重，此处的变爻巳火，由卦象兑，决定为长水沟，因兑为泽。

第二节　卦中五行生克制化的规律

1. 看五行生克制化对用神的喜忌。

2. 看卦象吉凶。

3. 不论测哪件事情，六爻都是用神。

4. 卦排出，先看动爻，并不是先看世应。如男测官，应爻坐子孙，得先看自身是不是官，女的是不是公检法，如女的是公检法，那她就是制官鬼的，并不是克夫的，这是对对方的职业定位，再看本人是什么职业。测做股票、六合彩生意的，是官鬼持世。对方是女的临子孙反而是件好事，因她能制官。现代社会的情况复杂，对求测人的身份、求测人的职业，定要搞清楚，是断卦的关键。

5. 女测卦，世官应财，现代社会都是女人当家，掌管财务及家中一切，女测遇官持世，说明为好内助，但如临玄武就坏事了。

男测求婚，女的临财在应爻上不一定成，如应临财动，一动反而不好是有外心，所以宜静，世爻自动也不踏实。财动说明女的太显眼，如应动与月、日相合，她必然有外心，或卦中有变出之爻或卦中旺爻与她合，说明身边有不错的男朋友，这就叫贪合忘生。

所以卦遇六冲不一定散，六合也不一定能成。

六冲卦加速了事情的快速，不论好坏事都快，成快败也快。看婚姻卦，男女间隔大，说明异地很远，此种情况一般都是六冲卦现，不冲不能见面，冲才有动态，才能见面，你如不运动，一生也见不着。

6. 测牢狱，用神逢合，照样能出狱，条件是：用神要旺。测两人关系，六冲卦，卦中爻如逢合住，叫冲中逢合，说明关系还相当不错、牢固。

所以，断卦一定要掌握技巧，任何事情道理都一样。如得六冲卦时，测的是考大学，当兵，那就是都为有利，因为有冲才有动。上大学须得马星动，不动怎能上大学？如测兄弟关系得六冲肯定关系不好，如果他们好得天衣无缝，那就用不着测了。但有矛盾肯定能解决，因为是亲兄弟。

因此，六冲不一定坏，六合不一定好，全在动态结局，六合卦中照样暗藏杀机。

7. 六静卦。六个爻都安静，说明被测的这个人大度，宰相肚里能行船，心胸开阔，心中也有数，断时：一先看爻之旺衰。二再看暗动之爻（月、日冲之）。三是土不论月破，越冲越旺，所以也为暗动。

如：申月卦，卦中有卯木，如卯木下一爻有亥水，或者卯在六爻，亥子水在初爻，只要卦中有水爻就能通关，有救。

8. 如逢卦中大象不吉叫不占地理；卦中有动爻克世叫犯小人，叫不占人和；日、月当令生助用神叫占天时。只占人和，则主成功速度慢。而且作为一个易学专家，不仅仅只是个阴阳五行家，更是一个心理学家、哲学家、社会分析学家。

刑大于克的力度，对你能造成伤害；克，是对你有意见，克有转化之机会；而刑呢？十刑九有灾。

9. 如在测病时，逢子孙爻弱，可知是医药不对症，那怎么填平化解之？有的说可到子孙临地支的方位或生助子孙的方向就医，这是一个方面。我告诉你，这时，你只有到部队、公检法医院去治疗，准好。子孙不仅代表医生、医药，还代表部队，公检法等部门，当然也代表部队医院、公检法医院。子孙爻旺病就好了，还用治吗？长期有病的人，子孙怎会旺？所以说，断卦一定要结合常理。看一个小孩，卦中财旺，你不能说他有大财。财、官在学业上主数理化理科，在五行上金水主理科；官父主文科，五行上木火主文科。如测学业，财官不上卦，说明此人成熟早，玩心大，学业不好，好逃学。如测小孩在外边玩什么？看卦中动态，静反而不好，没有大的动态，有事能承受。

10. 逢静卦，看暗动之爻，临月日相当于动态，如亥月，卦中有亥子水相当于发动，看旺爻，最弱的爻，位于哪卦？哪宫？便是其所测之事。动卦中有静，静卦中有动，此为看卦之法。

11. 生克制化，刑冲合害。

月、日可生卦中之爻；动爻之间互生，动爻可生静爻。喜神宜生扶，忌神宜克制化。喜神被刑冲合去为凶。忌神则喜刑冲合去。至于相害，则用的机率较少。但也可使用参断。

第三节　断卦须看整体组合与五行平衡

断卦须看卦中组合、旺衰与整体五行平衡。

一、组合

有远近之分，如用神在卦中处二爻喜生扶，而生扶之神不临日月，且在六爻，各爻位皆无法流通到二爻上，又无动爻生之，则不利用。若三爻、二爻或日、月恰好有生扶用神者，则用神受益。

二、旺衰

用神的旺与衰，不是一成不变的。有时虽临日、月旺相，在卦中有其他爻发动冲之、克之或自身化回头克冲、化退，这都是减旺、受损或转弱的信息，反之，虽木临日、月显弱势，但逢卦中其他爻动来生扶，或自身动化进，皆可由弱转旺。旺衰对于测断一件事情发展趋势，是吉是凶占很重要的位置。

三、整体五行平衡

断卦中详细审察整个卦中哪一爻五行最弱？哪一爻五行最旺？是否五行流通？是否有动变平衡的趋势？最旺及最弱的爻皆为卦中之病灶，此为断事吉凶的关键所在。五行俱全，相对平衡流通，则所求之事会吉顺，反之，用神偏枯则应凶。

第四节　断卦时应注意的几种特殊情况

一、动爻

动则显神机，动爻与所测之事息息相关，旺则应事快，弱则应事迟，看应吉应凶。动爻化进神及动爻化退神也是事态发展的一个衡量标准。测喜吉之事，宜用神动化进，反之，则宜动化退。一卦中多动主事情反复多变，难成。动入墓，测吉则凶，反之则吉。

二、空亡

用神旺相临空，出空之后无用，易受伤，易被置于死地。有用则应吉，无用则应凶。空亡，也表示不实之意，测生意，若对方逢空则无诚意，若世逢空则自己不诚心。喜用神逢空不吉，忌神逢空是好事。测不同事运用到卦中就有不同之论，具体请详参卦例。

三、入墓

凡求谋之事入墓后则难以发挥，不利求谋。若逢合、逢冲可解墓库。日过后墓自解。用神休囚受克入墓应凶。故忌神入墓反为吉利。入墓形式有：入日墓、入变爻之墓，伏神入飞神之墓，入月墓等。

四、伏藏

伏藏即不上卦。用神伏藏临值年、月、日皆可有用。飞神被冲去、合去，伏神也得出。伏藏仅是事态暂时性的发挥不利，但逢值之时仍是有用的。

五、反吟

用神所在之卦若遇反吟，则主谋事大凶，也有反复之象。卦变反吟，关键是看用神是否在其卦中，若不在反吟之卦中，则不至于大凶，但主求谋不遂。

六、伏吟

喜用神若遇伏吟，主凶。伏吟主忧虑、叹气、哭泣、呻吟、哀号、丧事等不吉之事。

七、游魂卦

一般测得游魂卦或动变游魂卦，则主事情不固定，或不能长久，即经常变化之意。

八、归魂卦

一般测得归魂卦或动变出归魂卦，则表示处境稳定，安然，心有定向不更变，新事拘泥而难行。以上种种，希望广大读者在具体断卦中，根据具体情况灵活地掌握与运用。

第五节　卦中神煞贵马德合辨

天乙贵人为众煞之主，主持极为贵要，乘马则贵超伦类，扶德则声振寰区。并官爻者，职任阿衡。值太岁者，权膺方面。在乾宫，名金阙。在亥爻，为登天门。在丑未爻，为入宫阙，尤称奇特。在壬申爻，曰玉堂，主词林清要，声名熠熠。在壬戌爻，为降宫，虽不及玉堂之福，亦生尊高好学，清雅博识。在坤，曰黄宫，生有至德。惟在巽宫，名曰地极；在辛卯爻，名励德，亦名涉难；在辛巳爻，名升化；皆减其贵气。若乃贵人遍历六爻，更世爻旺相得位，而无刑破，则文居台阁，武镇边疆，而为非凡之福也。抑四直之贵，年之力大如月，月之力大如日，日之力大如时，仍须分昼夜所治。世属卯辰巳午未申，则取夜贵；世属酉戌亥子丑寅，则取昼贵。定昼夜贵人，例甲戊庚，丑为昼贵，未为夜贵；乙己，子为昼贵，申为夜贵；丙丁，亥为昼贵，酉为夜贵；壬癸，巳为昼贵，卯为夜贵；六辛，午为昼贵，寅为夜贵也。阳贵宜旦昼，冬至后；阴贵宜暮夜，夏至后。

驿马于四直支神取之。若得四马聚于一爻，为福非浅；若与官贵并立，当出将入相，富贵殊绝。而马亦有辩。寅申属阳，牡马也，力健而疾速；巳亥属阴，牝马也，驽钝而不可致远。又马为火畜，寅则长生（火长生在寅），巳为临官，此二马为福最多。申乃病乡，亥为绝地，斯则赐恩减半。又宜在世之后，不宜在世之前。世逐马者，一生劳碌；马逐世者，安享荣华。马走旺宫，仕宦超凡；马行衰地，士民拮据；马值空亡，定居尘市。又申年寅马，是岁刑马也；寅年申马，是马刑岁也。若马临世爻，又配官鬼，更犯岁月日破克刑宫，虽主贵有重禄，遇限爻刑害破克胎绝墓之年，必遭刑戮而死，或服毒药而死也。

德有四：有天德，月德、干德、支德。一德可以禳百恶，解百忧，无求不得，无欲不遂。德在阳爻，尊崇贵达；德居阴位，勤俭恭庄。德并贵煞，富贵康宁；匿刑胜德，不免死亡。如甲寅年月日卜，世居巳木，甲与巳合，寅德在未，谓之德合相见。庚申年月日，世在乙丑亦同。若乙丑卜世在庚申，己未卜世在甲寅，名曰阳德。如此之类。尤加喜庆更得四直来相生合，不犯刑破空亡，则五福备而百禄遒矣。其次者，三传在丙辰，世在辛酉，辰德在酉。丙与辛合，亦名德合相扶。三传在壬戌，世在丁卯，戌德在卯。丁与壬合，又名德合相扶。但以卯酉二爻，干德不临，故名孤德。辰戌二爻，贵人驿马不临，故名弱德。又辰酉二爻为匿刑，纵遇其德，亦为刑德相合也。故辰戌卯酉四爻，纵遇岁月日德，犹不能致大福，虽有官爵，不得显达；或犯刑伤，反为殃咎。又子午巳亥四爻，凶德互处，午亥二爻为匿刑。惟丙午年月日卜者，世在辛亥爻，丙与辛合，午德在亥，方可有福。辛丑年月日卜，世在丙午者亦然。但许依尊附贵而求仕，若犯刑害克破，则淹抑难进也。子巳二爻，惟壬子岁月日卜者，世居丁巳爻，丁与壬合，昼贵在巳。子德在己，己巳年月日卜，世得甲子爻者亦然，俱名贵人扶德合，却无匿刑之凶。若居阳爻，得位旺财，必主绵长之福也。大抵德犯匿刑，尚不能致福，况有刑无德者乎？又凡克中遇德者，其祸稍轻。如卯克戌，子克巳，寅克未，申克卯，亥克午，酉克寅，辰克亥是也。

合以六合为上，三合次之。凡合我为顺为助，其于成事也速。若合处逢冲则散，动中带合则迟。然而合亦有辨。如卯合戌，子合丑，合中带克，还成半凶。戌来合卯，我必欺他，当为吉也。辰合酉，午合未，亥合寅，合处带生，必获全福。如未来合午，寅来合亥，酉来合辰，终嫌泄我之气，乃为半吉。巳来合申，金生在巳，不可言克。一见寅动，乃是三刑之煞，毫无合气，此祸大凶。申来合巳，刑处带生，半作吉祥。又有合被变爻刑冲之而不合者，有无合化出有合者，又有干支俱合者，名为天地合德，见伤不伤也。三合以中一字为主。前一字生而主发，后一字墓而主藏，三字俱全，为真三合。且以巳酉丑金局论之。酉为主也，有巳酉而无丑，虽成金局，而少收藏，事主有始而无终。有酉丑而无巳，亦成金局，嫌少根源，事必先难而后易。若有巳丑而无酉者，金象既无，焉能成局？寅午戌火局，亥卯未木局，申子辰水局。余仿此。又刑煞，煞宜带合，盖刑杀本凶，带合尤甚也。

第六节　断卦的法则

一、断卦的思路

1. 蛇打七寸，卦抓要点。

2. 一卦多断。（先学好一事一断，而后才是一卦多断。断卦避免思前虑后，怕错，反而影响了断卦的灵感和技术的正常发挥，故要大胆断卦。）

3. 瞬间起卦。（先以来人提供的信息为准，他想摇卦就摇。如来人说随便时，再以自己习惯起卦，善于用什么方法就用什么方法，以快且方便准确为目的。）

4. 无事不占。（因无事所起之卦没有重点。）

5. 断卦要综合象数理。

①象者，像也。有卦象、爻象、六亲象、六神象。

卦有表里之分。

如内卦震化坤，震仰盂化坤六断，化断，说明此人小时候腿断过。如是木化金就回头克，说明骨架受克，人长得矮。又如：内木外金，内为小外为大，故受伤应于大的年龄段内发生。

②数。

卦　数：乾一，兑二，离三，震四，巽五，坎六，艮七，坤八。

五行数：水一、火二，木三，金四，土五。

地支数：子亥一六；巳午二七；寅卯三八；申酉四九；土为五十。

爻　数：初爻、二爻、三爻、四爻、五爻、六爻。

太玄数：甲己子午九，乙庚丑未八，丙辛寅申七，丁壬卯酉六，戊癸辰戌五，巳亥支为四。

地支顺序数，子 1、丑 2、寅 3、卯 4、辰 5、巳 6、午 7、未 8、申 9、酉 10、戌 11、亥 12。

③理，指易理，常理。

断卦是运用易理，符合常理，断过去要符合过去的实情，断现在要符合现在的状态，所以说断卦要符合常理。

断卦，断哪方面的事，就必须先了解哪方面的社会情况，其内涵、实质。如测大学生情况，就先了解当前大学生的情况，如测官职的大小定位等，必先了解当代国情，国家干部与部队干部级别的划分情况。

6.断卦要注意思路，避免反推（何谓反推？即知道结果后，按结论套用原理）。

二、断卦的顺序

1.起卦（也叫装卦）。

2.找出一卦之中最旺及最弱之五行。衡量整体卦中五行的平行情况。

3. 找出所要求测的人或事之爻位代表（即用神），是否找准是非常关键重要的。它会影响测卦的准确率。

4. 衡量利与弊，断出吉与凶。

另外，六神可排出来参断会更为具体形象明晰。

三、断卦的程序

1. 先看世应：世为己，应为他，应也为所问之事。世应宜旺相，世弱，自身实力不足。应空绝，所求无成。

2. 看动爻：发动就是当前所要发生的事情，要看动爻在卦中所起的主导作用。

明动： 光明正大，吉凶祸福明显。

暗动： 意想不到，随时可能发生的吉凶变化。

冲破之灾，是受外界影响而破，不起好作用。如是忌神受冲动为化险为夷（也是有灾），吉神受冲，是不占天时或地利，更凶。

3. 看三传（年、月、日）在卦中的效果。

4. 看用神与原神。

四、断卦的规律性

1. 卦成之后，先看日月，再看卦中的动爻，因为爻动必有变。

2. 看应爻，如测自家人、单位、领导……

3. 取用神，求财看财爻，求官看官鬼……

卦中的动爻，代表事的起源，动变表示事情的结果，变出的卦象定吉凶。动出上卦看上卦，动出下卦看下卦。

4. 定旺衰

旺衰是事情的经过与结果，它体现了生克制化的吉凶。如卦化兑，兑为伤，为缺，说明受伤，乾化兑为头部受伤。

周易·八卦健康案例精典

5. 看地支

看当时发生什么样的事情，充分说明了事情的经过，事情的好坏，办成与否，一般都是看地支。

6. 看爻位

指动爻的爻位，用神的爻位及旺衰的爻位，爻与爻的动态都不一样，所以爻位很重要。

在断卦中，爻位有时是职位、有时为处境优劣的体现，有时可代表六亲，如初爻为父，二爻为母，五爻为父，六爻为母，五爻也是指长子，也可是领导等。一卦多断中，同一个爻位还可以重复使用。爻位测病时，可以明白是身体哪一部位之疾，如六爻为头，初爻为足，二爻为腿、股，四爻为心脏等。

7. 看六神

一般用六神断事情的吉凶，成与败。如测当兵、考大学、白虎发动，主龙虎榜上题名（必须明白十二地支的真正含义）。

第七节　卦中六亲断法

一、断父母

看内卦出现父母爻，不论外卦。如无，看伏。若旺静而不受二传动爻刑害克冲，与衰静而遇三传（岁月日）动爻生合者，俱主双寿，以爻静者不必论阴阳真假也。若逢死墓绝胎旬空死气，被三传动爻刑害克冲者，决主有失。又财爻持世动，或财爻独发，或卦有财无父者，俱主少年伤克；否，亦离祖过房。如财爻旁动，或持世不动，而父母不空绝者，惟主父子不睦耳。若问父母何人先亡，须以真假论之。阳宫阳爻为真父，阳宫阴爻为继父；阴宫阴爻为真母，阴宫阳爻为继母。旁爻带天煞并虎刑伤真阳爻者失父，带地煞并虎刑动伤真阴爻者失母，真阳爻带天煞动者失父，真阴爻带地杀者失母。（继母生死仿此断）

天纲曰： 若动爻来冲者则反断。阴动伤阳，阳动伤阴，并阳伤母，并阴伤父也。客师曰：何谓也？天纲曰：此非汝所知。如本宫父母不出现，即取内卦伏神。若又无伏，则取生世之爻为父，父克之爻为母，从世下位。分一水二火三木四金五土之数飞之，亦分阴阳真假断之，如前法。凡飞爻父母入财乡，带死墓绝胎，被三传及世爻刑克者，已故。看在何限内，并看刑克之爻是何支神，即知是限中是年亡也。如子刑卯限，子克已午，即知卯限中子年刑克也。（六亲仿此）若父母爻持鬼，伏鬼化鬼与日月大煞、羊刃合者，衰则带疾，旺必丧身。或父母爻空，或受刑害克冲，得月日会兄鬼动来合住者，主带疾延年。加孤寡杀动来生合，主孤苦延年。如太岁动来冲刑，年内有灾。月将动来冲刑，月中见灾，得龙福动来解救，庶免大咎也。凡父母富贵贫贱带疾祸福，俱与世爻断法相同也。

阳父众，继父成家；阴父众，继母管活。父化父，母化母，生合世爻者，在本宫内卦伯叔姆婶继也，在本宫外卦，姑夫母舅母姨表叔继也。父母化鬼生合世者，祖辈继也。父母化兄生合世者，兄嫂表姐妹继也。父母化福生合世者，僧尼继也。父母化财生合世者，得绝户应继产业也。内亲外亲，各以本宫内外卦分亲疏尊卑断之。若他宫内卦父母化出六亲来生合世者，乡里继也。他宫外卦父母化出六亲来生合世者，远方人继也。以变卦定其何方，以神煞分其贵贱富贫也。又曰：父下伏子者，绝嗣也，否亦离祖，过房入赘也。父下伏财并玄武者，必父有偏房宠妾也。伏生飞吉，飞生伏凶。（此论飞宫）

《鬼谷百问篇》曰： 人有几母，看本宫阴爻父母在变卦、互卦、伏卦内爻中者，其有几位即知其有几重。若飞数则看父克之爻共有几位，即知其有几母也。如乾宫土为父，父克者水为母也。看本宫飞伏化爻共有几水，即知其几母也。年月日时上见水者，为庶母也。若爻逢旬空死墓绝胎者，则不依此断。

二、断兄弟

先看内卦出现兄弟爻，不论外卦，不见则取伏，多少之数以一水二火三木四金五土推之。旺相加倍，休如数，囚死减半，空绝者无也。兄爻旺相而与三传生合者，必连枝茂盛、雍和友爱也。旺而遇三传冲克者，则减福也。兄爻衰而逢冲并刑克者，只身也。兄爻虽旺，而逢旁爻伏爻化爻刑害克冲者，有而无情也。鬼持世动，与鬼爻独发，或卦内有鬼无兄者。俱主刑克也，否亦分离也。若鬼爻旁动，或持世不动，亦主不睦也。又兄动生合世身者，多恩义。刑冲克害身世者，必不睦也。如内卦兄弟爻，不现又不伏，方取与世比肩之爻为兄弟，从世上飞数之。兄世后一位逆起，弟世前一位顺起，兄位退一为次兄，退二为三兄，弟位前一为二弟，前二为三弟。皆分阴阳真假论之。带禄马德贵者贵，加财帛福禄者富，加沐浴咸池者贱，带破碎耗败者贫，休空受伤者死。若休空受伤，得月日父福动来合住者，言带疾延年也。兄爻持鬼伏鬼化鬼者，灾病空则无妨也。岁动刑冲，其年有灾。月动刑冲，月内有灾。得龙福解神动来冲克，庶免大灾也。若问兄弟孰存孰亡，须分真假论之。阳宫阳爻为真兄，阴宫阴爻为真弟，阳宫阴爻为女兄，阴宫阳爻为女弟。真阳爻起兄后一位为次兄，后二位为三兄，真阴爻起弟前一位为次弟，前二位为三弟。阳空兄失，阴空弟亡。旁爻带月煞亡神劫煞来刑并真阳爻者兄失，刑并真阴爻者弟亡也。若真阳真阴爻带月杀，匿刑（辰午酉亥）亡劫动者，亦主兄弟死也。如动爻来冲并则反断。阴动伤阳，阳动伤阴，伤阴阳兄并阴阳伤弟也。凡兄弟富贵贫贱带疾祸福，俱与世爻同断。

三、断兄弟真假与长幼

纯艮、纯坤卦，有两爻兄弟，皆系本宫，乃真兄真弟也。大壮、蹇亦有两爻兄弟，皆非本宫，乃假兄假弟也。泰、渐各有两爻兄弟，乃真兄假弟也（泰卦丑真辰假渐卦辰真未假）。旅、咸各有两爻兄弟，乃假兄真弟也（旅卦午假巳真，咸卦申假酉真）。解卦，戌寅兄弟。震宫原有寅爻，乃真中之假。豫卦乙卯兄弟，震宫无此卯爻，乃假中之假也。又如姤卦，申酉为兄弟，应爻隔断申酉，是两姓兄弟，兄真而弟假也。谦卦，申酉为兄弟，世爻隔断申酉，亦是两姓兄弟。申是兑宫所无，兄乃假中之假。酉为兑宫所有，弟则真中之假也。诸卦仿此。又日辰并兄弟旺动合世者，必有继义兄弟也。

陆德明《指掌诀》曰：兄不伏财，隔母所生，兄动化财，移桃接李，兄下伏父，各父共娘，兄居养位，定是螟蛉也。若问兄弟孰长孰幼，世临兄弟在阳爻者，己居长，在阴爻者己卑幼也。又辰戌丑未为长（四墓），子午卯酉为次（四正），寅申巳亥为季（四生），又本宫内卦，子寅辰午申戌为兄，丑亥酉未巳卯为弟。又阳爻为兄弟，阴爻为姐妹妯娌，本宫外卦为姑表兄弟。他宫内外卦，为远近朋侪也。

耶律氏曰：若占兄弟畏三刑，旺相逢刑一二人；更复休囚同气少，旺加亡劫渐凋零。

皮台峰曰：父爻生合兄弟，父当偏爱，母爻冲克兄弟，与母不协，妻子官鬼（公姑）生合，冲克亦然。旺相则甚，休囚则减也。又兄克之爻为嫂，弟克之爻为弟妇。临旺旺爻者，必多奁资而美姿容；加龙喜德贵者。必材德备而相夫子。若在门户爻动（三爻门四爻户），必把持门户，女作家公。若爻值衰空，非无妇，则贫穷也。

四、断妻室

以本宫内卦出现妻财为主，不现则看内卦伏神。如不现，又无伏，则飞宫论之。以世克之爻为妻，妻克之爻为妾。又自占以应爻为正妻，即以应克之爻为妾，亦可也。如临阳宫，阴爻旺相带吉神者，必貌娟丽而行贞洁，善主中馈也。临阴宫，阴爻衰墓带刑刃亡劫者，必丑陋无能而夭折也。若兄持世动，及兄爻独发，或卦有兄无财，或财爻无故自空者，俱主克妻也；否则，分离。或财爻旺相自刑（则持辰午酉亥），主夫妻不睦，终见生离，以旺者不死离也。或兄爻旁动，及持世不动，而财爻不空者，亦主不睦也。或财动冲克世，与世应相刑害者，俱主夫妇无情也。世动夫凌妻，应动妻欺夫，世应俱动必常争吵。化爻相刑害者，亦然也。如财临死墓绝胎，加刑刃兼兄动克者，主刑克三妻。若得月日生合，或可带疾延年也。飞爻财入兄乡，或应持兄动，遇月日刑害克破者，死也。若得旺相无伤，亦主妻不贤，好生是非，与妯娌不和，或不与夫主一心，多偷财物，私藏匿己，漏去他家也。妻爻生合父母者，敬事公姑也。生合兄弟者，妯娌和好也。生合子孙者，善抚卑幼也。冲克父母兄弟子孙者，反是。若妻居五爻尊位，生合世爻者，必掌管家事，女作家公。如冲克世爻及带岁月日破，与二耗暴败破碎煞者，必凌夫破家也。妻爻带玄武、咸池、红艳杀，加驿马动者，必恣意贪淫也。妻如合应爻，旁爻必与外人私通。会进神动来生合，则淫纵无度。会退神动来合制，只眼去眉来，欲淫无实也。合逢空亦然。合若逢冲。被人撞见，虽淫不滥也。妻如暗动，合应爻旁爻。防有私奔之事也。兄弟合财者，兄私弟妇也；父母合财者，翁妇相遇也；子孙合财者，义男共忧也。福动化鬼合财，财动化鬼合福亦然（带咸池红艳杀者方可断之）。应爻与妻爻。如临兄弟，动化财来合世者，必姨妹同腔也。

《黄金策》曰：合多而刑煞临身，女必为娼。

《涯泉摘锦》曰：贵多则舞裙歌扇。合多则暗约偷期是也（按：中菁丑秽之行，本不欲载，只因暗室亏心者自谓神人莫觉，殊不知卜筮能烛其奸也，故特志此以垂戒云。）若问人有几妻几妾，但看正卦、伏卦、变卦、互卦，中有内卦妻财，是本宫者。与应爻持世伏财化财者，不问旺衰德合有无，即断几妻几妾也。子寅辰、午申戌阳爻者为妻。丑亥酉、未巳卯阴爻者为妾也。一财一位，二财二位，三财三位也。又如内卦本宫一财，应爻又一财，二财并旺者，必两妻营活也。一空一旺者，会续一弦。二空一旺者，会续二弦。三空一旺者，会续三弦也。如两财俱旺，而一财带咸池杀者。必一偏一正也。看何爻与日月世爻生合，便知何人得宠操权也。

若问妻为闺、女为再醮，但看卦中一财不见鬼者闺女也。或财鬼相合，或财下伏鬼者，已见一夫。一财而二鬼相合，或财下伏鬼，又化鬼者。已见二夫。又卦有二鬼一空一旺者，必再醮也。二鬼旺，而日月动爻刑冲克害财爻者，主生离改嫁也。

《黄金策》曰：妻克世身重合应，妻必重婚。世应妻爻三合，当招偏正之夫。官众而诸凶不犯，妇当再醮。

《明睿抄本》曰：男取身生为床帐（卦身所生之爻），女取身克为香闺（卦身所克之爻），香闺墓绝未谐配，床帐空亡未娶妻。此法神验，莫传匪人。

若问妻妾德色何如，妻临金，色白净身瘦小，性刚烈也。临木，色青身长妖娆多态，性宽慢也。临火，赤颜身矮性躁急也；临土，色黄身肥矮性温和，为事迟慢也；临水，色紫黑身，活动便捷性和宽。衰急，动多机变，冲无主心，合无知觉也。妻持父，寿高伶俐，为掌家，能书算，为事分明也。妻持兄，性损物，耗财，不招奴婢。旺相，破家好赌，妯娌不和也。妻持子。性善多识见。旺相能掌家，生贵子。带雀，常诵经也。妻持财，貌美，性安和，能掌家开铺。旺相益夫，有财帛也。妻持官，貌丑，性狠毒。旺相，好杀带贵，有封荫也。财伏父下，为人尊重不苟也。财伏子下，性善不损物，喜打扮也。财伏兄下，貌丑，贪淫好赌也，财伏官下，性酷劣，有病，夫妻大吉也。阳卦阳爻工巧无双也，阴卦阴爻丑拙第一也。阳化入阴，幼巧而长拙也。阴化入阳，小陋而大姣也。详见"性情容貌"篇。

若问妻之富贵贫贱，未娶则从父断，出嫁则从夫断。未娶之时，但看外卦本宫父母爻。如外卦父母不现，则看伏爻。若不现，又不伏，则以生妻之爻为妻母，克妻母之爻为岳父，并同本生父母分阴阳真假断之。妻父妻母爻带禄马贵人，宦家女也；带财禄德福生气，富家女也。带咸池沐浴玄武休囚死气者，贫贱家女也。带虎贵，武职之女；带虎刃劫杀，军匠之女；带勾土旺相，田家女；带雀火旺财，牙人女。带玄武红艳，淫家女。带刑害亡劫无气，贱人女。加金虎刑刃，屠剑人女。朱雀旺空，巫祝人女。加龙福无气，寒儒之女。加虎财生旺，浊富之女。加蛇，乃不务农而逐末者之女。蛇逢生旺，乃九流人之女。蛇逢冲并墓合，乃艺术人之女，以五行定其为何艺术也。衰败则贫，空绝则绝，生合世则得其荫。刑害冲克世，则被其侵凌也。

《归藏易》曰：妻临克位号重则，还是金爻入震来，贵煞会同当旺相，因妻受禄比三台。如震宫财爻带白虎，白虎属金，又克震木，故谓重财。又如坤艮宫财爻带青龙，青龙属木，又克坤艮土，也为重财。乾兑宫财爻带朱雀，离宫财爻带武，坎宫财爻带勾蛇，皆是。若四值贵为德合聚于一爻，更旺相居二五爻，又得太岁相扶，而无刑破者，必为驸马仪宾也。若出嫁之后，妇人之贵贱贫富从夫，俱与世爻同断。

若问妻家远近，娶妻迟早，妻年长幼，但妻财持世与出现，必住近而娶早也。伏藏不现者，住远而娶迟也。财与世爻同居一卦，近亲子女也。财与世爻被月日动爻变爻隔断者，必外郡人之女也。如乾卦戌世。寅财或申爻午爻辰爻动，或月日并动申午辰爻，俱为隔断也。以八卦定其何方，以二十八宿定其何郡。如卦空爻，则以财爻长生方定之也。凡财在二爻（二为宅爻），谓之坐宅，必养媳妇。否，亦贴邻女子也。又财合世身命爻者，娶妻必早也。至於妻阳世阴者，妻年长也。世阳妻阴者，妻年幼也。妻居辰戌丑未，长女也，居子午卯酉，中女也。居寅申巳亥，少女也。

五、断子孙

以内卦出现子孙爻为主，如内卦不现，则看伏神；若内卦不现，又无伏神，方看飞宫。以世生之爻为长子，长子前一爻为次子，次于前一爻为三子。依一水、二火、三木、四金、五土之数推之。子生之爻为孙，阳爻多男，阴爻多女。生旺加龙喜者，才貌过人。加禄马贵人德合，旺相得位者，主有贵子。休囚加刑刃荒芜杀者，顽蠢不遵父命，不务生理，终必破家夭折。飞宫子入父乡遇月日刑冲克害者，必死也。卦中父持世动，与父母独发，或有父无子，或子爻空墓死绝，或天狗白虎相刑克冲并者，主无子。否，亦移桃接李之脉也。如子临天狗白虎，得日月生合，主招迟而不孤也。若绝处无救，更带孤寡煞、鼓盆煞（白虎）、埋儿煞（父母）动，断主无子送终也。如兄弟带亡劫动来刑并，谓之有子不送终，如得贵人禄马同乡，旺则凶杀不敢侵，主有贵子也。子爻逢贵人禄马旺动，化出文书者，文职。化出财福者，异途。化出天医太阴，并太岁相扶者，主当路显贵。分长幼挨次推之，便知何子发达。又论子孙出身，以学堂为主，看身位所属何爻，取长生为学堂，如身爻属火，火生寅，寅为学堂。身属水土，申为学堂。身属木，亥为学堂。身属金，巳为学堂也。若旺相无伤加禄马龙贵德合，必学问渊源，才名盖代也。

《穿壬透易》曰：贵人居丑名宫阙，驿马当寅号学堂。又曰：寅为学堂宫逢丙，志大才高禄万钟。若艮宫丙寅爻，得四直贵马聚于一爻，必进发疾骤，平地登云也。如子孙爻休囚，又带地跷、天哑、云龙、衰盲、火蛇五煞动者，必带疾。子孙旺相生合世者，孝顺。衰囚冲克世，忤逆也。带贵马德合吉神，生合世者，不惟仁孝而且受子封。带虎刃亡劫凶神来刑冲克害世者，不惟忤逆，抑且亡身及亲，破家荡产也。若问子之嫡庶以内卦本宫出现伏藏子孙嫡，以年月日时他宫见者，为庶也。如内卦子孙不现不伏，又无兄弟爻者，必庶出也。又六爻动化子孙，主有奸生子。福临应上在他宫二爻者，主有螟蛉子。子化子合世，主有继子义男也。

《管公口诀》曰：福临土静，只主单传，动则螟蛉之子，空则抱养之子也。极验。凡子孙贫富贵贱祸福，俱与世爻同断。

六、附占女婿

以本宫出现官鬼爻为主，不论内外卦（以婿为半个家人之义）。不现，则看本宫伏神。如不现又无伏，则取克女爻为婿。但以本宫官鬼，为正婿；年月日时他宫出者，为旁婿也。如正宫有两鬼，则以阳爻得位者为正婿，阴爻失位者为旁婿也。若正鬼在巳午则火命者吉，女命属土者吉（火能生土）。鬼伏父下，为人伶俐尊重也。鬼伏子下，性善不损物好容饰也。鬼伏兄下，贫淫好赌不诚实也。鬼伏财下，能掌财帛为事分明，夫妻好合也（若财鬼带辰午酉亥匿刑先奸后娶）。鬼化鬼，男家未定也，或停妻再娶也。兄化鬼，斗狠贫淫也（鬼带刑刀亦然）。财化鬼，克妻损财也。子化鬼，带龙喜德合，夫妇和谐也。带华盖刑刀，僧道还俗也。鬼化子，与妻相益也。鬼化兄，伤妻嫖赌也。鬼化财，能施舍也，飞爻入父，寿高，通文墨；旺相，则宅宇华盛也。入兄旺相，好赌博争讼。衰则稍轻耗财帛，少奴婢也。入福好善能成物，值雀好诵经，值龙临三爻，持三官齐，临五爻，持观音齐也。人财，性温和，能主家司出纳，有财帛。旺相，则多才识也。人马酷毒好杀，自身带疾。旺相加贵马则为官，衰乃下流之辈也。其余贫富贵贱带疾祸福俱与世爻同断。又凡占女婿者。遇男命临世爻与应鬼居二爻（二为宅爻），或应鬼合内财者，俱主入赘也。

七、附占丈夫

自占以应爻为夫，代占以鬼爻为夫。本宫出现者，为正夫（不分内外）；年月日时他宫见者，为偏夫也。如卦有两鬼出现，以阳爻得位为正夫，阴爻失位为偏夫（成婚曰正，空言而不成者曰偏。如正鬼在寅卯旺相，则木命者吉。女命属午酉戌亥者吉（午生在寅，酉德在寅，卯与戌合，寅与亥合）。如鬼临空墓绝胎，加虎蛇刑刃亡劫旺动者，死也。子孙旺动带虎蛇刑刃亡劫来克鬼者，鬼旺则有灾病，衰则死也。若占夫病者，宜鬼衰不宜鬼旺也。又鬼下伏鬼与鬼下伏兄者，必两姓贴夫营活也。凡丈夫贫富贵贱带疾祸福，俱与世爻同断。

八、占断婚姻

世应财鬼生合比和者，成也。阴世女家许配，阳应男子求婚。世生应，男求女；应生世，女求男。世克应，用强劫娶。世应日辰三合，因人成事。世应父母动合，两亲家杯酒而成。世应子孙动合，两男女割襟而成。官化父，男家尊长成合。财化父，女家尊长成合。世与财爻生合，女家亲人成合。世与鬼爻生合，男家亲人成合。卦六合者成，六冲者不成。前卦合而变冲，成后复退。前卦冲而化合，退后复成。卦六冲或世应动，而被日辰合住者，欲退而不得。世应财鬼冲克，逢日辰动爻生合者，不成而得人赞成。世应财鬼生合，逢日辰、动爻、冲克者，成而被破。世应财鬼虽相生合，或临死墓绝胎，被刑冲克害，或动化死墓绝胎，刑冲克害者，在世爻鬼爻，则男家不允，在应爻财爻，主女家不允。父化官，男家尊长阻隔。父化财，女家尊长阻隔。父空无主婚之人。苟合成也。父克世应，父母阻。兄冲世应，兄弟阻。兄加杀动，必争竞。鬼化鬼，男家反覆。兄化兄，见阻方成。两父齐兴，主婚非一。财官动合，先奸后娶。二官并动，两家求娶。两鬼克应，女许二家。卦值纯阳纯阴者不成，龙动生世应者成。虎动克世应者不成，蛇动克牵缠不允。雀动克，口舌非常。武动克者，阴人破。勾动克者，小人挠。又世临外卦财爻动，身世命爻去合应财，或命爻。鬼爻、伏墓应财之下者，俱主人赘。鬼居应财居世，与世鬼属阴，应财属阳者，非人赘，必夫妇相凌也。

九、占断病症

以官鬼为凭。如鬼爻持身、世、命爻、用爻，或鬼动来刑害克冲身世命用爻者，或官鬼伏于身世命用爻下者，或身世命用动化官鬼者，各随五行断之也。鬼属阴在内卦，则金为肺，木为肝胆，水为肾、膀胱，火为心、小肠，土为脾胃，大肠也。鬼属阳，在外卦，则金为四肢、骨节、牙齿、右耳、小便也，木为筋股、左耳也，水为口、嘴、皮、溺、痰、涎、血、汗也，土为鼻准、腹、背、肌肉也，火为目、胸、手心、脚底也。又辰戌为顶门，丑未为肩背也。又八卦乾为首，坤为腹，震为足，巽为股，坎为耳，离为目，艮为背指，兑为口舌也。又分宫。初爻足也，二爻股膝也，三爻腹、腰、臀、肛门、小便也，四爻胸、胃、乳也，五爻面、项、手。水为口，火为目，土为鼻，木左耳，金右耳也。六爻，头脑也。凡遇鬼伏鬼化鬼或鬼动来伤者，必带疾也。用逢金鬼者，阴则肺腑之疾，阳则骨节疼痛脓血淋漓也。又金鬼旺，泄中带痔。金鬼衰，血内生脓也。用逢木鬼者，阴则肝胆之疾，阳则四股疯气酸疼，口眼歪斜，头疼口燥也。又木动者，阳痒而阴疼。木官旺，疯中带热。木鬼衰，痣上生疯也。用逢水鬼者，阴则遗精盗汗、肾竭，女为血枯经闭；阳则呕吐泄泻也。又水鬼旺，呕中带嗽。水鬼衰，寒泄兼虚也。用逢火鬼者，阴则心目之疾，阳则疮痍痔毒、温热吟呻也。又火鬼旺，先寒后热。火鬼衰，先热后寒也。用逢土鬼者，阴则虚浮气喘，水虫脾泄，阳则瘟疫时气也。又辰鬼，则咽喉肿塞。戌鬼，则腹痛胃伤。丑鬼，则气促痿脾。未鬼，则翻胃噎膈痨嗽也。水鬼化火，火鬼化水者，往来寒热也。内鬼冲外，外鬼冲内者，内外感伤也。鬼内动下元之症，鬼外动上焦之症。世鬼出现阳症，世鬼伏藏阴症。阴鬼化阳，阴症变阳。阳鬼化阴，阳症变阴。鬼属阴者，日轻夜重；鬼属阳者，日重夜轻。外鬼旺而内鬼衰，先轻后重；动爻克而变爻生，先重后轻。游魂鬼用，言语恍惚。归魂鬼用，昏闷不语。鬼伏藏者，病来不觉。鬼化鬼者，膏肓之疾，又鬼伏鬼与鬼化鬼者，非变症，则两病交作也。用下伏鬼，鬼旺复发也。世持子伏鬼者，子旺日病退，鬼旺日病重也。又鬼生旺日病重，鬼墓胎日病困，鬼死绝日病轻也。元神值日必轻，忌神值日必重也。又财爻墓绝日重也，卦六冲乱动者重也。用持龙福，而被动爻伤者，虽重不死。鬼动伤用。而月日冲鬼者，临凶得免也。

十、占断家宅道路

以五爻腾蛇子孙为用也。从青龙财福方出入吉，从蛇虎兄鬼方出入凶也。五爻遇德贵禄马喜神喝散，与四直生合道必利，而丁畜茂盛，四时纳祉也。遇亡劫、破耗、大煞、持克与四直刑害并冲路不利，而丁畜消衰，八节滞塞也。带大杀并冲身世者，家长带疾也。子加亡劫、耗煞、羊刃刑并身世者，必有孤孀带疾，或生浪荡之子也。加虎杀克身世者，必白虎头上往来，主退人丁也。持虎福衰死墓绝胎，必浪荡无情，不利出入，丁畜消损也。持龙福生合身世，必委曲有情，有来龙之胝也。五爻火福空，宅主生灾。木福空，宅母有灾。水福空，人财进退。金福空，阴人冤讼。土福空，田土空张，喝散值路口舌潜消，三杀值路必产凶强，道路逢囚人亡可必。太岁冲路，灾符竞起。五爻子孙逢合，或子动化子，与子下伏子者，俱有两路可进也。福加龙左来，加虎右来，雀前来，武后来，勾辰戌方来，蛇丑未方来，福加蛇必屈曲而来。巽宫东南来。艮宫东北来，乾宫西北来，坤宫西南来，坎离震兑宫则南北东西来也。福蛇遇六冲必四路俱通也，寅申巳亥冲斜行路也，子午卯酉冲中心路也，辰戌丑未冲两肋路也。五受刑三曲路也，五三合盘旋路也，合丁己丁己路也。日辰合五

周易·八卦健康案例精典

爻穿必路也，五冲身世爻直来路也。加驿马官塘路，卯来合草塞路，五临勾圈转三叉路也。旺相新路大路，休囚旧路小路，衰败败路绝一乃断头路。临鬼墓近坟路，逢长生鬼乃古路也，逢暗冲暗箭路也。临或路傍有石也，临木路傍有树也，临子水路傍有汪洋之海也，亥水乃屈曲之流也。水静与动逢合者，路傍有死水，或闸断之水。动逢冲者急水，木动合水者水上有木与桥也。又子水加蛇动，路傍有阳沟，亥水加蛇动，路傍有阴沟也。五临旺父遇日冲者，有骑路屋也。福被日辰刑冲者，路破损也。五合初爻水者，路傍有井也。旺加龙父上，有井亭也。五冲兄世，路冲门也。五福加华盖，路傍有庙也。五爻临父，路傍有正屋也。临虎兄，路有灰堆。虎金动合五爻，路傍有石碑。临火鬼，路近化人坛也。

十一、空手求财占

凡百工九流之人，与任所抽丰之客，皆空拳求利者。但以官鬼为主，官爻旺动合身世者，吉。则爻旺动助鬼生合身世者，尤吉也。子旺动伤官或兄持世动，与兄弟独发者，或官动刑害克破世身者，或官父财爻逢空破列墓绝胎，与化空破死绝胎者，少利也。问往何方可求，则世爻所克是财方也。世爻生旺之方利，死绝胎，刑害克破方凶也。

借贷求财者，但财爻持世生合世，不空破绝者，财生财合之日，有也。应生合世，而兄静财伏，而兄子两动者，皆财值之日，有也。父空者无券父化父者改契，世应空合者，虚约难凭。应被刑伤者，往求不值。应生合世，而财空绝，彼欲与而囊空。财生合世，而应冲克世，彼虽与而意弗。财动生世而日辰合财者，有人把住而稽迟。应动合世，而日辰冲应者，有人说破而不果也。

纠会求财者，但财爻应爻生合世者易成，财爻空破死绝，应持空破绝，或动来刑害克冲世者，不成。应空者，彼却我。世空者，我意倦。应空合世者，虚诺。世空动者，有名而无实，或财难入手，世应俱空者，必不成。应生合世，带退悔煞动，或动化退神者，初允而终却也。财生合世而带破碎煞动者，零星陆续交财也。应爻财化财来生合，一人两脚也。应持兄动化财来生合，两人合脚也。卦六合成，六冲，不成也。

摇会求财者，财旺动助官生合世者得，兄持世动，与兄弟独发。或卦无财鬼。或世爻财爻值空破死绝，与受刑害克者失也。六合得，而六冲失也。财合世而兄克财，已得而复失也。财合应，而应生世，彼得而让我也。财爻生世复生应者，世衰伤则人得，应衰伤则我得。世应俱旺，两人分得也。

赌博求财者，内克外，世克应，或财子旺持生合世者，胜也。旺世克衰应者，小胜。旺应生衰世者，大胜也。外克内，应克世，或财鬼两无，或世逢空破墓绝者，输也。世空动者，缺管头。应空者，无对手。世应比和，两无胜负。世应俱空，两无所得。世子化父以骄取败，世子化兄得助而赢。世居阴卦阴爻，宜退守也。世入阳爻阳卦，宜争先也。内外两鬼动伤世者，彼此合局来骗也。间爻动者，多撞来。间兄动者，抽头多。应带龙喜生世，得人提拔。应加虎刃克世，与人斗殴。应加玄兄伤世，被人局骗，或轮筹窃马。应加勾鬼伤世，主牵连不明白也。应加蛇火鬼伤世，被药骰骗也。应加雀兄伤世，因财争斗也。应加雀兄动化鬼伤世，同伴出首。旁爻雀动化鬼伤世，他人出首。世持雀鬼化父，或雀父化鬼者，皆因赌成讼。若加太岁，讼必经年也。

捕鱼求财者，内卦世爻为人，外卦应爻为物。内世克外应，财鬼旺动生合世，鬼化财克世，水财旺持世生合身世，鬼临天罡煞动者，多获也。外应克内世，财鬼空无破克，财化鬼空破绝，俱无得也。世持兄动，与兄弟独发，难得也。兄动克世，同伴欺也。又世为船，应为人，船合人出游顺便，人合船得利无算。日克世，世克财，徒劳空返。日合世，世合财，满载而回也。又火财鳖、蟹、龟、蚌、赤鲤也，主财鳗、鳝、鳅及黄鳟也，水财鳗鳢、江豚也，木财青鱼也，金财白鲦、白鲢、石首也。又演禽法，癸亥为鱼，但看何爻旺动来生合世，不犯空破死墓绝胎刑害克者，即知所获，多此类也。白浪煞动，有虚惊也。风波煞动，多风浪也。覆舟煞动，防覆船也。沐盆、浮沉煞动，防失水也。《管公口诀》曰：初爻船主，二爻伴侣，三爻行李、雨具。四爻网织，五爻道路，六爻渔所，逢空破者不吉也。

牧猎求财者，金财旺动生合世，世临天罡煞动与临虎煞动，克旺财者，获也。世临虎煞动，而财逢空破绝者，无也。月日动来刑者，金财合世者，利也。财旺而虎煞不动者，鹰犬倦也。刑刃虎煞动来冲伤身世者，防狐狸之害也。《管公口诀》曰：木财鹿也，水财麂也，金财虎也，火财豹也，土财狐狸野物也。子财黄鼠也，卯财兔也，未财山羊也，申财猴也，戌财獶狗也，亥财野豕也。又演禽法，丁亥为豕，丁酉为鸡，己酉为雉，癸酉为鸦，戊午为獐，壬午为鹿，丙寅为虎，壬寅为豹，戊寅为猫，凡遇财物动来生合世者，即知得此物也。其余内外世应生合克冲，皆与捕鱼同断也。

开矿、探珠、淘金、取藏求财者，但取伏下金财生合世，又得土动生之者，吉也。伏财旺相者多，休囚者少，空绝者无也。财入胎墓难取探也，财逢冲动不一处也。又世为己，应为所用工匠也。世逢生旺持财福者吉，逢空死墓绝胎，被刑害克破者凶。应生合世者，得其力。刑害克破世者，被其欺也。应持财子，有力而能。应持兄鬼，无才而诈。应临父母，则为众匠之班头也。应加雀，多言招讪。勾则拙钝，虎则刚狠，龙则精巧，蛇则虚浮，武防偷取也。

索债求财者，外生内，应生世，与内外世应比和者还；外克内，应克冲刑害世者，不还。应生合世而无财，欲还而力不逮。应冲伤世而财旺，能还而心不肯。应持兄鬼动伤世，口甜而心歹。应持兄动而财逢空破绝者，被其骗也。应空者，非贫乏则逃躲也。应入墓胎者，人不见也。财化空破绝者，全无也。财动助应鬼伤身世者，假虎图赖也。鬼也化财者，告状乃还也。世持财子旺相，而兄衰静者，子母俱全也。应持兄鬼安静不伤世，或持勾父不伤世者，不过迟延而已。《蜀市口记》曰：凡世下伏财者，彼先有物欲抵此债，以八卦与十二支神，推其何物也。如庚寅年，辛巳月，丙午日，卜得小畜卦。世下伏辛丑土为财。巽为长女，为鸡，为竹木器，为花果菜园，丑为牛为坟地、菜圃，随本利之多少，断之知他欲卖何物来偿债也。若财在乾，则为马、金银皿、盘镜、冠、玉环珠也。财在兑，则为羊、少女、五金、器缸、坛、有口物也。财在离，则为中女、丝段、丝绵、书画、帘屏、盘盒、赤色中虚之物也。财在震，则为长男、鼓、竹木、茶笋也。财在坎，则为次男、池塘、酒醋、鱼盐、豕，有核物也。财在艮，则为少男、狗、山石、磁器、瓜果、土中物也。财在坤，则为牛、牝马、田土、五谷、布帛、釜也。财属子，池塘、大豆、衣饰、珠玉也。财属寅，山林、树木、棺椁也。财属卯，草木、竹舟、车盘、盒也。财属辰，缸瓷、碓碾、磁器、坟地、田园也。财属巳、花果、书画、砖瓦、磁器也。财属午、马、书画、甑、衣架也。财属未，山场、羊、女衣也。财属申，刀剑、五金器、人麦、礁、猿也。财属酉，鸡、酒、小麦、金银、钗钏、五金物也。财属戌，坟地、穴坑、砖瓦、礁磨、旧衣、狗也。财属亥，猪、伞、笠、笔墨、发、酱酢、盛水物也。

第三章　六爻八卦实例分析

1. 三刑临虎　大凶之兆

新加坡的魏先生，找我测运气，得《损》之《小畜》卦：

乙丑年		申月	戊戌日	（辰巳空）
《山泽损》		《风天小畜》		六神
	官鬼寅木、应	官鬼卯木、		朱雀
	妻财子水 ×	父母巳火、		青龙
	兄弟戌土、、	兄弟未土、、应		玄武
子孙申金	兄弟丑土 × 世	兄弟辰土、		白虎
	官鬼卯木、	官鬼寅木、		腾蛇
	父母巳火、	妻财子水、世		勾陈

看过卦象，我对魏先生说：

推断1："从1998年到2004年你的运气极差，你有六年的牢狱之灾，原因是路上打劫。"

反馈： 当时魏先生很惊讶地说："这也能看出来。"

推断2： 我继续说："钱没抢到，把人给打成重伤，2004年出狱，2005年破财，2006年破财，2007年、2008年做生意发了点财，但2009年上半年又亏进去了，原因是你做生意的地方一溜下坡，存不住水，也就是说聚不住财。门的东南方是个坟场阴气也重，你家住的地方也阴气重，家中经常出大蛇小蛇，主大凶。门前左边有大路冲射你的房屋，你的妻子有偏头痛病，2009年四月你出过车祸，伤在头部。"

反馈：魏先生说："李老师你讲的都对，你再看我的运气什么时候能转好？"

推断3：我对他说："你住的房子是个凶宅，因卦中兄弟化兄弟，官鬼重重，实为房屋不聚气，阴气重伤人，抓紧时间换房子住，运气会好转，往西北、正西、正北租房或买房住大吉。"

分析：此卦官鬼爻重重，兄弟爻重重，说明住宅阴气较重，不聚气，住此宅的人会有伤病灾，破财、牢狱之灾卦中信号极为明显，卦中腾蛇临官鬼家中有阴气，白虎动有血光之灾，兄动主老婆有病灾破财，尤其在五爻动犯三刑，主在道路上有刑狱之灾，世爻犯三刑，更说明此理。

1998年开始有六年的牢狱之苦，是指应爻官鬼寅木临太岁克世，太岁克世必有大灾难，卦中子孙爻不上卦，虽有父母巳火化泄，官鬼寅木生父母巳火，父母巳火生世爻丑土，但是寅巳相刑不生世，巳火入日墓也不生世，世爻丑土动，戌土临日而旺，戌化未临玄武，构成丑戌未三刑。世为兄弟丑土与五爻妻财子水相合，当然是道路打劫犯刑狱之灾。又财爻子水动化巳火，又构成寅申巳三刑。兄弟丑土动主劫财，子水在五爻动主道路，子水又与丑土合定是道路上打劫之理。1998年犯刑入狱，2004年出狱，卦中信号非常明显，是子孙爻申金临太岁冲去官鬼寅木不克世爻，申金合住巳火又泄戌未丑土，破掉三刑局，财爻子水得长生而旺合出世爻丑土，故断2004年出狱。魏先生有六年牢狱之灾，入狱是子水，出狱也是子水动，这叫败也萧何，成也萧何也。

世爻没抢到钱，是卦中财爻子水被众兄所劫，子水化父母爻巳火为绝地，也代表被打劫之人。身上就没带钱，或者钱数相当少，打成重伤者，是五爻子水发动化巳火，寅申巳三刑，也代表被打之理。又巳火入日墓，墓者住院也。2005年、2006年破财，是众兄临旺而劫财之理。2007年、2008年做生意得财，是财临太岁旺与世相合而得财。2009年亏掉本钱，是兄弟爻旺而劫财。门前一溜下坡不聚水，是上卦艮主高坡，下卦兑为下坡，故断不聚财。东南方有坟场，是官鬼之库未土坐在巽卦之理。家中出大蛇是五爻巳火临青龙而动，巳主小蛇，青龙主大蛇。

门左边有大路冲射房子，是三爻四爻临辰戌丑未土之故。兄弟爻四土临三爻四爻主大凶，辰戌丑未为四冲，逢吉也变凶。妻子有偏头痛病，是二爻代表妻子，官鬼爻卯木化寅坐乾卦，乾主头，寅与月令申金相冲，故断妻子有偏头痛之病。2009年出车祸，是世爻丑土临白虎发动，又丑土化辰土与日令相冲，定有血光之灾。因丑土辰土均为水库，水主血也。辰坐乾卦，乾主车主头，故断车祸伤在头部。

此是一卦多断之理法，有些所断之事后面难以详解，望广大读者多读并深入理解，断卦水平定能提高。

2. 旺刑相冲 手术官灾

马来西亚的陆女士找我测运气，摇卦得《解》之《未济》卦：

己丑年	申月	辛丑日	（辰巳空）
《雷水解》	《火水未济》		六神
妻财戌土 ×	子孙巳火、应		腾蛇
官鬼申金、、应	妻财未土、、		勾陈
子孙午火、	官鬼酉金、		朱雀
子孙午火、、	子孙午火、、世		青龙
妻财辰土、世	妻财辰土、		玄武
兄弟寅木、、	兄弟寅木、、		白虎

我看了卦象爻象对陆女士讲了三条：

推断1： "你的身上有三次手术，身上两处长瘤子，是良性的，小腿骨折伤过。一处是在前胸乳房长瘤，2007年手术，一处是子宫长瘤，2006年手术，小腿骨折，不是2004年就是2007年。"

反馈： "我是左边乳房开刀，因长瘤切掉乳房，医生说不切掉会成癌症；2006年手术是妇科长瘤；小腿骨折是2007年不是2004年，我这身体是让我吃尽了苦头。"

推断2： "你的婚姻很不幸福，老公长期不在你身边，从来没给你打过电话，也没有信件往来，你的老公在外边已经又安家了，与另外的女人同居结婚了。"

反馈： 陆女士没等我把话说完，已经伤心地哭了，她说："我丈夫是在外地，从没打过电话，没往家里寄过一封信，后来听朋友讲在中国做生意与一个女人住在一起。"

推断3： "你无子女，头晕，神经衰弱，主要是你有肾病而引起头晕。"

反馈： "你讲的对，我是无子女，生了一个儿子三岁时夭折了，为此老公离家出走，我还有时头晕，偏头痛，我有糖尿病。"

分析：

1. 乳房手术是应爻官鬼申金在五爻主胸，化财爻未土坐离卦主有炎症，未土与日令丑土相冲，土在五爻相冲，代表乳房有动手术之象，卦中已形成丑戌未三刑，故断2009年己丑，乳房有手术之灾。切记旺刑相冲，主癌症或病瘤，不手术，也有官灾之苦。子宫手术，是上六爻戌土发动冲起二爻辰土，下卦为坎代表泌尿子宫部位，二爻代表妇科，辰土化辰土说明子宫部位有瘤，辰坐坎卦，辰戌又冲，均主有手术或伤灾。2006年戌土临太岁正是旺象之年。小腿骨折，是应爻申金临月而旺冲初爻寅木之故。2007年是丁亥年，兄弟寅木临长生而旺与申金相冲，冲之有伤，申代表手术刀。

2. 老公在外地，是官星在五爻而旺相，五爻主外地。丈夫在外与别的女人同居，是官星申金化财爻未土之故。无电话，无信件，是指父母爻不上卦之理。

3. 无子女，卦中子孙爻午火处死地，又入动爻戌土之库，故断没有子女。头晕偏头痛，是上六爻主头，戌土动化巳火之故。有肾病，是指二爻辰土化辰土是也。

3. 福世应蛇　多灾多难

郑女士找我测运气，得《屯》卦：

己丑年　申月　壬寅日　（辰巳空）

《水雷屯》	六神
兄弟子水、、	白虎
官鬼戌土、应	螣蛇
父母申金、、	勾陈
官鬼辰土、、	朱雀
子孙寅木、、世	青龙
兄弟子水、、	玄武

我看了此卦，六爻安静，用生体，世爻临青龙，应为大吉之卦，仔细分析卦中之理，本卦不但不是吉卦，反而为大凶之卦。

推断："你近十年内多灾多难，幸运的是福神临你身，每次遇到危险你都能化险为夷，实为死里逃生。你的一生靠你自己养活自己，个性强，不需要任何人的照顾，自强不息，你有多次手术都危及生命，可你能够坚强地挺过来。"

"你最不幸的是身边无儿无女，婚姻多次至今难以成功。"

反馈："李老师，只有你能看透我的命运之苦，你说对了，我是无儿无女，因我最后一次手术切除了子宫，想生也生不了，我三次流产，一次子宫瘤切除，最后是宫外孕差点送了生命，只好切除子宫。"

"我是离了两次婚之后，交往了两个男友都没成功，我是每次遇到灾难都能够避过去。我 7 岁时在自己家里玩，房子顶梁柱断了，房子塌了，但我好好的没受一点伤。13 岁我骑自行车摔到山沟里边去了，正好让树枝挡住了，也好好的没受伤。接着这几年三次小手术，二次大手术，差点要了我的命，可我又挺过来了。我总觉得是有什么东西保护我。"

分析：多灾多难，是上卦为坎，坎卦临三大凶神，为大凶之兆，应爻官鬼临螣蛇，故断郑女士是有多次凶险之事。并且世爻寅木临日而旺与月令申金相冲，此乃两败俱伤，故断郑女士多灾多难。

我的认为寅木若不当日而旺，只是月破，郑女士不会有那么多的灾难，这寅木旺，无形当中就与月令申金对抗，申金又代表手术刀，故断有多次手术之灾。如猴年、虎年、辰年、戌年、鼠年均会有手术之灾或婚姻上有分离。每次生死关口都能闯过去，此卦是子孙爻持世，子孙是福神，千灾万祸都能闯过关，并且世爻又有青龙临身，更能避掉凶灾。

郑女士一生坚强，不靠别人靠自己，是世爻为子孙临青龙之故。身边无儿无女，是子孙爻寅木受月令之冲克，寅木虽临日令，但必定处于绝地，旺金冲木具有多次手术之象。

婚姻多次难以成功，是卦中两官无财，切记不可成婚，遇着不死则离，卦中辰戌两官相冲是婚姻大忌，加之女怕子孙爻持世，也是多婚之象，故断郑女士终身难逃婚姻之苦。

子宫手术，是申金冲寅木之理，因寅木在二爻代表女同志妇科部位。做人流，是因申金冲破子孙爻，当然有做人流之灾了。

这一卦例我写出来供广大读者研究，此解法是按教学之理所写，望能理解六静卦之断法。

4.财官休囚 婚姻难成

2009 年，我在新加坡讲学期间，好多朋友求测，林小姐特地从马来西亚赶到新加坡找我求测婚姻，得《天地否》之《风地观》：

己丑年	申月	甲午日	（辰巳空）
《天地否》		《风地观》	六神
父母戌土、 应		妻财卯木、	玄武
兄弟申金、		官鬼巳火、	白虎
官鬼午火○		父母未土、、世	螣蛇
妻财卯木、、世		妻财卯木、、	勾陈
官鬼巳火、、		官鬼巳火、、	朱雀
子孙子水 父母未土、、		父母未土、、应	青龙

卦象成立玄机在其中，林小姐不但长相漂亮，并且感情丰富，且有女人味。我对林小姐讲：

推断： "你谈恋爱多次，付出的很多，但都不能成功，你谈的男朋友多数是部队或公安局或法院的，但是每次你都上当受骗，要不就是有妇之夫，要么就是三角恋爱。你同时爱上了两个男人，结果两个都谈不成功，开始谈得很好，谈一段时间都离你而去。"

"你子宫做过大手术，婚没谈成，结果把自己的身体糟蹋坏了。"

反馈： 说到此处，林小姐哭了，她说："李老师，你说的特别对，我找的多数是部队的，开始不知道他们有老婆，到后来才知道。还有个男的借了我的钱以后就不见影了，我去年同时跟两个男的谈恋爱，结果都没成。我子宫做过手术，还能生小孩吗？"我说："很难。"

分析： 此卦，虽为六合卦，但是财官休囚婚不成。长相漂亮，是世爻卯木化卯木，卯主桃花漂亮。有女人味，富有感情，是六合卦之故。上当受骗，因应爻临玄武。有妇之夫，是应爻戌土化财爻卯木。

代表此男家中有妻，临玄武，含骗人之意。找部队的男人谈恋爱，是应爻坐在乾卦之故。与两个男人同时谈恋爱，是世爻卯木在三爻，二爻官鬼，四爻官鬼，这叫两鬼夹用神，财爻卯木生四爻午火又生二爻巳火，所以断同时会与两个男人谈婚，这叫两鬼一财婚不成。

子宫手术，是二爻官鬼巳火化官鬼巳火，二爻代表女同志的妇科，巳火代表手术刀，卦中子孙爻不上卦，鬼无制，财无原神，此婚很难成功，更难生育后代。

5. 世应相生财源旺 白虎发动有伤灾

新加坡的陈女士找我测运，得：

	己丑年	申月	乙未日	（辰巳空）
	《山天大畜》		《泽天夬》	六神
	官鬼寅木○		兄弟未土、、	玄武
	妻财子水 × 应		子孙酉金、世	白虎
	兄弟戌土 ×		妻财亥水、	腾蛇
子孙申金	兄弟辰土、		兄弟辰土、	勾陈
父母午火	官鬼寅木、世		官鬼寅木、应	朱雀
	妻财子水、		妻财子水、	青龙

我看了卦象爻象，对陈女士说：

推断1："你本人财运非常好，从2002年至今，生意越做越红火，生意做到了国外，多处进财，发了大财。"

反馈："李老师，你测算的非常正确，我和老公从2002年开创公司，是白手起家，同时和几个国家做贸易，如今突破百亿的资产。"

推断2："2008年你最不幸的是你老公在七月或八月出了车祸，伤在头部、胸部，当场死亡，现肇事方赔偿金还没给你，正打官司，为此事，今年你的家婆心脏病复发而亡。"说到此处，陈女士哇的一声哭了……

分析：

1. 此卦是财旺子孙爻旺，官星处于绝地。从2002年开始经营，是父母爻临太岁而旺，父母爻代表项目的启动，接下来是金旺、水旺，福神临月旺，财得长生，财爻化酉金又回头生，世应相生，财官相生，实为发大财之象。内卦财爻子水化子水临青龙得月令之生，实为财源滚滚。生意做到国外，是五爻财子水化回头生，财路多，所断是发大财之象。卦中官鬼休囚不耗财，说明陈女士管理有方。兄弟爻虽旺不劫财，因子孙爻临月而旺，兄弟爻去生子孙爻申酉金，子孙生财，财生世，财源滚滚，说明陈女士不但集团大，管理好，最主要的是团队上下团结精神好，用的都是理财的精英，实在可贵呀。所以短短几年，创出上百亿的资产。

2. 2008年老公出车祸，是卦中官鬼化官鬼，兄弟化兄弟必有伤灾。为什么不是自己有车祸而是老公有车祸呢？2008年为戊子年，卦中子水在五爻发动临白虎，子水得月令之生，化回头生旺之太过，说明白虎也旺，五爻代表道路也代表老公，说明老公在道路上有灾，白虎旺动，说明有血光之灾。再看上六爻官星寅木处绝地而动与月令申金相冲，冲之车祸也，官鬼寅木动化库为入墓，又临玄武，说明流血，头上有重大伤灾，官鬼寅木处死地，月破化墓，玄武白虎同动，当然是陈女士老公有车祸而入墓了。财爻子水在五爻动，为什么断是2008年，不断成是1996年或者是1984年呢？切记！因子水动多指是近期，时间不长，若是1996年、1984年发生的车祸，子水不会发动，只是旺象而已，此是一卦多断之理，其他以此类推。

世爻官鬼化官鬼，月破临绝地不受子水之生，所以赔偿金至今不能到手。卦中兄动化财世破临朱雀，主在打经济官司。

家婆心脏病复发而亡，是二爻代表母亲，鬼化鬼为不祥之兆，月令冲破二爻为突然死亡之兆，父母爻午火伏在官鬼之下，午火不得令处病地，又化鬼化绝，午火与五爻子水相冲，所以断家婆心脏病复发突然死亡。今年死亡，是父母伏在官鬼寅木之下鬼不生用之理。

6. 白虎抬头 伤病连连

南京的姚先生赶到安徽，请我为他测家运，摇卦得《风天小畜》之《水天需》卦：

庚寅年	卯月	癸未日	（申酉空）
《风天小畜》	《水天需》	六神	

	《风天小畜》	《水天需》	六神
	兄弟卯木○	父母子水、、	白虎
	子孙巳火、	妻财戌土、	螣蛇
	妻财未土、、应	官鬼申金、世	勾陈
官鬼酉金	妻财辰土、	妻财辰土、	朱雀
	兄弟寅木、	兄弟寅木、	青龙
妻财丑土	父母子水、世	父母子水、应	玄武

我看了卦象爻象，非常惊讶，此宅为大凶之宅，我对姚先生讲：

推断1："你的住宅前高后低，大门入口前窄后宽，为棺材巷，大门右边有高大楼房，为白虎抬头。"

反馈：姚先生说："大门右边是一个很高写字楼，左边是平房，确实是棺材巷，前窄后宽，就是右边盖写字楼造成的。"

推断2：此宅院东南方和东北方是大坟场，宅院地基下有坟地。

反馈：讲到此处姚先生很激动地说："房子东北方是有好多坟，东南方是火葬场，盖主楼挖地基是挖出几口棺木，但都清理干净了，还会有影响吗？"我说："影响很大。"

推断3：此卦木旺金处于囚地，五爻巳火化戌土为火库，我断定姚先生有严重的肺病，并在2007年做过大手术是生死之灾，到目前姚先生还在吃药治疗，治疗的医院在东南方位。

姚先生张口问我："你身上是否有仙家？"我说："那倒没有，我用的是易经八卦。"

反馈："你讲的很对，我是患了肺癌。2007年做了大手术，肺的底部割掉了一点，现三个月化疗一次，在吃中药，看病是在上海华山医院，正是我家东南方。"

推断4：我断姚先生的长子应在部队服役，二儿子有牢狱之灾，多为经济问题。其妻子左肾有毛病，今年会有手术之灾。

反馈：我大儿子当兵在部队，是营房科科长，二儿子在银行因放贷款出了问题，去年进了监狱。我老伴左肾收缩，上个月做的手术。

分析：

1. 大凶之宅，本卦是白虎临旺地独发，主凶，官鬼休囚不上卦，说明此宅不利掌门人，初爻父母化父母主房基下阴气较重，丑土伏在初爻子水之下相合为大凶，因丑土为官鬼之库，说明房下有坟地，应爻克世爻主凶。前窄后宽棺材巷，是上卦为巽，下卦为乾之故。大门右边高，左边低，是主卦巽为木临旺，为高、主卦为右，变卦坎为低，代表左边。

2. 东南方向和东北方向是大坟场，卦中三爻辰土与官鬼爻酉金相合，并且酉金伏在辰土之下，所以断东南方向有大坟场，鬼库丑土伏在初爻子水之下，所以断东北处也是大坟场。

3. 肺癌者，此卦木旺金囚，金主肺，临官鬼亦为肺上有病，癌者是卦中土多临日令土旺之故，又五爻为心脏肝肺之处，五爻巳火旺克金，化戌土为火库不生金，戌土未土为癌，辰土丑土为凉性土为肿瘤，五爻巳火化戌土火库为热性，当然是肺癌了。

2007年有大手术，2007年为丁亥年巳火在五爻代表手术刀。2007年为岁破，破者伤也，所以断在2007年肺部有大的手术之灾。

我的经验不论巳火在何宫、何爻位，均主有手术的信号。治疗在东南方向，目前还在吃中草药，医治是上六卯木动生五爻子孙巳火之故。

4. 长子在部队当兵，是指乾卦为长子，乾卦又代表部队公检司法，乾卦化乾卦多指部队。二儿子是巽卦化坎卦，坎主老二，坎代表盗、偷等，子孙爻巳火化戌土为入库，日令未土与戌土有相刑之意，土为财，所以断二儿子为钱财而坐牢。应爻未土代表姚先生的老伴，财爻未土在巽卦，巽代表女同志的股部，化官鬼申金坐坎卦，坎在人体代表阴部和肾区尿道系统，官鬼申金为病，变卦为左，主卦为右，今年为寅年，寅申冲为破，所以断左肾有手术之灾，木旺金囚，所以左肾收缩，开刀者是寅申冲之故。

此卦为断家运之卦，包括阳宅的宅运和全家人的运气，后学之人以此卦为例。

7. 六爻全动财官休　婚姻不顺难到头

马来西亚的吴女士，专程到新加坡找我测婚姻，得《天风姤》之《地雷复》卦：

己丑年　　　申月　　　乙未日　　　（辰巳空）

《天风姤》	《地雷复》	六神
父母戌土 ○	兄弟酉金 、、	玄武
兄弟申金 ○	子孙亥水 、、	白虎
官鬼午火 ○ 应	父母丑土 、、 应	螣蛇
兄弟酉金 ○	父母辰土 、、	勾陈
子孙亥水 ○	妻财寅木 、、	朱雀
父母丑土 × 世	子孙子水 、 世	青龙

卦象成立，玄机在其中，吴女士摇的卦为克夫之卦，我给吴女士讲：

推断："你一生最大的悲哀就是婚姻上的失败，你虽然结交的男人很多，但不是死就是离你而去，你的婚姻不顺，你与男人结合得快离开得也快。"

反馈："第一次婚姻，结婚一年多后，丈夫得肝癌去世了；第二次婚姻，丈夫因经济罪被判刑入监狱了。接下来谈的是不少，但都时间不长就分手了，我的命好苦啊！李老师你看我啥时候能找到好丈夫。"

分析：此卦六爻全动，用克体为凶，卦虽变六合，只可惜财爻处于绝地，官爻处于死地，是财官休囚婚不到头。卦中腾蛇白虎乱动主大凶，腾蛇白虎临用神，当然是此女的丈夫会有凶灾，五爻为老公，四爻临官鬼，《姤》卦是测婚姻的大忌之卦，遇着此卦死配偶，此女打卦子孙爻旺象克官鬼，官星处死地无原神，不离则死。丈夫肝癌，是金旺木囚，木代表肝胆，五爻申金发动临白虎，又申金当月坐乾卦是旺上加旺，木处于绝地，五爻又代表老公，当然是该女的丈夫得肝癌了。

第二个丈夫入狱，是官星午火发动入上六爻的戌库，戌动化兄弟酉金旺，正是为金钱之事而坐牢，卦中又丑未戌三刑，正说明此事。

此女交往的男朋友多，正是卦变六合之理，相处的时间不长，是官星处于死地，财星原神处于绝地不生官星，世爻化子水冲克官星。

最后我告诉吴女士："2010年庚寅，你婚姻定能成功，好好把握。"财合官鬼有喜事，财旺官旺婚定成。

8. 蛇虎同动 死里逃生

新加坡黄先生前来找我测运气，得《贲》之《晋》卦：

己丑年　　申月　　丙申日　　（辰巳空）

《山火贲》	《火地晋》	六神
官鬼寅木、	父母巳火、	青龙
妻财子水、、	兄弟未土、、	玄武
兄弟戌土 × 应	子孙酉金、世	白虎
妻财亥水○	官鬼卯木、、	腾蛇
兄弟丑土、、	父母巳火、、	勾陈
官鬼卯木○ 世	兄弟未土、、应	朱雀

推断：

1. 我对黄先生说："你今年的四月份有生死大灾，头上做过大手术，右脑长瘤，压迫眼的视力，左眼看不见东西，经常的偏位头痛，还好你右脑长的瘤是良性的，不是癌，你放心吧。"

2. 我接着又给黄先生讲："你的左心室不好，供血不足，血脂稠，要继续治疗，不然会引起心脏病。"我并指出黄先生有两位太太，与大太太关系不好，这次手术能够恢复得这么好，多亏了二太太用心照顾。

反馈：

黄先生听后十分惊讶地说："你怎么看出这么多事情，讲的都对，我一开始头痛受不了，吃药还能止住，后来吃药就不管用了。接下来左眼视力减退，看不见东西，我四月份住进医院动手术，昏迷了两个星期，真是死里逃生。我是血脂稠，心脏跳得慢，在住院期间全是二太太在身边悉心照顾，并且所有的医疗费用全是二太太拿的钱。"

分析：

1.《贲》卦是下火上土，具有堵塞之意，腾蛇白虎同动具有大凶之灾祸。初爻卯木临死绝之地，官星临世临绝地化未土为化墓，是大凶之兆，绝处逢生多亏了二太太，财爻亥水临旺地合住卯木得长生，所以断黄先生是死里逃生。头上做手术、右脑长瘤，是上六爻官鬼寅木主病，月日是申金冲破寅木，上六爻为头破者手术也，以形成申巳寅三刑，申金巳火均主手术之灾。四月份手术是父母爻巳火坐离卦之故。右脑长瘤，是主卦子水坐艮卦化未，艮卦戌土动均主瘤子，由于子水旺，所以断是瘤而不是癌。左眼视力减退，是五爻为眼睛，右眼为子水，左眼为未土坐离宫，当然是左眼视力减退。偏位头痛，是月日申金破寅木之故。

2. 血脂稠，左心室不好，是卦中丑戌未三刑，克制子水，水主血液。左心室有病，是上卦艮卦化离卦，离主心脏。两位太太，是应爻为大太太，结发之妻，虽与卯木合，但临白虎动，说明大太太凶猛是个"母老虎"，是克夫之命；二太太是财爻亥水与世爻够成亥卯未三合局，亥水助世爻卯木，说明二太太具有助夫之命。

9. 白虎发动兄弟旺 婚姻坎坷凶灾重

2009 年，马来西亚的姜女士前来找我测运气，得《大畜》之《大有》卦：

己丑年	申月	丙申日	（辰巳空）

《山天大畜》	《火天大有》	六神
官鬼寅木、	父母巳火、应	青龙
妻财子水、、应	兄弟未土、、	玄武
兄弟戌土 ×	子孙酉金、	白虎
子孙申金 兄弟辰土、	兄弟辰土、世	腾蛇
官鬼寅木、世	官鬼寅木、	勾陈
妻财子水、	妻财子水、	朱雀

我看了卦象爻象，对姜女士说：

推断 1："你一生最大的不幸是婚姻上连遭不幸，有生死离别之灾，你的丈夫不是病死就是凶亡，或者跟别的女人走了。"

反馈：讲到此处，姜女士伤心得哭了。她说："李老师，你说的没错，我第一个丈夫是 2003 年得了食道癌死在医院。第二个丈夫是 2006 年与别人打架，对方用枪打伤了丈夫的头部，没来得及抢救就死了。2007 年、2008 年别人介绍的有两个，过了几个月就跟别的女人走了，有一个还偷了我的钱跑了。李老师你能看出我的身体健康状况吗？"

推断 2："你 2005 年的下半年做了大手术，是子宫长病毒性的恶瘤，应该是子宫切除，你现在是睡眠质量很差，严重失眠，还有轻微心脏病。"

反馈："2005 年做了子宫切除术，医生说不做不行，会转为恶性的。我现在整夜的睡不着，心脏不好，速效救心丸不离身。李老师你说的都对，感谢你给我指点，坚定了我继续活下去的信心。"

分析：此卦官星受月日之克，又月破处绝地，财爻子水为官星的原神，财爻虽旺而官星不受生，卦中又戌土发动冲起辰土，子水旺而入辰土之库，具不生官星寅木。卦中兄多劫财，所断此女一生最大之苦是婚姻不顺。第一个丈夫2003年得食道癌死在医院，正是卦中五爻子水受未土之克，说明病人难以吃东西，病在食道，子水坐在艮，并且戌土发动，说明是癌症。卦中子孙爻不上卦，吃药也无效，子孙爻虽临月日而旺，但被财爻子水盗泄。死在医院，是应爻子水入辰土之库。

第二个丈夫2006年与人争斗被枪打死，是卦中四爻临白虎发动主血光之灾，戌土动化子孙爻酉金，子孙爻代表武装争斗，上六爻寅木化巳火与月令成三刑局，是为开枪之意，特别是官鬼寅木化巳火更说明此意，故断姜女士的老公凶死。

2007年、2008年所找的男朋友跟别的女人跑了，过不长久，是众兄劫财之故。2005年做大手术，是申酉金旺，冲克二爻寅木，二爻为女同志的小腹位，故断子宫切除。为什么断2005年而不断2004年呢？因为四爻酉金临白虎，酉金为2005年，白虎主血光，当然是2005年手术了。严重失眠，是上六爻寅巳相刑之理。

10. 兄弟持世临官库 婚姻不顺伤配偶

马来西亚的赵女士前来求测婚姻，得《中孚》之《大畜》卦：

己丑年　　申月　　癸卯日　　（辰巳空）

《风泽中孚》	《山天大畜》	六神
官鬼卯木、	官鬼寅木、	白虎
父母巳火〇	妻财子水、、应	螣蛇
兄弟未土、、世	兄弟戌土、、	勾陈
兄弟丑土 ×	兄弟辰土、、	朱雀
官鬼卯木、	官鬼寅木、世	青龙
父母巳火、应	妻财子水、	玄武

此为婚姻大忌之卦，从卦中也捕捉到赵女士是克夫之命，三次婚姻都不利，不是死就是离。

推断："你虽年纪不大，但在人生道路上遇曲折，特别是婚姻遭遇大的磨难。你是多婚之命，丈夫多为凶死病死。第一个丈夫在2004年应死于车祸。第二个丈夫是2006年死于肝病。第三个是2007年交朋友，2009年男朋友因经济问题有牢狱之灾。"

反馈："我第一个丈夫是参加朋友的一个婚宴，酒喝得太多了自己开车撞到高压电线杆上当场死亡。第二个丈夫是肝癌，在医院医治无效而死。第三个丈夫是公务员，没结婚只是同居，2009年犯贪污罪被判五年徒刑。你看我以后什么时间还能找到男朋友结婚？"

分析：此卦有一个奇特的信号，此女是克夫之命，卦中女测婚，世临阴爻应临阳爻，应又生世是吉象，只可惜官星化退化月破，官星又临死绝之地，实为大凶之兆。还有应爻代表配偶处于休囚之地，并化出子水临旺之克，应爻巳火无原神，也为大凶之兆。女人克夫，所指世爻未土是官鬼之库，又丑未戌三刑，男人逢此女，不进病房也要

周易·八卦健康案例精典

进牢房，此为克夫信息。

我的经验是辰戌丑未临兄弟只要分布在三爻四爻，男的遇之克妻，女的遇之克夫。女的叫望门之寡，男的叫望门空屋。说明女的克死男的，从青年就成寡妇到老，男的克死妻子光棍到老。

第一个丈夫2004年死于车祸，是应爻巳火化子水回头克之故。父母爻代表车，应爻代表老公，巳火处于病地，子水在月临长生而旺回头克巳火，子水临玄武，水代表流血，乾卦代表车、铁架电线杆，二爻官鬼卯木化寅木与月令申金相冲，正如赵女士所讲老公喝酒开车，酒乃子水也，撞到高压电线杆上，正是月令申金撞二爻寅木之意，电线杆乾卦也。

第二个丈夫肝癌死于2006年，肝癌者所指上六爻官鬼卯木坐巽卦，卯木主肝，胆巽也主肝胆，木衰处绝地，又卯木与未库同宫，卯木虽临日令，但卯与未半合，合动入库也，又未土化戌土、丑土三刑，巽卦化艮卦主坟地，正说明老公肝病已入坟地之理。

第三个丈夫是公务员，2009年因贪污罪判刑，是二爻官鬼卯木临青龙，主贵，故断公务员。卯木与世爻是合中带克，卯木与世爻合入库，与戌土也合，丑土发动，正是丑未戌三刑成立，故断第三个男朋友入狱。五年牢狱，正是甲午年父母爻临旺之年出狱。

11. 巧用八卦 预测人生

湖北某先生测运气：

癸未年	甲子月	壬申日	（戌亥空）

	《天山遁》	《地山谦》	六神
	父母戌土○	兄弟酉金、、	白虎
	兄弟申金○ 应	子孙亥水、、 世	螣蛇
	官鬼午火○	父母丑土、、	勾陈
	兄弟申金、	兄弟申金、	朱雀
妻财寅木	官鬼午火、、 世	官鬼午火、、 应	青龙
	父母辰土、、	父母辰土、、	玄武

我伏案观卦片刻，然后断道：

推断1："你本人文化水平不高，没有学历。"

反馈："对，我初中没有毕业。"

推断2：我接着说："但你却非常聪明，心地善良，有领导能力和经营理财的才能，你的性格是柔中带刚；你现在不是国家公务员，是一个企业的老板，你经营的这个企业是一个合股企业，合股者有三人。"

反馈："是的，我们的企业是三人合股的。"

推断3："你七岁时有过伤灾，而且是左腿。"我往下断道，"十七岁时头部受过伤，你此年离开父母，自己出去做事。"

对方问："小时候的事也能断出？"

我回答他："卦上有信息。"

推断4："你二十一岁参加工作，二十三岁交好运，二十四岁谈恋爱，二十五岁结婚，二十六岁生女儿。"

反馈："对，一点都不错。真是耳闻不如眼见。"

推断5："你的妻子对你帮助有力，是一个助夫之妻，长方脸，身高 1.63 米。"

推断6："你的女儿是个大学毕业生，但她是侥幸上的大学。"

反馈："对！我女儿考大学时，离录取分数线差三分，当时以为没有希望了，但后来这所高校确又因为扩招而被录取了。"

推断7："你的女儿运气不错，她明年有出国的机会，以后会在西方国家工作。"

反馈："这一点我现在还不敢肯定。不过我女儿是学外语的，现在毕业后在一汽公司是做翻译工作。"

推断8："你女儿谈了个对象是个医生。"

反馈："对，是个医生。"

推断9："你二十九岁死母亲，你母亲有心脏病，高血压，她死于脑溢血，你父亲现仍健在。"

反馈："是的，母亲死于脑充血，父亲健在。"

推断10："你 1997 年辞去工作，三人合伙，自己开厂。"

反馈："对，是 1997 年，我与其他二人辞掉工作后，三人合伙承包了一汽的一个厂。"

推断11："你 1999 年发了一点小财，2000 年发大财，2001 年老婆生病是偏头痛。"

反馈："对！"对方点头称是。

推断12："你 2002 年不吉，六、七月有官司，十月开始好起来了。"

反馈："是的，2002 年六月检察院来查我们的账，并且对我们起诉说偷税漏税了，一直查到农历的八月才结束。十月份厂里的生产才恢复正常。"

推断13："你 2003 年厂里发生了伤亡之灾，造成了一死二伤的生产事故。"

反馈："对，我正是因为这件事来求李老师给预测的。您看是什么因素造成的？"

推断 14："是你厂里的风水不好造成的，而且是西北角风水有问题。"

反馈："西北角？那里是垃圾堆和厕所。"

推断 15："你家里的风水也不好，不聚财，花费大。"

"我明年准备投一个项目，李老师您看能否成功？"

推断 16："此项目有成功的一面，也有不成功的一面，请你慎之又慎。"

最后我半开玩笑似的说道："你的孩子有二妈，人皮肤白，瓜子脸，左眼双眼皮，右眼为单眼皮，身高 1.6 米左右，没有你妻子漂亮，但很有才能，对你帮助很大。"

反馈：对方一怔："二妈？什么叫二妈？"

我解释道："二妈就是你的情人，你在外有一个情妇。"

反馈："噢，情人！对，是的，我的情人是像您说的那样，白，一眼双眼皮，一眼单眼皮，身高也对，是个领导，搞财务的，这么多年我的生意都是在她帮助下发展的。"

分析：

1. 文化水平不高，没有学历，世爻午火为官，断学历以父母爻为用神，此卦官居世爻，父母辰土贴身而泄，故文化水平不高，没有学历。

2. 聪明、善良，有领导能力和经营才能，性格柔中带刚。世爻代表占卦人，临青龙，青龙主聪明，属木，木主善良；世爻为官，主领导，财伏官下，伏而生世为有经营才能；性格柔中带刚，青龙之性。现在不是公务员，是世爻处月破；个体企业老板，才伏临月令而生午火；三人合股，寅午戌三合火局。

3. 七岁伤灾，是左腿：七岁时为子年，子午相冲，为太岁冲克世爻；左腿，主卦为右，变卦为左，主卦世爻午火下伏寅木，子水冲午有伏神化解，变卦二爻午无才化解。

十七岁头部受伤：十七岁时为戌年，太岁戌土入卦处六爻临白虎又动；白虎主血光之灾。

离开父母，自己出去做事：戌年太岁冲初爻父母辰土，临玄武，玄武为水，主流动，玄武也主暗，故是自己出走的。

4. 二十一岁参加工作，二十三岁交好运，二十四岁谈恋爱，二十五岁结婚，二十六岁生女儿：断此几条是运用飞宫十六变的方法而断的，飞宫飞爻之法，在我的《周易·一卦多断精解》著作上，此不重复解析。

5. 妻子是助夫之妻：财伏世爻午火之下，不显山露面而生午火，无怨无悔。长方脸，寅木之型，身高取月建子水，财的原神，水为1、6，木为3。

6. 女儿是大学生，但是侥幸上的大学。女儿为子孙爻，主卦上没有，取变卦亥水为女儿，临五爻，主卦申金为原神，原神动临父母戌土而生，再生亥水，故是侥幸上的大学。

7. 女儿的运气不错，明年有出国的机会，以后会在西方国家工作：子孙爻亥水临日月建旺相为运气好；五爻为道路，亥水正处五爻，又临主卦申金而生，申亥都是马星，故有出国的机会；金主西方，是西方国家。

8. 女儿的对象是个医生：取生亥水的爻为对方，申金主医生，也主手术刀之类。

9. 二十九岁死母亲，母亲有心脏病、高血压，死于脑充血。父亲健在：八三年为亥年，太岁生合伏神，构成寅午戌三合局，父母戌土处六爻，六爻也为母亲爻位，戌动化酉，为乾变坤，酉也有棺材之象，戌土动而空，故为母亲病逝。心脏病，午火为心脏，高血压，主卦无水，脑充血，乾为头，动化坤回头生，无水化泄。父亲健在初爻辰土为父处父位，临午火相生，故健在。

10. 1997年辞去工作，三人合伙开工厂：丑土泄午火为辞去工作，变卦亥丑与月建子水三汇水局为三人合伙，开工厂，为乾变坤回头生，为土生申金，故开的是金属制造类的厂。

11. 1999年发财，2000年发大财，2001年老婆生病是偏头痛：1999年为卯木生午火，卯木为太岁，为明财。辰年是申子辰三合水局，生伏财寅木暗动生世爻为发大财。2001年老婆病是寅巳相刑，寅木伏为偏，又主头。

12. 2002年不吉，六至七月有官司，十月后好起来：午午自刑，不利世爻。未月泄午火，申月冲寅木。亥水生合伏神好转。

13. 2003年厂里发生了伤亡之灾，造成了一死二伤的生产事故：未年为主变卦中辰戌丑未四库刑冲，耗泄午火，为破财之象。动变卦中丑戌与太岁未土三刑，三刑又临勾陈白虎。一死者为丑土，丑土临坤空，坤为地，戌土动化酉，酉在坤宫为受生有救，未与午合也为有救不死。

14. 厂里的风水不好，而且是西北角：应爻处乾宫，乾为西北方，三爻齐动，又临三凶神腾蛇、白虎、勾陈。丑土为厕所，勾陈为垃圾堆。

15. 家中风水不好，不聚财，花费大：世爻处艮宫，艮为山，地势较高，鬼处二爻，主宅基地不干净，下有坟墓，临青龙，为蛇蝎、壁虎之地。财伏鬼下生世，初爻为父泄官鬼，为不聚财。临玄武，玄武为水，花销开支为账目，不明不白，玄武也主暗。

16. 明年想另投一个项目：明年兄弟临太岁，成功的一面为兄弟生子孙，子孙为财的原神，此项目有利可得。不成功的一面为卦中兄弟多，又临太岁，为此项目竞争者太多，都看上了这个项目，故要谨慎行事。

情人者： 我克者为妻，以世爻为主，两申金，取应爻为情人，应爻也正是夫妻之位。皮肤白，为金，瓜子脸，申金之型。左眼双眼皮，因亥水为圆为双，变卦为左；右眼为单眼皮，主卦申金为阳为单；身高取动化之爻，水为1、6之数，有才能，处五爻尊位，对世爻帮助大，是申动化亥水，亥水合寅木生世爻午火。

12. 八卦看阳宅　院长也惊叹

某学院的院长打来电话，邀请我过去给他看风水。我说："现在很忙，实在脱不开身，你可以摇一卦，我给你在电话说一下。"这位院长不解其意问我："你不来怎么能看风水呢？"我解释说："我通过你摇的卦完全可以看，甚至比到现场更精确，问题看得更清楚。"于是这位院长按照我教的方法，摇了下面的卦。

癸未年　甲寅月　壬申日　（戌亥空）		
《水地比》	《风雷益》	六神
妻财子水 × 应	官鬼卯木 、 应	白虎
兄弟戌土 、	父母巳火 、	腾蛇
子孙申金 、、	兄弟未土 、、	勾陈
官鬼卯木 、、 世	兄弟辰土 、、 世	朱雀
父母巳火 、、	官鬼寅木 、、	青龙
兄弟未土 ×	妻财子水 、	玄武

我认真审视分析了卦象，然后断了如下十几条：

推断1： "你所在的院校坐北朝南，前低后高，右低左高，大门开在东南方位，并且西北、正北都有门。从学院的大环境上说，东南方向上有汪洋之水，后面有山或高坡。"

反馈： "正确。在我们学院的东南有一个大湖泊、在学院后隔一条马路有一小山包。"

推断 2："对着大门有花草树木，一进门可以见一高杆和高大建筑迎门。同时有水池。院内整体绿化较好，左边的树木花草比右边的要多些。门前的花草栏杆有些伤损及杂乱。四周有大树参天。"

反馈："很对。一进门就是一个旗杆，还有一个平台，平台上放一辆真的坦克，炮口还对着大门，大门已建造二十多年啦，今年正计划拆建，到时还要请你给选个日子。我说：没有问题。"

推断 3："西南方有高大建筑，与金水有关，多指水塔同时有水沟，有小房，且都有松动破损，尤其是门窗破损。"

反馈："基本正确。只是那里没有水塔，而是个铁塔。但你能看出是一个塔一类的东西，已经很了不起，我服了你啦。"

推断 4："西北方位有伙房、烟囱、配电室、变压器等。"

反馈："太对了。"

推断 5："西南方有动土之象，西北有小桥。"

反馈："是这样。只是这个小桥不在院子里，而是在西北门口的路上。"

推断 6："院内由北向南有一条弯曲小路，路边有道沟。"

反馈："对。院子里的路较多，路边沟是排水用的。"

推断 7："主楼顶或你的办公室顶棚破损，并有漏水之处。"

反馈："不是我的办公室，是办公楼漏水，修几次也不行，你真了不起，也不到现场，也没来过我这，地形地貌看的都很对，连房子漏水都能看出来。这八卦可真是科学，我服啦。"

推断 8："院子的东南方位有蛇虫之类。"

反馈："这一点我还不清楚。"

推断 9："指挥机关在左侧东南位，主路在院子的东侧。"

反馈："对、对、对！"

推断 10："西南、西北、东北、东南都有坟。大门下亦有坟。"

反馈："是的，东北面是回民的坟地。部队的营地大都有坟。"

推断 11： "风水断完后，我跟他说：总体看来此院风水不好，阴气太重。五行格局混乱，人易患心脑血管、泌尿系统方面的疾病。你自己亦神经衰弱，腰酸腿软，心脏不好。另外，从卦上可看出，从2000年至今灾祸不断。具体讲，2000年有伤灾口舌，2001年伤灾破财，花钱烦心，并有轰动校内外的不吉之事发生。同时，官上有伤，名气受损，2002年车祸伤灾，并有管理上的混乱问题。今年，正月亦有车祸破财。还有，领导班子内部，表面上过得去，但实际上不团结，有两个阵营之象，或主要领导面合心不合。"院长对此分析一一认定准确。特别是对两个阵营的推断，表示了极大地认可。

分析：

1. 八卦测阳宅，世为坐基，应为案山，三四爻为门户。本卦世持卯木在坤宫，应坐子水在坎宫，四爻申金化未土，三卯木化辰土临朱雀是断定坐山朝向的关键因素，如何确定要综合判断。我所以断其坐北朝南：一、世爻有阴阳反错之象；二、四爻申金化未土为西南，为阴阳得位；三、应爻也是阴变阳，也属反错之象。世应反错应反断，唯有四爻是对的。那么坐北朝南就是正确之断。左高右低看二爻巳火化寅木，巳火衰，寅木旺所以才有此断，前低后高看世应，同时兼看卦象便一目了然。大门开在东南方位是三爻卯木化辰土之故。西北有门，是五爻兄弟戌土化空，因空者门也。北面有门是六爻子水化卯木之故，卯木与三爻同、故为门也。门前有大路是官鬼寅木临月建临青龙冲四爻之故，冲者叉也，所以是叉路或十字路；东南有水汪洋一片，是主卦外卦为坎应爻居水之故。

2. 对着大门有花草树木，旗杆，厅堂是三爻官鬼卯木所包含的信息类象。官鬼主厅堂，卯木花草主高大漂亮。门前有水池假山，是三爻卯木化辰土之故。因为辰为水库又为土库。院内绿化较好，是卦中水木相生，又《益》卦中的巽、震二木旺相之故。右边少，左边多，是主卦为右变卦为左之故。门前花草杂乱栏杆伤损，是卯木化兄弟，卯木临白虎之故。四周有大树是木旺之故。

3. 西南方有铁塔是日上申金透出之故，小房子是子孙申金化未土之故；因为子孙为偏房也；西南水沟是初爻未土动化子水，临玄武之故；门窗松动破损是四爻申金受月建所冲反映出来的信息。

4. 西北有伙房、烟囱、配电室、变压器，是五爻戌土化巳火之故；戌为火库，居五爻为窑、旬空又有烟囱之象，变压器等电器设备也是从火象中提取的。

5. 西南有动土之象，是未土发动之故；西北有桥是五爻兄弟居坎宫之故。

6. 院内由北向南有小路弯曲，并有路边沟，是五爻戌土旬空化巳火临螣蛇之故。

7. 楼房漏水，是六爻水动化卯木为刑又临白虎之故；六爻为房顶，化刑为伤，临白虎也主有伤损。

8. 院子有蛇虫，是巳火临螣蛇，又临青龙之故。龙蛇相缠，受寅木、卯木所生为旺，所以定是有蛇虫之象。

9. 指挥机关在东南方位，是世化辰土之故，因世爻是院长，居官鬼化辰土，辰为库，所以是东南，主路在左侧，是主卦与变卦，卦象所示之故。

10. 四周是坟，是官鬼卯木、寅木所生之墓库。

11. 人易犯心脑血管病，是六爻子水化官鬼卯木临白虎，以及五爻戌土化巳火临螣蛇之故。六爻为头、水为血液化鬼有病，五爻为心脏、戌也为心脏，化巳火与月日相刑，所断心脏有病；泌尿系统的毛病是水化刑，三爻官鬼卯木化辰土为水库，二爻也为泌尿系统，寅、申、巳三刑，所以泌尿系统有毛病。

2000年伤灾口舌，是太岁辰土冲五爻戌土之故；官鬼化兄弟临朱雀主口舌，五爻临螣蛇主伤灾车祸；2001年太岁巳火临螣蛇，卦中寅申巳三刑，子孙申金受刑克，子孙代表兵卒，所以有一战士出事。卦中上下都有巳火，巳火又临父母代表消息，代表气氛，所以是轰动校内外。巳火刑官鬼寅木，泄卯木之气，所以官上有损，名气有损；2002年太岁午火冲卦中子水，子水居坎，震为车象，所以是车祸破财。2003年寅月卦中寅申巳三刑，白虎旺冲申金，寅申有车象，申在坎为险为车，所以出了车祸又破财。

领导班子两个阵营问题，是卦中亥卯未合，申子辰合之故。面合心不合是亥水伏藏，亥卯未所合不实，申子辰合，与官鬼卯木生中带刑。另外，卦中寅申巳三刑，官鬼代表领导代表管理，月日建为领导，相刑表示协调不一致，意见不统一。五爻戌土与三爻辰土相冲，也有领导不合之意，因五爻为领导，代表君位，三爻辰土是世爻化出，但卯戌又有相合之象，旬空虽合为虚，说明主要领导之间不团结。

13. 人生路口苦徘徊 略加指点笑颜开

2005 年 5 月 17 日下午，海南某旅游公司的田先生慕名前来公司求测财运、事业及婚姻。当时我正在为"六爻高级班"讲课。他一边等我下课，一边旁听我的讲课。下课后，他激动地握着我的手说："久仰李老师盛名，真是百闻不如一见，今日有幸听老师讲课，果然是不同凡响啊！"因其诚心感人，热情有加，只好不辞劳苦，牺牲课间的休息，让他摇了一卦。

乙酉年　辛巳月　辛丑日　（辰巳空）

《泽天夬》	《泽风大过》	六神
兄弟未土、、	兄弟未土、、	腾蛇
子孙酉金、世	子孙酉金、	勾陈
妻财亥水、	妻财亥水、世	朱雀
兄弟辰土、	子孙酉金、	青龙
父母巳火　官鬼寅木、应	妻财亥水、	玄武
妻财子水○	兄弟丑土、、应	白虎

推断 1："你过去几年走了许多弯路，如今走到了一个人生十字路口，是关键时刻。你目前的状态与动向，亟待做出抉择。"

反馈："是的。我就是站在十字路口徘徊，不知如何决择，该走哪条路？求老师您帮助指点迷津。"

分析：《夬》卦有决断、抉择之意，求财方面，则有险中求利之象。

推断 2："目前你是一条龙，适应环境能力强，自尊心也很强。你目前在求财方面有险中求利之象。而且你目前头绪多，事业方面不知如何抉择，心里的状态十分复杂。"

反馈："正是如此。不怕老师见笑，我现在用数学概率论做彩票研究，也参与实践，而且我是采用滚动式的购彩票方式。这期如果继续投资买彩票，则需买十八万元。如果万一不中奖，则连前边买的钱将一起亏空。再者我是搞导游的，目前想转行搞律师，但还得考律师证才能拿牌当律师，所以现在就像您说的头绪多，无法抉择。万望大师帮我参考参考。"

分析： 世爻占五君位，皇帝之位，似一条龙。世爻子孙酉金临太岁旺，临月巳火半合，临日丑土生之，世不弱，所以说他适应环境的能力强。酉金代表义气，代表个性强，故说他自尊心也很强。在求财方面有险中求利之象是根据大象卦辞所断。

推断3： "你的财运自工作到现在一直很好。无论是工作收入还是其他投资，皆顺利。2005年正月至三月财运很好，入四月份后，财运就下滑，一落千丈。所以农历四至六月份，最好能稳住，莫硬进，莫投资，否则破大财。入了七月份后财运可以好转，入冬季水旺，便是你财旺的时候了，可赚大钱。"

反馈： "的确，我自工作以来财运一直不错。我是1979年出生，属羊的。自2000年考取导游证后，在海南从事导游工作，每年我的收入约有20万，能存下的钱有10万。但一种职业做久了，太劳累，趁着年轻也想换换职业。我一直研究彩票，多数时候中奖率很高。2005年正月彩票赚得一万多；二月份约赚两万多；三月份最好，约赚三万多，可是一进入四月份，我就一亏再亏，现在我简直不敢出手，所以犹豫着是否继续买下去。"

分析： 2000年，田先生21岁，大限走初爻妻财子水，小限也是走在初爻妻财子水上，2000年太岁庚辰，辰酉相合，为太岁来合世爻，大小限双重走在妻财子水上，财旺又逢太岁相生合，喜事临门之象，故当年考取导游证，并参加了工作。2005年大限仍走在初爻妻财子水上，而小限走在六爻兄弟未土上，酉金世爻在卦中旺，逢2005年正、二月木旺时节，制忌神未土，财运好，三月辰生合世爻酉金助金用神，所以财旺。进入四月巳火旺季，世爻酉金不利求财，财处休囚，火生小限忌神未土，未土旺克制财爻，故连连破财之象。四月到六月份火土旺季不宜求财（即彩票偏财）。入七月份，财源逢旺地，所以秋冬利于求财，可赚大钱。

推断4："你在策划方面是奇才，人很聪明，不论学什么，一学就会，一学就成，有过人的智力。有真才实学，但往往不能很好地发挥出来。目前你想考律师，得本科毕业，需三至五年才能取得本科证书，时间太长，此想法不现实，不是最佳选择。目前你还想专业研究彩票，看你眼前的财运很差，玩不起，且风险很大，此想法不可取。最现实、最稳固、最适合你的求财方式，还是做导游职业。因为职业上律师属金，彩票属火，导游属水，卦中显示，水是你的财，最宜做的是导游。"

反馈："听李老师一番生动的分析，使我豁然开朗。我心中已有定数，我还是选择最适合我自己的导游职业吧。"

分析：世爻占在五爻最佳位置，临着子孙，凡子孙持世的人，有艺术方面的特长，审美眼光特好，有设计、策划方面的天才，心态好，乐观，好善乐施，富于奉献精神，很适合做服务性质的行业。聪明不过金水，世爻酉金很纯正，在兑宫，兑主愉悦、主嘴说，所以做导游很适合他。世爻酉金旺相，有真才实学，临着勾陈，有时候特长发挥得不是最好。之所以他选择导游，是因为导游流动性大，属水性质的职业，符合卦主的性格。

推断5："以后的流年为金、水、木之流年，财旺了还生官，往后的6年皆为好年华，财运、事业蒸蒸日上，会有名气的，可以名利双收啊。"

反馈："真是这样的话，我决不辜负老师的指点与厚望，努力工作，无论如何都要混出个名堂来，到时再来拜谢恩师您！"

分析：往后的流年为金、水、木之流年，且大限走在妻财子水和官鬼寅木上，财官相生，卦中水为财，官为木，岂能无名无利？所以说为好光景。

推断6："你婚姻不能一次成功。婚后夫妻恩爱，可白头偕老。但不排除你还会有情人。"

反馈："我现在是有好几个女友，真不知选择哪个才好，无法拿定主意。"

分析：世爻子孙酉金在五爻为对位。卦中妻财两重，初爻子水为最初谈的对象，此财在初爻不对位，临阳爻阳位阳支，化丑土回头合住，丑土又临日建，为与他人结婚了，不是自己的缘分，此妻财子水代表谈不成功的。四爻妻财亥水临阴爻阴位阴支，符合做妻子的条件。妻子贤惠，能说善辩之人，持朱雀，在兑宫，紧贴着五爻世爻，酉亥相生，故说夫妻恩爱和睦，可白头偕老。初爻子水也可看作偏财，即情人，动化出丑土与世爻及月令组合"巳酉丑"三合子孙局，世爻为酉，酉为桃花，桃花旺相逢合局，难免会有情人。

推断7："你的婚姻在今年和明年（2006 年）都有难成之象。但2007 年定有鸳鸯相配，成婚之喜！"

反馈：（激动地）"到时候我一定请李老师吃喜糖。"

分析：卦中财爻两重，初爻妻财子水动化出丑土临日建回头合住子水，不为世爻之妻。四爻妻财亥水临日月休囚，安静，待逢亥水之流年，太岁入四爻财位，旺相，与世爻紧贴相生，为有鸳鸯相配，成婚之大喜事！

14. 卦象卦理细推敲　原来他是同性恋

某男测病和婚姻：

壬午年　　壬子月　　己未日　　（子丑空）

《雷水解》	《泽地萃》	六神
妻财戌土、、	妻财未土、、	勾陈
官鬼申金×应	官鬼酉金、应	朱雀
子孙午火、	父母亥水、	青龙
子孙午火、、	兄弟卯木、、	玄武
妻财辰土○世	子孙巳火、世	白虎
父母子水　兄弟寅木、、	妻财未土、、	腾蛇

1. 推断病情：

1994 年脑神经有病，差点死了。1996 年稍好，家中有外邪，不安宁。

反馈：确实，家中常见人影，响动。

分析：此卦水爻伏藏，午火月破，世爻处死地不旺，动化回头生，但巳火绝而无力。

二爻为房屋，临虎动，辰冲起六爻戌土，戌化未刑，戌为火库，火主神经，未为木库，木也主神经，未戌相刑，脑神经有病。

此卦寅午戌合不了局，因午火月破，火到三冬为真空，相当于又空又破。

五爻为人（阳宅），临鬼凶，临朱雀，胡言乱语之象，官虽弱，但午火更弱，子孙衰，官鬼动，白虎动为凶宅，人、宅（二爻为宅）都凶，鬼无制，家中有邪气。

1994 甲戌年上六爻妻财戌土发动，脑神经病发作，1995 年亥水回头克午火，官鬼无制，病发狂，差点死了。1996 年看似午火岁破，但申子辰合水局泄申金，官鬼逢泄，所以病情减轻。

家中有外邪是年戌冲辰，戌在外卦临勾陈，是外邪入宅。因辰在二爻为家为宅，说明外邪是鬼而非仙；鬼仙的区分法是：官鬼旺者为仙，衰休囚破者为鬼。

2. 推断婚姻：

婚姻不顺，有同性恋倾向，喜欢男人，1999年谈对象不成，今年又谈一个，也不成。

分析：世应虽相生，但应官世财，阴阳颠倒，应爻官鬼申金化酉金，酉金为官鬼合世爻，世应俱动，为双方你情我愿之象。

大象坎化坤，男化女，主卦为震，象为他自己做女人（坤为女性生殖器），别的男人为震（为男性生殖器），自己变身为女人，和男人搞同性恋之象。

二爻不临金水，为肾衰，辰土化巳火，湿土变燥土，肾无水，必有病态。

世爻变出巳火，与应爻申金，构成寅、申、巳三刑，为婚姻有问题；用神妻财，子孙午火为原神处死地，财无原神，婚姻不顺。

1999年午得卯木临太岁生，午火旺可生助世爻，应爻化出酉金与太岁卯冲，应破不成。2002年午火旺，但应爻弱，也不成。

15. 初涉八卦 疑窦顿消

广西的刘小姐从来没算过卦，这次来试一试，她摇卦测运气。

辛巳年　巳亥月　乙未日　（辰巳空）

《天泽履》	《兑为泽》	六神
兄弟戌土○	兄弟未土、、世	玄武
妻财子水　子孙申金、世	子孙酉金、	白虎
父母午火、	妻财亥水、	腾蛇
兄弟丑土、、	兄弟丑土、、应	勾陈
官鬼卯木、应	官鬼卯木、	朱雀
父母巳火、	父母巳火、	青龙

卦象成立，审视片刻，然后我断12条，一一应验。

推断1："你是靠自身的一技之长来挣钱谋生。没有靠山，自打江山自己做。"

反馈："真是这样的，我有会计证书、懂电脑、就想靠自己创一番事业。"

推断2："财运差、工资低。"

反馈："我现在给一家私人公司打电脑，每月560元，除去吃饭租房，所剩无几，您看我什么时候财运会好起来。"

推断3："今年、明年、后年都不太好。2004年、2005年最好。"

反馈："哎呀！还得等这么多年。"我说："财运好坏是相对的，明后年不好，也不是无钱可挣，只不过是财气稍差而已，不要过于担心。"

推断4："目前你只想多挣点钱，还不愿意处对象。"

反馈："是的。"

推断5："你小时候学习很好，中学时期学习不好。"

反馈："真是这样的。"

推断6："你在小时候，年龄应在5—10岁之间，得过一次重病。"

反馈："我记得好像是在6—7岁时，大腿上长红疮，很难受的。"

推断7："你头上有病，应该是神经衰弱，想事情太多爱做梦。"

反馈："是真的。就是睡不好觉，翻来覆去，爱瞎琢磨，总是做梦。"

推断8："造成你想事多的原因，主要是有三个方面：

①为找工作挣钱之事，总想找一个能多挣点钱的工作；②为将来找什么样的对象，能伴终身；③惦记父母。"

反馈："是这样的想法。"

推断9："你父母身体不好，患有心脏病或高血压。母亲比父亲的病严重些。"

反馈："点头称对。"

推断10："你父亲曾经当过官，应是正职，但官不大。"

反馈："是这样。我爸原来当过船长，这还是几年前的事，现在不是啦。"

推断11："你父母感情不合，经常吵架拌嘴。你父亲老实母亲厉害。不合的主要原因在你母亲那边。"

反馈："连连点头称对，是这样的。"

推断12："你家的房不是自己的，周围有很多的水。且门前很不卫生。"

反馈："我家挨着东湖，四处都是水。我们家住的是公房，没有院墙，出了屋门就是过道，人来人往，又没人打扫，是很脏的。"

分析：

1. 子孙持世，得动爻兄弟生，又日辰兄弟旺生。子孙代表技术，兄弟代表劫财。所以是靠一技之长来打工挣钱。自坐五爻、五爻为君位，为江山，虽有兄弟生，但化退三刑，邦扶不利，又子孙克官鬼，所以是自打江山自己做。

2.妻财子水伏藏，在月旺相，在日受克扯平，卦中戌土动克，财气衰弱。因子孙持世，本身就是求财辛苦，再加上兄弟劫财，财源被太岁合克受伤损。综合分析，断定她的财运差，工资少。

3.今年太岁巳火生兄弟克世，财爻子水处绝地，明年午火临太岁，克世，财爻年破，后年未土之年，兄弟临太岁，又冲动三爻丑土，丑、未、戌三刑，兄弟结党劫财，因此这三年财运都不会好。2004年，2005年子孙申金，酉金得势，身旺能担财，同时，财爻子水受生旺相，故这两年财行旺地，属财旺之年。

4.兄弟戌土动贴生世爻子孙申金，又财伏世下，世生财，就是想挣钱的信息。世应相冲克，世为子孙，应为官鬼，官鬼代表男朋友，官鬼受克是不利婚姻之象，对于未婚女子，正是不想找对象的信息。

5.初爻父母巳火受二爻官鬼卯木旺生，所谓旺生就是官鬼卯木与月建亥水、日建未土合成木局生火。初爻乃人之初，所以是小时候。父母代表学习成绩，有原神生助，所以是小时候学习好。从初爻至四爻按大限推，每爻五年、四爻正值人生的15—20岁之间，也正好是念初高中的阶段。而四爻是父母化月建回头克，父母受伤成绩不佳。

6.按限运推二爻是6—10岁之间，官鬼卯木坐之，又月日与之合鬼局，鬼旺病发狂，所以是有病的信息。鬼在二爻又受申金旺克，所以是腿上有病。

7.卦中丑未戌三刑，六爻戌土化刑，又合二爻官鬼卯木，故病在头部，木主神经，故神经衰弱。

8.六爻为头部，兄弟在六爻发动，所以想求财。戌土动合官鬼卯木，官鬼坐应爻为男朋友，所以是考虑对象问题。父母巳火、午火入戌土之墓库，所以惦记着父母。

9.父母巳火旬空月破，初爻阳爻与五爻合，五爻为父，所以是父亲身体有病。四爻午火代表母亲，化月建回头克受伤有病之象。父母巳火午火受克入墓，水火相战，必主血压和心脏有病。午火化月建回头克，而巳火虽破却旬空有生，故母亲病比父亲重。

10. 初爻父母巳火临青龙，又受官鬼卯木生，官生父故父曾当过官。因官鬼临卯木，所以是正职，坐二爻受酉金冲克故官职小。父母巳火被冲破不受官生，所以现在已不是当官的啦。

11. 四爻父母午火化出亥水临月而旺，直冲初爻父母巳火，所以是父母感情不合。另外，卦书也有断语：卦变六冲主家长不合。亥水是午火化出，午火在卦中代表母亲，所以是母亲厉害。父母巳火月破入墓，所以是父亲老实。分析到这里，父母感情不合，原因显然主要责任是母亲一方。当然，这个还有父母午火与六爻变爻未土生合，未土又临日建，又为桃花库，午火又为桃花……还有尚未言明的其他信息。

12. 《天泽履》变《兑为泽》有天降水泽之象，又内卦兑变兑，宅爻又坐兑宫，一片水气，故宅周围水多。三爻丑土临门，丑土为脏土，又丑化丑，显示门前环境有垃圾脏土。二爻官鬼化官鬼，又临应爻，故住宅是单位的宅而不是自己的。

刘小姐平生第一次摇卦，原来对三个铜钱摇一卦就能知道很多事，不太相信。这回亲自试一把，信服啦，并认为六爻八卦真是一门科学。

16. 用神临白虎 必有伤病灾

2009 年 7 月，我在新加坡讲学，有位张女士求测运气，得《雷水解》之《地水师》：

己丑年　　申月　　甲午日　　（辰巳空）

《雷水解》	《地水师》	六神
妻财戌土、、	官鬼酉金、、应	玄武
官鬼申金、、应	父母亥水、、	白虎
子孙午火〇	妻财丑土、、	腾蛇
子孙午火、、	子孙午火、、世	勾陈
妻财辰土、世	妻财辰土、、	朱雀
兄弟寅木、、	兄弟寅木、、	青龙

推断：

1. "2002 年你老公有生死大灾，原因是车祸。"

2. "你有两次生死大灾，第一次应在 2004 年，多指手术之灾或者是肝病；第二次是在 2008 年，多指心脏病。"

3. "住宅有问题，房子西北方有个高大的烟囱，直接影响到你的身体健康，主心脏病，易患糖尿病并且伤老公。"

反馈："我老公 2002 年上半年与一辆大货车相撞当场死亡，我 2004 年是肝上长肿瘤，动过大手术，是死里逃生。2008 年心脏病，住了半年的医院，也是从鬼门关跑回来的，我住的房子西北角是个化工厂，化工厂里确实有个高大的烟囱，我是有糖尿病。"

分析：

1. 2002 年老公死于车祸，2002 年为马年四爻子孙临太岁克杀应爻官鬼申金，五爻为道路，官鬼申金化父爻亥水临白虎，主血光之灾。上卦为震主车，动化坤，主大货车。我的经验是只要官鬼坐乾卦震卦，在五爻化病死绝临白虎螣蛇，多指车祸伤亡，又动爻克用神，多指生死之灾。

2. 2004年肝上动过大手术，是卦中官鬼申金临太岁而旺，冲克寅木，申金主手术刀也主丧车，鬼旺病重，木代表肝胆，所断肝胆有手术之灾。2008年有心脏病，是四爻午火代表心脏，2008年为戊子年，子水冲午火之故。午火动化丑土为泄午火之力，另丑土与子水又合，减轻子水冲午火力度，所以此年也是死里逃生。

3. 住房西北角有个高大的烟囱，是卦中寅午戌合火局，戌土坐震卦，震卦主高，戌为火库，戌土居上六爻也主高，戌土也代表烟囱，也代表西北位，所断住房西北位有一个高大的烟囱。戌代表西北，戌化官鬼酉金，说明此烟囱为火煞伤人，影响身体健康，五爻官鬼化父母爻亥水也主西北，五爻为老公化病临白虎，当然此烟囱克杀老公，所以断她老公有生死大灾。

17. 辰戌丑未四库刑 十件事情九不成

某男测运气：

<table>
<tr><td></td><td>壬午年</td><td>午月</td><td>丁未日</td><td>（寅卯空）</td></tr>
<tr><td></td><td>《泽风大过》</td><td colspan="2">《雷山小过》</td><td>六神</td></tr>
<tr><td></td><td>妻财未土、、</td><td colspan="2">妻财戌土、、</td><td>青龙</td></tr>
<tr><td></td><td>官鬼酉金○</td><td colspan="2">官鬼申金、、</td><td>玄武</td></tr>
<tr><td>子孙午火</td><td>父母亥水、世</td><td colspan="2">子孙午火、世</td><td>白虎</td></tr>
<tr><td></td><td>官鬼酉金、</td><td colspan="2">官鬼申金、</td><td>螣蛇</td></tr>
<tr><td>兄弟寅木</td><td>父母亥水○</td><td colspan="2">子孙午火、、</td><td>勾陈</td></tr>
<tr><td></td><td>妻财丑土、、应</td><td colspan="2">妻财辰土、、应</td><td>朱雀</td></tr>
</table>

推断1：此人学历不高；1995年、1996年有转折；1997年有贵

人，下半年比上半年好，股票有收益；1998年平稳，5—7月进财，8—10月耗财；1999年（己卯）由于改变原计划导致破大财，5—6月不顺；2000年财运不好，己卯年八月是灾根，破财。2000年下半年，改变工作方位，7月发挥作用；2001年上半年好，二月差，8—9月犯口舌，不顺，年底有好事；2002年3—4月心情不好，有小人，压力大、破财；2003年财运不好，2004—2005年事业好。

分析： 世爻不旺，原神酉金在午月处死地又化退，力量不够，两鬼夹世，世爻弱扶不起来，所以此人学历不高。

月日可以合起卦爻（旺可合起，休囚合不起），丑酉半合来生世爻。而1997年财丑在应临太岁，自然有人找他做事，这年下半年，股票有收益。

2000年财运不好，破财。财临岁旺，应该有财，但财旺克世，身弱不胜财。应化辰去合酉，财去合鬼为破财。且辰年世爻亥水入辰墓，所以炒股破财。

按大小限排法，辰年大限为世爻亥水，引发小限也在亥，亥亥自刑都入辰墓，极为不利。

推断2： 2001年上半年好，但二月不好，八、九月犯口舌，不顺，年底有一好事成功。

分析： 2001年小限在酉，大限在亥，太岁巳酉丑合局，所以上半年好。巳月巳酉丑合局，午月午与未合，辰月辰与酉合，所以为好。但卯月，卯冲开酉金，酉金弱不受生，卯木劫财（亥卯未合局泄财），所以卯月破财，寅月，寅与亥合，酉金生亥水，官鬼原神不伤，所以也可以。

八九月，因双鬼夹世，临玄武腾蛇，酉月子孙处死地，所以不好。戌月，未戌相刑，加应爻为丑未戌三刑，丑土临朱雀动（未丑在原局冲）为财的事情打官司，犯口舌。

辰戌丑未为四刑，十件事情九不成，辰戌丑未为四冲，逢吉也成凶。

年底亥水旺动，子月子丑合，申子半合，亥为父母，策划一个项目成功。

双鬼夹世，对人不实在，此人跟谁都玩心眼，鬼看似帮身，但父母克子孙爻。自己一旺就克财，财一旺，就克世，所以此人只适合为别人策划辅助，不能自己做老板。

推断3：8岁头部在鬓角处受伤，6岁烫伤手指。

分析：8岁大限在五爻，小限也在五爻，太岁巳火刑克申金，申金为坤宫西南，鬓角处，大象泽克震，所以头鬓角受伤。

6岁大限在五爻，流年卯木合住二爻父母亥水，伏神兄弟寅木透出，逢大限官鬼申金冲克，寅木为手，故手指受伤。

推断4：兄弟两个（其实为双胞胎），卦中亥水两现比肩为兄弟，动者为大（先动为先出生），四爻亥为老二，此人为老二。

从原局中看未戌在六爻刑，为头上受伤之象，故从岁限中推其应期。

2002年太岁为午火，与卦爻午火自刑，午为桃花，在卦中为子孙，是自己在感情生活上出问题，家中小孩也出问题，所以此年心情不好，有小人，压力大，破财。

2003年太岁为未，未在卦中为财，辰戌丑未四库冲刑，财刑冲为破耗，故是财运不顺之年。2004—2005年太岁为申酉金，申酉金在卦中为官，官生父，因此是事业好。

18. 怀才不遇空悲切 八卦为君点迷津

5月8日下午海南××县周先生（1969年生人）特地赶到公司求我预测。虽然公司接待员告诉他我正在讲课，他还是苦苦地等了两个小时，我也只好放弃独自在办公室里静一下的念头，让他摇了一卦。问他求测何事，他说主要测仕途，家庭、财运等也附带测一测吧。

	巳月	壬辰日	（午未空）
	《泽风大过》	**《天山遁》**	**六神**
	妻财未土 ×	妻财戌土、	白虎
	官鬼酉金、	官鬼申金、应	螣蛇
子孙午火	父母亥水、世	子孙午火、	勾陈
	官鬼酉金、	官鬼申金、	朱雀
兄弟寅木	父母亥水〇	子孙午火、、世	青龙
	财妻丑土、、应	妻财辰土、、	玄武

推断1："卦中示明：若适度地行事，会使人喜悦得到协助，前进有利；如果事做过头，非常行动，会有大的转折变化，发生不利之事。"

反馈："我目前是想活动活动，看能否有提升机会。"

分析：大过者，祸也。大的卦象有转折、变化之意。主卦财动、父动，有为工作花钱之象。

推断2："你的官位应该还可以提高两级，但目前被困住了。《大过》之卦说明，应该在五年前就得调动工作，不应该在原单位继续待着。你怀才不遇，力没少出，但皆未被领导充分认识到。因你的个性太古板，喜钻牛角尖，不会圆滑、奉承，所以人际关系方面多少会受到影响。虽然你人品好，心善，正直，但疏通领导关系的能力差些，平时忽视了见机行事，灵活度不够。"

反馈："是，是，是！我自己也感觉出来，但总是很难改变过来。今后一定在这方面苦下点功夫。"

分析：二爻父母亥水发动化孙爻午火临月建，耗亥水，原卦中，六爻妻财未土发动，临日建，也是克二爻父母爻亥水。二爻父母亥水发动，说明卦主不得人缘，提升不起来。世爻父母亥水是卦主最终能够提升两级的象。即从二爻至四爻为可以提升两级。

为何说在五年前就得调动工作呢？五年前小限走在二爻父母亥水上，大限走在初爻妻财丑土，流年庚辰，如此，二爻父亥发动，但逢大限丑土及流年太岁辰土和六爻、初爻未土制约，多方因素不利工作，应该动才对，卦主没动，失去机会。世爻持勾陈，勾陈的特性为怀才不遇，脚踏实地，但个性不圆滑，所以说人际关系方面受到影响。

推断3："你27岁有结婚之喜，还有提职之喜，双喜临门。"

反馈："对。我27岁结婚，那一年还提为农场保卫科科长。"

分析：27岁，卦主大限行走在六爻妻财未土上，小限亦为六爻妻财未土上，流年太岁乙亥（1995年）值青龙发动，有喜事。财旺克世为有婚喜；另外，卦中妻旺相，财生官，官旺生世，顺理成章地也有提升之喜，为双喜临门。

推断4："你与妻子的婚姻能够美满幸福。妻子贤惠、顾家，两人感情好。妻子在家中为老大。她们家族会发展得越来越好。你们家兄弟四个你是最有出息的。"

反馈："我和妻子一直是和睦相处。妻子很会持家。她是她们兄弟姐妹中的老大。我在家里有两个姐一个妹，共四人，家里就我一个男孩，混得最好的也就数我吧。"

分析：卦中取初爻妻财丑土为妻子，占阴爻阴支，在应爻位置上，为对位。应爻丑土为湿土，含水份多，对世爻不产生克性。应爻妻财丑土化辰土，辰为水库，世亥水归辰之库为回家，同是一家人，故说和睦相处。

应爻丑土代表妻子，化出辰土，辰为四库中最大的库，当然兄弟姐妹中为老大。库大说明有能力，所以说妻很会持家。

世爻亥水在兑宫化出乾宫，乾为金，金数主4、9，故说有四个兄弟姐妹，世爻在兑化出乾，乾主大，主首，主权力，主贵气，故兄弟姐妹中数卦主过得最好，最有出息。

推断5："你头胎生女儿。你的女儿漂亮、多才多艺、聪明、奇特，第六感觉很灵。卦中看你应该有两女一男。"

反馈："我现在只有一个独生女儿，已六岁了。聪明活泼，学习成绩不错。"

分析：取变卦中二爻子孙午火为他的女儿，午火为桃花，漂亮。临子孙，子孙主聪明灵活，多才多艺。持青龙，在艮宫里，说明此女儿日后有奇特之才，第六感觉很灵敏。龙为吉祥之物，女儿临青龙，可干大事业。

推断6："你31岁（1999年己卯）命运为有好的转折。33岁（2001年辛巳）有实权在握。2004年本可以往上提职，但有些领导同意，有些领导不同意。说白了，就是你的副职上司不同意。其实正职上司还是很看重你的。不过今年有提升的机会，就在六月份应该有动静，八月份可以定音，今年无论如何，排班论辈都应该轮到你了。这两年官星旺，好好把握。如果能调理一下会更好。"

反馈："我1999年调到县里公安系统工作，是为好的转折。33岁提升为副处级，是有点实权。2004年，正遇我县公安系统选拔干部，考试分数也很高，但不知怎么搞的就是没有选上。今年县里又有提拔干部的消息，不知是否会有希望。"

分析：31岁，卦主行大限为初爻妻财丑土，小限为世爻父母亥水，太岁己卯，卦中"亥卯未"三合兄弟局，说明卦主底气足，合木局旺入六爻妻财未土之木库，未土也为单位，将世爻父亥水合入未库，说明有单位调动，调到新的正规单位，是好的转折。妻财未土持白虎，在乾宫，为公安执法部门。

33岁，卦主行大限为初爻妻财丑土，行限在六爻妻财未土，流年太岁辛巳，太岁巳火冲动世爻父母亥水，世爻有动之象，卦中"巳酉丑"三合官局，官旺父动，象征着有提职之喜。

2004年（36岁），行大限在初爻妻财丑土，行小限在三爻官鬼酉金，太岁甲申，卦与太岁组合，为官杀混杂，官场上有争夺之象。"巳申"相合，"巳酉丑"也相合，皆为合，但申为太岁，巳火当然要与申相合在先，而卦中"三合"的力量不小，即考试成绩好。为何说正职看好他而副职不同意呢？太岁申金代表副职，与巳火相好，为巳火说话，巳火也冲世爻亥水，排斥世爻；而卦中正职为酉金，酉金力量没有太岁申金力量大，当然2004年提不成。

2005年（37岁），行大限在初爻妻财丑土，行小限在四爻（即世爻）父母亥水，太岁酉金与大小限组成"巳酉丑"三合金局，为官局。酉金为正职，值逢太岁，三合官局生世爻父母亥水，岂有不提之理？！故说六月份应该有动静，为"丑未"相冲，应爻动为有消息，八月份可以定音，八月为酉，合局力度大，可以定音。所以无论如何，排班论辈都应该轮到卦主提升了。

推断7："你父亲当过兵，而且在部队里是营级以上的干部。是个很有能力的人。现在退休了。"

反馈："我父亲原来当过兵，为营级干部。退役后在农垦系统仍是干部，现在已经退休了。"

分析：取五爻君位为父亲，酉为正职，得六爻妻财未土动持白虎生助官鬼酉金，金主部队公检司法，六爻持白虎亦指部队公检司法，生助酉金，酉金在兑宫化出乾宫，乾为金，也指部队公检司法，故说他父亲为部队军官，级别达营级以上。

推断8："你家祖坟风水好。卦中财官俱全，将来能出两位高官，还能出两个大学生，其中你女儿就是一位。家族较旺气。"

反馈："我们同堂辈的就数我混得好一些，有一官半职的。我父亲是正营级的官。不过到目前为止还没有出过大学生。相信李老师说的全能应验。"

分析：主卦《大过》中有两官两父，两官皆为正官。正官为高官。官主权，父主文，故说将来能出两位高官，还能出两个大学生。二爻父母亥水发动化出子孙午火持青龙，代表女儿，是当大学生的好苗苗。

世爻父母亥水为穴墓，上下爻都有官鬼酉金夹着相生，二爻父母亥水发动也助旺世爻，所以说世爻源头源远流长，当为家族较为旺气。

19. 太岁合印星 移民不可能

某女电话预测儿子能否办好移民签证：

<table>
<tr><td colspan="4">壬午年　壬子月　甲子日　（戌亥空）</td></tr>
<tr><td></td><td>**《风地观》**</td><td>**《风山渐》**</td><td>**六神**</td></tr>
<tr><td></td><td>妻财卯木、</td><td>妻财卯木、应</td><td>玄武</td></tr>
<tr><td>兄弟申金</td><td>官鬼巳火、</td><td>官鬼巳火、</td><td>白虎</td></tr>
<tr><td></td><td>父母未土、、世</td><td>父母未土、、</td><td>腾蛇</td></tr>
<tr><td></td><td>妻财卯木 ×</td><td>兄弟申金、世</td><td>勾陈</td></tr>
<tr><td></td><td>官鬼巳火、、</td><td>官鬼午火、、</td><td>朱雀</td></tr>
<tr><td>子孙子水</td><td>父母未土、、应</td><td>父母辰土、、</td><td>青龙</td></tr>
</table>

推断1：今年没走成，明年也难，钱也花了，但审查通不过。

分析：世应比合，内外卦都是卯生巳，巳生未，说明钱也花了。子孙为用神，伏而不上卦，说明自身条件不够，虽旺，但卦中无

周易·八卦健康案例精典

金，原神不现，今年午未合，未土增力，午破子，子减力。所以虽有动象，但被未土克住，不能走成，午合未，证件被官方压住，拿不到（午为官鬼）。

五爻原神申金，伏官巳下被合住，也是走不了之象。

推断 2： 你有两个儿子，一个已经出国了，并寄钱回来。你父亲已经去世，是在你很小的时候。

分析： 两个儿子，是子孙临月日旺，故为 2 数，一个在外，是子临月日，为在外，已经出国之象。卦中财旺，来源是日月，所以钱从国外来，世应都为财库，夫妻二人都有钱。

坤化艮为反吟，艮为坟地，为少年丧父，五爻为父，鬼化鬼临死地，父亲不在之象。初爻父化父，化退入艮卦，为入坟象。综合判断，断父早死。

按运限推，初爻在 4 岁，所以应为 4—5 岁丧父。

推断 3： 婚姻是该成的不成，不该成的成了。

分析： 五爻巳化巳贴生世爻，为老情人，但在外卦，不成之象。

二爻官鬼为家中人，是丈夫，巳化午为化破，说明是没有本事的男人，午破而不与未合，夫妻不和之象。

为何不断二婚？因世应比合，所以如此断。

卦中二官二财，也是婚姻不顺之象。

推断 4： 你本人有胆囊病，做过手术，你丈夫胃寒，右边坐骨神经痛。

分析： 巳火为手术刀，在五爻，鬼临巽宫为肝胆，但肝不能手术，故断胆，1999 年，卯木生巳火，官鬼旺临白虎，巽在卯年旺，三爻卯木，卯年动化申金回头克，都有手术之象，二爻巳化午，也为此象。卯动化申虽然申弱，但回头克力量最大，超过原有卦中克力，所以为手术，切除胆囊。此卦中，巳火虽弱，但卯木原神有力，暗藏杀机，如是午火，为破，则生不起，不为害。

所谓衰爻可以克旺爻，就是指回头克这种情况，正常卦中，衰爻克不动旺爻。

卦中两重官化官，无论男女，无论测何事，都主手术之象，一定做过手术。此卦中，二爻巳化午为破，也是开刀之象。午火为卦中最弱之爻，午火虽临太岁，但月日都是冲克，所以午火在卦中最弱。

应爻为丈夫，在初爻，初爻也是丈夫。内卦坤化艮，卯木生巳火官鬼，坤中有官鬼，胃中有病之象，初爻未化辰，在坤、艮宫，土旺，干土未遇湿土辰为刑，子月子日，土寒，为胃寒病。

坤宫动，有胃动之象，二爻官鬼也是丈夫，巳动化午破，午是小肠，为十二指肠溃疡。子破午，子为水为曲折、河沟，午破为炎症。

三爻金克木，金下见火为炎症，三爻为腰部，坤主软，故为坐骨神经痛。

20. 错卦错断 歪打正着

××市某装订厂的苏老板问近期为啥事烦心。

壬午年	巳酉月	乙酉日	（午未空）
《巽为风》		《风水涣》	六神
兄弟卯木、世		兄弟卯木、	玄武
子孙巳火、		子孙巳火、世	白虎
妻财未土、、		妻财未土、、	螣蛇
官鬼酉金○应		子孙午火、、	勾陈
父母亥水、		妻财辰土、应	朱雀
妻财丑土 ×		兄弟寅木、、	青龙

苏老板是经人介绍前来测卦。他只是说："李老师你给我看看，这段我为啥事闹心。"于是，我就让他摇了上面这卦。事后发现这是

一个装错了的卦。结果是错卦错断，歪打正着。

推断1："你现在因女人事而闹心。你有一个老情人，谎称怀了你的孩子，总来找你要钱。你对她失去兴趣，千方百计地躲她。但她总是缠着你不放。你在她身上已经花了大笔的钱，但她目前并没有钱。"

反馈："李老师你真了不起，你说得非常对，我就是为这事闹心，弄得我脑袋疼。我在她身上已花了近30万啦，这家伙没头呀。有没有办法切断我和她的关系。"我跟他讲，男女之事了断起来很麻烦，顺其自然，不要急躁。不过下月会有明显的转机。

分析：《巽》为六冲卦，兄弟卯木临世临玄武，又受官鬼酉金动冲，入四爻未土之库。卯木为桃花，六爻为头，酉金也是桃花，玄武主暧昧之事，又是脏水、淫荡之水，受月日之生为旺，卯木吸食玄武水，加重了桃花的旺度，卦中又亥卯未合，这些动态充分说明卦主是个多情的风流人物，眼下正为女人事而闹心，头疼。应爻酉金临官鬼为异性是女人，动化子孙为空，又坐坎宫，说明这个女人怀孕是假的。酉金动化泄未土，合泄辰土，目的就是为了要钱。酉金动入丑库，这个库是金库，也代表这个女人的家，化兄弟回头克，说明她没有钱。戌月，世爻卯木与月令相合，又意味着卦主有了新的异性伙伴。同时，戌日辰库被冲开，应爻酉金与辰土相合，不仅找到了自己的情人，也得到了卦主的一笔钱。纠缠之事会告一段落。

然后，苏老板让我看一下，他家的风水怎样。于是，我断：

推断2："你的房基地是在低洼处建起来的。房下及两肋有坟，阴气较重。你家的东南方有一大坑。正西方院外有机械设备，铁架子、电线杆与你家房脊相冲，在你家院内，东西方向上，有门相对，东北方位低洼有水沟或有路冲宅。房沿下面有严重破损。"

反馈：苏老板对风水所断一一认可，就是对房沿下破损表示否认，他说："我在一个月前对房进行了全面维修粉刷，不可能破损。"

我说："卦中信息显示就是房沿下破损，应该是准确的。你回去看看再说吧。"第二天，苏老板给我打来电话，告诉我确实是房沿下面有一大块爆裂。仅此一点，足以使他感到八卦的神奇。

分析：初爻为房基，丑土动化兄弟回头克，又巽变为坎，丑土为水沟，坎也为低洼之地，所断此房是在低洼处所建。丑为鬼库，三爻具官鬼，所以断是房下及两肋都有坟。辰为水库居坎宫，所以是东南方有坑。酉金居月、日为外、为盆，酉金代表金属之物，临官鬼为机械设备，铁架之类，化午火为电线杆，卯木为房脊，酉卯相冲，故断其宅外正西方有机械设备、电线杆等物与房脊相冲。苏老板讲西院是一个金属焊接厂，有很多的钢材和铁架等设备，有烟囱、有电线杆、有冶炼锅，还有场房等。三爻为门，兄弟为门，卯酉相冲，所以说院内东西方向上有门相冲，苏老板证实，他家是一个装订印刷厂，他就住在厂子里。院子东西长，两侧都建有车间厂房，东西大门相对。丑土为东北临青龙，为路、为水。卯木临六爻为房沿、临酉日为破，所以是房沿下破损。

推断3：我还断苏老板1995年事业发展顺利，但喜中有忧，会有打斗之事而破财。

反馈："1995年各方面事业都发展顺利，财运也不错。但后来因为发生纠纷，我们把人家给抄啦，打了一场架，后来陪了人家一万块钱。"

分析：断他1995年事业发展顺利，喜中有忧，根据有二：第一，是1995年太岁亥水与世爻成生合之象，卦中又组成亥卯未三合。三合之象，乃有天合、地合、人合，自然是顺遂发达。第二，太岁亥水冲动了五爻的子孙巳火，巳火是世爻卯木所生，可看作自己的手下、自己的职工，临白虎，很厉害，有伤灾，去克合应爻官鬼是对别人不利。所以，是别人有伤，而卦主自己无事。二爻亥水化为妻财辰土，而辰土之财临朱雀，说明是因财引起口舌是非。辰土之财，又去生

99

合应爻官鬼，说明这笔钱跑到别人那里去啦，辰土之财坐二爻为家中，说明是世爻的钱，但他的手下子孙巳火惹的祸，那么他自然是破财啦。

推断4： 我断他1997年财运很好，但因购置设备而花费，同时必有破坏之事发生。

反馈： "我那年财运是不错，新增了一台装订机花了几十万，玩牌也输了不少。"

分析： 1997年丑土临太岁，冲动未土进财库，官鬼爻入库，兄弟爻不受制，所断财运旺相。丑财与官鬼酉金半合，辰财又合官鬼酉金，官鬼酉金代表桃花，代表机械设备等，故是因购置设备而花费。玩牌输钱是丑动化兄弟回头克，又临青龙。

21. 兄官雀动 破财招灾

某女电话预测财运：

壬午年	壬子月	丙寅日	（戌亥空）
《水地比》	《地水师》		六神
妻财子水、、应	子孙酉金、、应		青龙
兄弟戌土○	妻财亥水、、		玄武
子孙申金、、	兄弟丑土、、		白虎
官鬼卯木、、世	父母午火、、世		螣蛇
父母巳火 ×	兄弟辰土、、		勾陈
兄弟未土、、	官鬼寅木、、		朱雀

推断1： "1995、1996年是人生转折点。家庭和睦，财运不错。结婚较早，21岁前结婚，25岁前家庭状况一般，27岁好转。你有自己的生意。1998年不顺，上半年财运好，下半年母亲生病耗去三万

块钱。病起源于脾胃，但实为心脏病。"

反馈："对！婆婆生病是冠心病，其他断的都对。"

分析：为何断早婚？凡官鬼爻持世，女人都是早婚之象，临子午卯酉桃花必早熟，结婚早。官鬼持世，家庭贫寒，因官需财来生，所以要早结婚以助财运。

世爻卯动化午，午火月破，也代表破身早。19岁时，大限在六爻，子水临财为桃花，小限在卯临官，为桃花，桃花相生，财官相生也为结婚之象。

25岁有自己的事业是因小限临官鬼之故。1998年鬼临旺地，世爻旺。鬼爻临旺为耗财，子孙申金岁破，不生财，但上半年还是有财，何故？因世化午火原局为破，五爻亥水本空，到寅年，寅亥合，寅午戌可以合成局，因午到寅年得长生，不破，寅午戌三合火局，合解冲，子孙申金绝处逢生，为有救，申酉金有气，上半年有财。

但下半年，金水旺，午火不能通关，寅申巳三刑。下半年金水旺，晦火，受损最重为巳火。巳火发动化辰为泄气，二爻父母为宅，二爻为母位，所以断其母亲病（在坤卦，坤主老女，实为婆婆）。女出嫁在夫家，所以宅中之母为婆婆。

巳火动，戌库动，巳火有入戌库之象，戌又化亥空，土克水，水主血液，火为血管，戌在五爻为火库，为心脏病。应该是右心室不好，因为戌在主卦为右边，土克水是心肌梗塞（如果是水火交战为心肌炎），亥得日月之力不旺，发动，为高血压。

官为寅，为肝，胆固醇高，血脂高。此病不死的原因是下半年水旺，血管通。此卦为现在所摇，父母爻发动，说明未死。

为何破费三万元？主卦变卦数总和28，再加2爻动爻，等于30数，为三万。（二爻引发此病故，所以加2）。

推断2："1999年老公有外财，是小财。"

反馈："4000元。"

推断3： "你上半年也得财。"

反馈： "参加工作有工资。"

推断4： "2001年下半年，冬季情况不好，有偏头痛。"

反馈： "对。"

推断5： "今年你老公上半年有口舌是非，为了钱财，弄得家庭不安，外面压力大，钱财破损，特别是六月。"

反馈： "对，就是六月的事。"

推断6： "官司到现在还没有解决，对方势力雄厚，兄弟多为三个，主要是和老大发生争执，老二出钱出主意。老二在外地西北。"

反馈： "对，新疆。"

推断7： "应该有两起官司。"

反馈： "对，另一件事也已经惊动官方。"

推断8： "你脾胃不好，导致神经衰弱。"

反馈： "对，正是。"

推断9： "2000—2001年有妇科病。"

反馈： "对，较严重。"

分析： 1999年卯年，世爻旺，卯合戌，在五爻，为外面，合为有贵人帮助，亥卯未成局，把亥财合来，但亥为小，所以是小财，五爻为未，所以是其丈夫得财下半年水旺，自身旺，应爻财旺生世，自己有财，但子卯刑，卯酉冲，冲刑则有疾病，所以也是小财。

刑，不是力不够，就是太过，不平衡，不能发大财，发大财的条件必须天时、地利、人和都有，才是滚滚财源而来。

为何卯戌合不断有外遇？戌在五爻为夫位之故。女官鬼持世，应临财，必然是老公挣钱给老婆，老婆当家作主。

壬午年，官生父，父巳动化兄辰，官司之象。

只要看卦中兄弟临朱雀，官鬼持世或父母发动，必然要打官司。

今年父母午火临太岁，合动兄弟未土（未为兄弟），朱雀旺动，合兄为劫财，故今年必然打官司，父母为诉讼，午未合，兄弟爻合起为动。

而世爻官动化午，冲财子水，所以为打官司破财。

二爻为宅，父动化兄，家中和人打官司。

此动象，关键在午火，因为只有午火才能引动兄弟未土，2003年未土化官，还是破财，所以官司至今还没结束。未为六月，故今年六月打官司。

六爻为水，五爻土动，血液受阻，有病，且六爻变出酉金冲克世爻卯木，卯酉冲，所以神经衰弱，偏头疼。

二爻父母巳火发动，卯木生巳火，巳有刑伤之意，在坤宫，为胃热。

※ 其他补充：飞宫飞数，六爻八卦所变出的爻，谁和谁都可以发生作用，主卦为右边，变卦为左边，代表整个人体。

打官司，对方为应爻，应临子水，子为大，和老大打官司，世应子卯刑，为无礼之刑，应临子水临青龙，对方占理。世爻官化父，临蛇，自己没有理。应爻子水得子孙酉金回头生，公检司法帮对方，官司为对方赢。

子水在坎宫，子临月旺，在坎宫得地，为两个兄弟，亥水是老三，亥空，所以老三不问事。

无论测何事，先看动爻和世爻关系，次看旺衰之爻，都和世爻有关。月的作用力最大，日次之。断流年，岁的吉凶力最大。

周易·八卦健康案例精典

22. 财官生合　前程远大

　　每年的五月份都是我最忙最累的季节，因公司主办的八卦、六爻、相术、风水、解灾改运等系列面授培训班的春季班，都在 5 月 2 日开课，全部课程均由我一人主讲，一讲就是一个月。为不使授课受影响，我把一些预测项目都推辞掉了，或推到课余时间再接待。开学的第八天（2005 年 5 月 9 日），下午课休时间来了一位先生，说什么也要让我给他测一下前程，因我正在课休吸烟，也就不便推辞，让他摇了一卦。

	巳月	癸巳日	（午未空）
	《山火贲》	《火雷噬嗑》	六神
	官鬼寅木、	父母巳火、	白虎
	妻财子水、、	兄弟未土、、世	螣蛇
	兄弟戌土 × 应	子孙酉金、	勾陈
子孙申金	妻财亥水○	兄弟辰土、、	朱雀
父母午火	兄弟丑土、、	官鬼寅木、、应	青龙
	官鬼卯木、世	财妻子水、	玄武

　　推断 1："你不是在部队里就是在银行。"

　　反馈："我在银行工作。"

　　分析：为何断他不是在部队就是在银行呢？因为世在初爻，卦中三爻妻财亥水动化出震卦。震为部队，震主动，代表军威，所以有在部队之象。再说，卦中有亥卯相生，财亥水动为旺，生官卯木，为官也旺，世爻化出妻财子水回头生官鬼卯木，故说财官皆旺，内卦化出震宫也主大，三爻妻财亥水发动化出辰库（为水财之库，辰为最大的库，也代表银行），坐在震宫里，亥水为天河水，滔滔不断，天河代表西北，代表大水，大财汇聚之象，故肯定是个银行。两者必居其一。

推断2："你不是在交通银行就是在工商银行上班。"

反馈："我在工商银行上班。"

分析：妻财为水，水的源头为金，金主金钱、金属、工业、商业等。内卦化出震卦，震也主道路，所以断不是在交通银行上班就是在工商银行上班。

推断3："你出社会早，21岁参加工作，同年结婚，为双喜临门。学业上没能一次性完成，应该为两次完成学业。24岁为进修期。27岁开始走好运，是人生的转折。27岁后，官运亨通，步步高升之象。"

反馈："我是两次完成的学业。24岁那年去进修学院学习。我是1961年出生，属牛的，出社会早，21岁就工作了，而且确实是那一年结了婚。从1987年开始，即27岁，我的人生旅程的确有很大的变化，是好的转折。"

分析：卦中父母爻不现，又逢空亡，四爻兄弟戌土发动，对学业上有阻碍。在日和月令上临2个巳火父母，学业上必是两次成功。卦中官鬼为木，父母为火，木火相生，为通明之象，定为高材生，但不是一次修成。父母临日、月，此人定有邪才，即此人绝顶聪明。十二地支中，巳是最聪明的生肖，巳火临日月为如虎添翼。21岁大限走在三爻妻财亥水上，小限也是走在三爻妻财亥水上，大限小限皆行在三爻妻财亥水上，21岁流年太岁为辛酉，酉金冲动世爻官鬼卯木，官动，且财旺来生官，说明卦主参加工作有经济收入独立之象。再说大小限皆临财星，动来生世，结婚之象，为双喜临门。凡是初爻临财官相生，皆为早婚。27岁大限走在三爻妻财亥水上，小限还是走在三爻妻财亥水上，流年太岁为丁卯，世爻卯逢值，财官同旺，又是喜事之年。所以说是好的转折。

推断4："你妻子是一个能干大事的人。有魄力，能说会道，为人大气豪爽，有阳刚之气。如果没有妻子的开阔胸怀，也不会有你今天的前途无量。很多事情都是你妻子在后面帮助你，扶持你，为你做决策的。夫妻感情和睦，可白头偕老。"

反馈："是！是！是！确实如此。"

分析：卦中三爻妻财亥水代表妻子，发动为旺，化出辰土在震宫，为女人命做男人的事业，为能干大事的人。辰为万物之库，所以说妻子有开阔的胸怀。妻财亥水持朱雀，能说会道。三爻妻财动来生世爻官鬼，说明妻子对卦主的仕途帮助很大，能扶持卦主步步高升。主卦为六合之卦，卦中财官相生，主夫妻感情和睦，可白头偕老。

推断5："你1987年提升为副科级，1989年提升为正科级，1995年提升为副处级，2003年提升为正处级。你目前在工作单位感到压力大，今年下半年有动的迹象。我认为动比不动更好。今年农历九月至十月指定有动态。"

反馈："老师掐得真准！一年也不差。正是这些年间提了官。本人就是想在下半年调动，但不知如何定。今听老师一席话，好似让我吃了一颗定心丸。"

分析：1987年提升为副处是因为大限走在三爻妻财亥水上，小限也在三爻妻财亥水上，流年为丁卯，官星入世爻，逢大小限亥水财星动来生合世爻，财生官，有升官之喜。

1989年提升为正科级是因为大限走在三爻妻财亥水上，小限走在五爻妻财子水上，流年己巳，巳火为父母，父主印主权，1989年逢印旺官旺财也旺，世爻一样旺，故有升官之喜，且"子午卯酉"代表正职，小限行在五爻妻财子水君位上，主卦为六合，真可谓"天时地利人和，一应俱全，提升正职势不可挡"。

1995年提升为副处级是因为大限走在四爻兄弟戌土上，小限走在五爻妻财子水上，流年乙亥，太岁亥水为财，小限子水也为财，大限戌土兄弟发动化出酉金通关，金可生水，大限在四爻位置不错，故该年提升为副处级。

2003年提升为正处级是因为大限行在五爻妻财子水上，小限行走在初爻官鬼卯木上，流年癸未，未土逢值流年，不为空，卦中"亥卯未"三合官局，财官世同旺，又为升级之喜，三合官局力量大，所以能往上升。

目前感到工作压力大是因为火旺泄身（世爻）的缘故。太岁卯酉相冲，世爻官鬼有动之意，官鬼代表工作，所以工作方面想变动。今年农历九月至十月指定有动态，说明水旺生世，世旺则动，势在必行。

推断 6："你在 1998 年、1999 年期间，本来该提升的，但遇小人没能提成。一方面是时运不行，二方面是因为 1999 年你们家动了房基造成的。"

反馈："老师从八卦中也能看出我们家 1999 年动了房基？真厉害了。1998、1999 年确实工作很不顺利，特别是 1999 年总有小人阻拦，提不成。"

分析：1999 年己卯流年，大限走在四爻兄弟戌土上，小限走在三爻妻财亥水上。流年卯木入世爻逢值旺，大限小限在卦爻当中皆发动，戌土克制亥水，亥水不生卯木世爻，再说动爻戌土合太岁卯木官星，官被合之象，所以说戌土可看作是小人，事业的阻拦者。该年官旺本可提升，可是小限受制，提升不成。1999 年卯木值旺，初爻官卯木旺，旺为动，二爻丑土化寅木，木旺回头克，亦有动土之象，初爻、二爻代表地基房屋，皆有动之象。

推断 7："2004 年你工作上较为波动，不顺。上半年还换了工作单位。从参加工作到现在，你一共换三个单位了。"

反馈："是这样的。2004 年四月份我换了一个工作单位。"

分析：八卦中一般可以将四库看作工作单位。去年甲申流年，官爻与日月及流年构成"寅巳申"三刑，不利工作，所以在巳月份有工作调动之事。为何是换了三个单位呢？卦中卯戌相合，为换一个单位；亥卯未三合，又为一个单位，亥水动化出辰土，也为一个单位。

推断 8："从 2007 年往后还有六年的好时光。可以升到正厅级，应该没问题。"

反馈："如果像李老师所说，那是求之不得的，我会好好把握的。"

分析：2007 年往后的六年期间，大限走在财爻子水及官爻寅木上，财官并旺，流年亦为水木，财官同旺，无其他因素阻碍，所以说升至正厅级应该没有问题。

推断 9："你近两年工作压力大，在这三年内（2004 年—2006 年）最好能稳下心来，好光景还在后头呢。你一生的贵人多，提拔相助有力。"

反馈："的确如您所说。2004 年换单位，今年心情不定，您说明年也无多大起色，看来我得忍耐一番等待时机了。"

分析：近两年工作压力大是因为流年申、酉克世爻卯木之故。

世爻自化财爻子水，主卦中亦有亥、子水，且亥水发动，卦中的子水亥水皆为贵人，所以说一生中的贵人多，提拔相助有力。

推断 10："你家境风水好。家里有一位非常贤惠的妻子，夫妻和睦。"

反馈："与妻子一直相处很好。"

分析：《贲》化《噬嗑》，二爻为家，临青龙，兄弟丑土逢值，外卦化出艮卦，变卦四爻为子孙酉金，这种格局是标准的、典型的"犀牛（丑）望月（酉）"格局，大吉之格。起卦得"犀牛望月"，不但说明家境风水好，而且妻子非常贤惠，主卦又为六合之卦，故夫妻之间能和睦相处。

推断 11："你早年家境贫寒，母早丧。"

反馈："在我十几岁时，母亲就去世了。家境艰难。"

分析：取二爻兄弟丑土代表母亲，化官鬼寅木，逢日、月泄刑，无气；再说父母爻午火伏在二爻丑土下逢空，也代表母亲入土之象，不在人世间了。卦主十几岁走在二爻兄弟丑土上，故说卦主十几岁时丧母。大限为兄弟耗财之神，所以说早年家境贫寒。

推断 12："你家兄弟姐妹应该四个，但有夭折的。"

反馈："我一个姐姐一个妹妹，原来还有一个弟弟，但出生八个月大的时候夭折了，所以目前兄弟姐妹仅三个。"

分析：世爻官鬼卯木在离宫，离主 3 数，故为三个兄弟姐妹，其中内卦中主卦离化变卦震，离为 3，震为 4，相差 1，故有夭折之象，损失一个。

推断 13："看卦中你应该有两个儿子。但现在我国实行计划生育，也许你只留了一个儿子。"

反馈："老师，不瞒您说，我目前就是两个儿子。"

分析：主卦子孙爻申金伏于三爻妻财亥水之下，在离宫，三爻动化出辰土在震宫，辰为最大库，震也为长男，故说辰代表长子。四爻兄弟戌土动化出子孙酉金，酉金代表小儿子，子孙酉金是兄弟戌土所化出的，兄弟戌土在艮宫，艮为少男，故为小儿子。

推断 14："你的大儿子个性稳重，内向，而小儿子在 30 天以内出生。将来小儿子个性灵活好动。"

反馈："老师真太对了，连儿子是刚出生的你都知道，真是不可思议！我的大儿子确实不爱说话，很稳重，斯斯文文的。小儿子尚小，出生刚满 27 天，还看不出来他的个性，不过我相信李老师说的准确无误。"

分析：代表大儿子的辰土临月、日相生，土旺，土在震宫受木制，故说个性稳重（土的特点）、内向（土受制约），代表小儿子的酉金与日、月相合为好动，临桃花，喜交际，金水主聪明、智慧，故说小儿子个性灵活、好动。为何说小儿子出生不到 30 天呢？变卦五爻未土逢旬空，未土在坤宫，也指腹部，腹逢空，腹下就是酉金子孙，为刚出世，孙爻酉金在离宫，离数主 2、7，故刚出生 27 天，不满 30 天。

推断 15: "2007 年、2008 年这两年会出现两个大贵人帮你，一个是年轻的副职提拔你，一个是稍大些年纪的副职提拔你，提拔你的皆为副职，官职能升至正厅级。"

反馈: "好！这两年我在这方面多留点意，谢谢李老师指点。"

分析: 2007 年丁亥，太岁入三爻妻财亥水，动生世爻官星卯木，能提升。亥在离宫代表年龄稍大一点的副职。2008 年戊子，太岁入变卦妻财子水，回头生世爻官星卯木，又逢提升之喜。子水在震宫，代表年轻一点的副职。故在这两年内，官可达正厅级。

预测者问: "李老师，我命苦，早年就丧母了。您看一看，现在我父亲身体健康如何呢？"

推断 16: 我细审卦象及卦中组合。然后对他说："如果我说错了请你别见怪。我断你的父亲已经休囚，永垂了。也就是说不在人世间了。"

再问: "请您看一看我父亲哪年去世的？"

推断 17: "就在眼下这百日内。"

反馈: 双眼睁得很大，表情凝固了一般，一脸的惊讶。几秒钟回过神来，竖起大拇指夸道："全国的易界专家我走过好多家，但我从未遇到过像您这样敢直断的，简直就是铁口直断！我父亲患肺结核，断断续续将近三十年，后期变成肺钙化了，逝世到现在才 40 多天，我在家乡山东办完丧事后，昨天坐飞机回海南，今天就来找您测，没想到准确率是如此惊人！"

分析: 因为五爻妻财子水代表父亲，化未土逢空，不吉之象。妻财子水在巳月巳日休囚无气。再者，变卦六爻父母巳火临日月旺极，应爻兄弟戌土为火库在动，动则说明库是开着的，父母旺极入库之象。戌土也为坟墓，正在卦中发动，说明是刚发生的事，此墓为新坟，刚埋不久。戌为土，土数主 5、10。因戌土临日、月巳火生旺，故按百日内断。从另一个角度看，主卦中离为 3，艮为 7，相加为 10，即 10 天、100 天，按常理推，父亡 10 日卦主不可能来问卦，故推断百日内亡故的。实际卦主父亲离世四十多天。也符合 5 数，40 多天即将近 50 日。再说兄弟戌土在艮宫，持勾陈，艮主坟墓，勾陈也代表坟，戌也主坟墓。代表父母的巳火旺极无制，代表父母的五爻位置妻财子水亦无气且化空，种种迹象皆表明其父亲已经亡故。四爻兄弟戌土也为肺的部位，戌土为燥土，为钙化不能呼吸之象，动化出子孙酉金在离宫受克也说明肺部疾病。所以他父亲是肺结核死亡的。

推断 18： "你家阴宅有三块地。是太爷的，爷爷的，父母的。不过，爷爷的坟现在找不到了。其中数太爷的坟最好，能出官人和有钱人。你有今天，也是太爷的荫庇。建议你们别轻易移动。父母的坟地上有一个夭折坟，对你们影响大，不利后代，建议迁走。"

反馈： "对！听父亲在世时说，爷爷当年去打日本一直没有回来，不知死在哪里，也不知葬在何处。太爷的坟地，以前父亲在世时请别人看过，也说好。至于父母的坟地，是有一个夭折坟，那是我姑姑的坟，约十几岁时就亡故了，与我母亲葬在一起。"

分析： 主变卦中共有四个库，其中丑土为湿土，在二爻，代表家中，不论作墓坟，可看作是家里供祖时烧纸钱用的盆。之所以说有三块坟地，戌、未、辰三个库也。辰为最大之库，为太爷的坟，坐震宫，震主大、主权力，辰又为财库，所以说此坟出当官之人，出有钱富翁之人。未为旬空，为爷爷之坟，空则有找不到之象，不存在了。戌在主卦中发动，为近期葬之坟。戌动化出子孙酉金持勾陈，子孙为年轻的，在四爻为阴，酉金为桃花，为阴、为漂亮女性，所以是姑姑夭折之坟。酉金冲克世爻官鬼卯木，所以说此夭折坟不利后代，特别是做官之人，迁走为宜。总的计算是有三块坟地。

推断 19： "你父母坟地左边有小沟，右边有小路，打坟前来，拐到坟前还分叉。此叉路不吉，需移走夭折坟就吉利了。"

反馈: "对! 路在坟前分了叉。左边有一条小沟。"

分析: 应爻为向口, 即墓碑。五爻妻财子水, 代表细长, 持螣蛇, 代表小路, 在主卦, 主卦代表右边, 故在右边有小路打坟前来。应爻临勾陈戌土, 代表有沟, 为干旱的沟。戌动化出酉金在变卦, 变卦代表左边, 故说左边有沟。变卦五爻兄弟未土与应爻兄弟戌土相刑, 刑为动, 动则有路; 变卦三爻兄弟辰土与应爻兄弟戌土相冲, 冲也为动, 动则有路。未与辰之间隔着一个酉金, 应爻为墓碑, 为坟前面, 所以说路拐到坟前便分叉了, 为叉路。此叉路不吉, 是因为未与辰之间夹着酉金, 酉金代表夭折坟, 迁移走后, 可吉利。

推断 20: "你家祖坟风水非常好, 将来出高官, 并且家中常有显贵官人来往。能见大贵人之象。"

反馈: "真是这样, 我定不忘拜谢李老师您的。"

分析: 主卦二爻兄弟丑土与五爻妻财子水相合, 五爻为皇帝, 即将君子(五爻)接到家中(二爻)来, 家里常有贵人临门, 能见大贵人就是这个道理。

推断 21: "你家祖坟虽出高官, 但财聚不住。有钱也难聚之象。钱财来去匆匆。"

反馈: "我有此感觉。觉得财来得很多, 但大都不聚, 难有积蓄。"

分析: 八卦中世爻与应爻之间谓之明堂。明堂广阔平坦, 能容千军万马, 即聚财。此卦世应之间为财爻亥水发动, 化出兄弟辰土, 说明钱财得来后不断向外流。二爻为家, 为兄弟丑土, 也为耗财之物。不但家里六亲耗其财, 财也向外投资流失。所以是财来财去, 但不忧钱财, 事业青云。

23.静卦之中看信息转换

×× 市山下庄李先生测自己的姓名好坏。

壬午年　癸丑月　癸未日（申酉空）

《泽天夬》	六神
兄弟未土、、	白虎
子孙酉金、世	螣蛇
妻财亥水、	勾陈
兄弟辰土、	朱雀
父母巳火　官鬼寅木、应	青龙
妻财子水、	玄武

有人说静卦不如动卦好断，理由是因静而信息不明显，相关信息不易提取。我认为动卦和静卦所遵循的都是五行生克之理，好断不好断，只是个水平问题或实践问题。此卦是个静卦，因断姓名的好坏而摇的卦，它同样是个全息卦，包含着卦主的全部信息。

推断：首先，我依卦告诉他："你的名字总体不错，利财、不利官，不利文、婚姻上不顺。具体地说：你的财运不错。尤其是1991年、1992年、1993年、1995年、1996年，财运旺盛。1997年虽然财运好，钱没少挣，但钱在人家手里要不上来。2001年财运也好，但因装修房而花费较大。今年你财运不好，而且因车祸或女人事破财。你的婚姻不顺，感情不合，有二妻之象。你也当不了官，而且你的文化水平也不高，初中毕业。"

实际上李先生是闲得无事，随便找个事由前来测卦的。听我跟他说完以后，感到很惊奇，没想到一个人的名字能有这么多的信息。

反馈："李老师你说得很靠谱，还就是那么回事，文化水平初中毕业，高中没念。今年都45岁啦，没当过官。但从1991年到1995

年财运一直不错，自己搞了一个雕刻厂，一年弄个十几万，尤其是1992年、1993年、1995年真没少挣。1997年以后就差劲啦，虽说没少挣，可总是年年破财，人家欠我的款也要不回来，瞎账就有十几万元之多。去年自己家装修房花去两万多，今年正月开车撞了人，又没少花钱。婚姻上是有点问题，跟你说的差不多。"

分析：测姓名好坏，子孙持世，所断姓名为吉。子孙是福神，是财之源，又有旺土相生，财爻安静不动。所断自己有一技之长，财气较好。又由于子孙酉金是克官鬼的，所断不利官。《夬》卦父母爻不上卦，且休囚，所断不利文。卦中世应相克，《夬》卦少女老男，同时卦中一官二财，所断夫妻感情不合，婚姻不顺，并有二妻之象。

1991年、1992年、1993年、1995年、1996年，财运旺盛，是因为1991年太岁未土生世爻子孙酉金，太岁生世，兄旺生子孙，必是财运大好的象征。1992年、1993年世爻子孙临太岁必是财源滚滚之象。1995年、1996年太岁亥水子水临财透出，必是财气旺相，但是财去生合官鬼，故此二年耗费较大。

1997年财运好，是因为子孙酉金受太岁之生，兄弟旺子孙旺可生财。但是，子孙酉金有入墓之象，财源受阻。同时，太岁丑土合走了财爻子水，所以，挣了钱也要不上来。

2001年财运好，但装修房子花费较大，是因为2001年太岁巳火正好与本卦组成巳酉丑三合局，子孙酉金不受克，但太岁冲财爻亥水，而亥水又去合二爻官鬼寅木，财动必破，二爻为宅，又是父母巳火所伏之地，所断财虽好而在房子上耗费。

2002年财运不好，并有破财之事。主要是太岁午火克世冲财。子水居乾宫为旺，克出太岁必有祸，子水出自乾宫。

乾有车象，所以出了车祸。另外，子、午为桃花、又临玄武，因女人之事而破财。实际上他在外面有一个女人，今年花钱不少。

最后李先生又问我："李老师你能看看我身体如何？"我断如下

五点。

推断：

1. 口腔有毛病，主要症状是口干舌燥或口腔炎。

2. 有头疼的毛病。

3. 脾胃不合。

4. 腿疼或胆上有病。

5. 心脏供血不足。

反馈："还真是那么回事，这些病一点不差。"

他还伸出舌头让我看，上面长了一个红点、溃疡发炎。

分析：

1. 世属兑宫，兑为口，兄弟未土与月建相冲临白虎，相冲为病，又未为鬼之库，白虎为伤、为炎症，土旺而克水所断口干舌燥。

2. 六爻为头，月建冲之乾为头，官鬼居之临虎，为头疼。

3. 二爻为腿，官鬼居之，又寅巳相刑，乾金克寅木，故断其为腿疼之病。

4. 卦中土旺相冲，又三爻辰土居之在腹位，故断脾胃不合之症。

5. 火为心，伏而不出，寅巳相刑，五爻为心脏，旬空入日库临螣蛇，空生水无力，水在日月为衰，故心脏供血不足。

24. 世应相生财运旺　腾蛇当头灾祸临

我到天津给一家大的房地产公司看风水，这家公司的老板带来一位黄女士，找我测一下近两年运气，摇卦得《泽山咸》之《水火既济》卦：

辰月	庚辰日	（申酉空）
《泽山咸》	**《水火济既》**	**六神**
父母未土、、应	子孙子水、、应	腾蛇
兄弟酉金、	父母戌土、	勾陈
子孙亥水〇	父母申金、、	朱雀
兄弟申金、世	子孙亥水、世	青龙
妻财卯木　官鬼午火、、	父母丑土、、	玄武
父母辰土　×	妻财卯木、	白虎

我看了卦象爻象，对黄女士讲：

推断："你这几年生意做得特别大，从 1995 年到 2006 年在土建工程或房地产上发了大财。2007 年你老公出了车祸伤在头部，是死里逃生，但是你们的车也撞死了一位男青年，你老公在 2008 年的年底才恢复好。你有两个儿子都是高材生，大儿子能帮你管好企业。你老公有三兄弟，在 2007 年你兄弟当中有人提出要分割你家的财产，此年你破了大财。2009 年你开发了新的项目，2010 年到 2013 年不错，你财运当头。"

反馈："2007 年我和丈夫开车从北京回老家，在八达岭的高速路上突然有一位男青年横穿高速路，司机来不及刹车，把这个青年人的脑袋给撞掉，这个人的脑袋又从车前挡风玻璃穿进车厢，他的头正好砸到我老公的脸上，鼻子也给砸塌了，我老公也被砸昏了过去，司机当时吓呆了。我是坐在驾驶室的后边，司机把车停下后，我才下车把死人头拿到车外去，让司机赶快开回北京，在北京的 301 医院抢救。我老公昏迷了三个月才醒过来，直到 2008 年下半年我老公才算恢复过来。我老公是兄弟三人，在我老公住院期间，我老公的三弟提出分家，是破了大财，我分给他一亿六千万。现在是我大儿子管理公司。因我在北京办事，听朋友说李老师测卦非常准，我是从北京特地赶到天津，想找您算一下，您前面讲的都对，您再看看我今后的运气是好是坏，望老师您直说，我们发家是在房地产和高速公路工程上。"

分析：《咸》卦是聚财气，聚人气之卦，应爻旺相生世爻，说明卦主人际关系特别好，办事顺利，成功率高。父母爻代表项目，五行为土，可见黄女士生意做得多为房地产和土建工程。卦中父母爻旺生兄弟，兄弟生子孙亥水，为财源滚滚而来，不论财爻上不上卦，都以此论。世爻申金化子孙爻亥水，子孙爻亥水与财爻卯木，亥卯未三合财局，可见黄女士不但有发财的能力，更有管理的才华，用人有方，能力出众，真乃女强人也。卦中世爻申金与子水与日月三合子孙局，说明黄女士不但有开发项目的智慧，更是谈判的好手，精明过人。

1995 年至 2006 年发了大财，是子孙爻旺，兄弟爻旺，父母爻旺，财爻旺，是财源滚滚而来之象，故断此十年期间必发大财；2007 年老公出车祸伤在头部，是月令冲五爻父母戌土，戌土暗动，官星午火入戌土之库，五爻逢冲车祸也。五爻也代表老公，官鬼午火也代表老公又官星午火与上六爻未土相合化子水入辰库之故，故断伤在头部。六爻为头，卦中丑未戌三刑，又相冲，卦中白虎动主血光，勾陈暗动主灾难临头，蛇临当头灾祸临；撞死的是青年人，是因子孙亥水也；老公 2008 年才恢复好，是子孙爻旺象之故，子孙爻代表医药，说明黄女士的老公医治及时，子水冲官星午火，是冲去老公身上的病气。

有两个儿子都是高材生，指子孙爻亥水临朱雀，亥水主是小儿子，上六爻子水为大临父母爻；三兄弟者，是兄弟临酉金，金主四数，但金临空亡，故断是三个；2010 年到 2013 年财运当头，是财爻临太岁，官鬼爻临太岁，卦中成连续相生之故。

25. 静中求变信息多

××市安先生测运气。

<pre>
            壬午年　癸丑月　庚寅日（午未空）
        《雷泽归妹》   六神
        父母戌土、、应   腾蛇
        兄弟酉金、、   勾陈
子孙亥水 官鬼午火、   朱雀
        父母丑土、、世   青龙
        妻财卯木　、   玄武
        官鬼巳火、   白虎
</pre>

对于八卦断事，一般人认为静卦不如动卦好断。理由是动卦信息明显容易提取，而静卦没有动爻信息隐含不露不易提取。我认为静卦和动卦所遵循的都是五行生克之理，任何信息都不会是静止的。只要透过现象看本质，用辨证的观点去分析，就可以洞察到动中之静和静中之动。静卦同样反映一个人的吉凶信息。断静卦的关键，一是看月日冲之爻，二是看最旺和最衰之爻。

推断1："你本人不信佛道，也不信八卦。就连你有病都不愿吃药，总是自己扛着。"安先生没说什么，可跟他一起来的女儿说话啦："您说的一点不错，我爸就不信，我妈说要请一尊观音都买好啦，我爸就是不让往家放。另外，有病也不吃药，就那么扛着。"

推断2："你今年看上去表面很好，但烦恼事多，口舌官非之事缠身，车祸破财。"

反馈："还真说对啦，这一年撞两次车，一次是七月，一次是刚

才。烦透啦，是不是我没有请观音回家惹的祸呀？"

推断 3："1995 年 1996 年财运很好，但 1995 年家有孝服，老人有灾，1996 年有官事缠身，不破财也烦人。"

反馈："1995 年、1996 年是财运好，这两年挣了将近二十万，1995 年母亲去世，1996 年让人家给告啦。"

推断 4："2000 年盖房投资，并有跌落之险。"

反馈：2000 年盖楼房投资二十几万，盖房时不小心我从房上摔下来啦，但是没有摔伤，万幸。

推断 5："明年财运较差，而且要在事业上投资。同时有经营方向转变而扩大经营范围的趋向。"

反馈："有一朋友要与我合伙做石棉瓦，但还没最后敲定。"

推断 6："2004 年、2005 年这两年你要破大财，尤其是 2005 年。"

反馈："说对啦。我早已想好了，最多干到 2005 年我就不干了，把财产给两个儿子一份，我就闲着啦，可不破大财了吗！"

推断 7："你身体方面，有头晕之症，睡不好觉，爱琢磨事；你气管有毛病；你心脏也有毛病，血压偏低；你腰上有毛病，总感觉累的慌，肾水不足；你口腔有毛病，多指炎症，口干舌燥。"

反馈："身体有毛病也都知道，这玩意不信还真不成。你说的毛病我都有，心脏有毛病，医生说是供血不足。我这腰原来扭伤过，现在站时间长了累的慌。那么，能不能看一看我的房宅呢？"

推断 8："我说可以。你的房宅前高后低，房子建在了一个低洼处，而且是个斜尖地。前面有高房，西北边有烟囱或铁塔，门前有一小沟，同时又有垃圾堆，水向西流。"

反馈："太神奇了！我服啦，这回我信啦。你说你也没到现场去看，我们家在哪你也不知道，那怎么周围的环境说的都对呢？"我说："八卦包罗万象，八卦里有科学，八卦是学问，不像你所想的是什么胡说八道。"安先生一再表示："这回我真服啦！"

分析：

1. 子孙代表的是佛道信仰，代表医药医生。本卦子孙爻不现，伏于四爻官鬼午火之下，世爻又临父母克子孙，表明卦主不信佛道、也不信八卦预测。同时，自己有病硬挺着，不愿就医吃药，讳医忌医。

2. 世爻父母丑土持世，主辛苦操劳之象。得太岁午火之生，为吉为喜。但午丑相生又相害，官鬼午火又临朱雀又旬空，说明这一年表面上看着好，实际上并不太好。

①空不能生；②四爻官鬼临朱雀旺相主口舌是非到家门；③五爻兄弟申金暗动，与日辰寅木官鬼巳火构成寅申巳三刑。

3. 亥水子水乃1995年、1996年之太岁，子孙临太岁旺相，子孙爻又代表财源。财源在太岁上透出必然是财源滚滚之象，财运亨通。但亥水冲克初爻官鬼巳火、官鬼临白虎受惊必有灾。巳火是生合世爻的，初爻为父，受冲入戌土之库为灾，白虎又主孝服，所以是此年母亲去世。有人会问：初爻为父应是父亲见灾，怎么会是母亲去世呢？理由是：按飞宫法，初爻为父，受太岁冲入戌库，但有卯木贴生，只是病灾而不是死灾，我克者为财，父克者为母。那么，确定五爻申金是母亲，原象寅申巳三刑不吉，1995年亥水，巳火被冲动刑克申金，申金又受太岁之旺泄，原神丑土处衰地，无力救母，申金毫无生机，故此应灾。

1996年太岁子水冲克官鬼午火临朱雀，卦书有朱雀临门怕见官，所以，这一年有被人告引发官非之事。

4. 2000年父母辰土临太岁，辰土是世之库，父母为房屋，父母为耗泄，辰土又冲起了戌土，又呈现了破土之象，所以此年盖楼房花钱。戌土居六爻临螣蛇受冲而动，螣蛇起动是凶兆，冲的又是卦主的头。所以，才有了卦主从房上掉下之险。为啥没有摔伤，主要因为土冲土没有大的杀伤力，而且越冲越旺。

5. 2003年太岁未土，冲动世爻丑土，又丑未戌三刑，财爻卯木又入太岁未土之库，所以此年是耗财之年。世爻又因冲而旺，又有了转变经济方向扩大经营范围的想法。

6. 2004 年、2005 年兄弟临太岁申酉金而旺，兄旺必克财，特别是 2005 年又与世爻组成巳酉丑兄弟局冲财爻卯木，有自己将财冲破冲散之意。所以才有卦主将财产分给儿子这一应验。

7. 六爻为头父母戌土居之，戌土为官鬼午火之库，官鬼为病，病在库中，所以是头晕脑涨，父母是盘算，螣蛇是计谋，所以是因想事多睡不好觉。金为肺为呼吸系统，在五爻主气管，受火来克，所以是气管有病；火又主心，官鬼居之，火又临朱雀，白虎受日之刑害，同时水爻又不上卦，水主血液，所以是心脏供血不足。同时血压偏低。三爻为腰、丑土居之与官鬼午火紧贴相生相害，又丑戌相刑，父母代表辛苦劳累，所以是曾经扭伤，而导致现在腰部劳累之感。水为肾不上卦，又土旺克之，必主肾上有病，肾水亏损。兑主口，官鬼居之，所主口腔有病。丑土克三爻受午火之害，土又克水，有口干舌燥之感，丑、戌相刑有炎症。

8. 阳宅风水。《归妹》卦，外卦为震内卦为兑，震为木主高，兑为泽主低。内卦为坐山，外卦为朝山，所以是前高后低。初爻为地基，与日建相刑，与卦身成寅申巳三刑，三刑为不方正之意。又火为山为尖之状，所以是此地基不成方且为斜尖地。世爻为坐基应爻为朝山，应爻父母戌土居之，父母为房在六爻，六爻为高，所以前面有高楼。戌为火库，戌为西北，父母又为信息，所以西北方位有一高大的电讯铁塔。三爻为门，丑土为水沟，临青龙也为水沟，丑土因临月为旺，所以是门前有水沟又有土堆；丑土居兑官，兑为泽为低为西，水向低处流，所以是水流向西方。

静卦到底静不静，望学者自悟。

26. 两鬼加用库　不死也昏沉

北京的赵女士经朋友引见测运气：

庚寅年	辰月	丁未日	（寅卯空）
《地水师》		《山火贲》	六神
父母酉金 × 应		子孙寅木 、	青龙
兄弟亥水 、、		兄弟子水 、、	玄武
官鬼丑土 、、		官鬼戌土 、、 应	白虎
妻财午火 × 世		兄弟亥水 、	螣蛇
官鬼辰土〇		官鬼丑土 、、	勾陈
子孙寅木 ×		子孙卯木 、 世	朱雀

推断：我看了《师》卦是用克体，便对赵女士讲："你一生工作单位好，高工资高收入住房好生活好，是一家之主，只可惜你住的房屋虽好，但格局极坏房屋克人，主要是灶房方向错了，灶房灶口在西北位，厨房代表女主人的运气，二爻代表厨房，官鬼化官鬼代表你去年有大的手术之灾。"

我又对赵女士讲："你的灶房在住房的西北角，户型门对着客厅内的阳台，或者是窗户，阳台外边有个高压电线杆或者是烟囱，对家人危害极大，此为火煞又为白虎抬头，主有血光之灾。"卦中官鬼重重，泄世爻之元气，可见赵女士体内元气大伤，两鬼夹用神不死也昏沉。

我给赵女士指出："由于你家的五行布局不好，你去年子宫做过大手术。在早些年你乳房做过手术，头部有过伤灾，住房窗多门多不聚气存不住钱，2007年至2009年家中破财。"

反馈："我是在北京市××单位工作，工资高是个好单位，我家的厨房是在住房的西北方位，家中的主房门的确相对的方位是阳台，阳台外边有个电视发射器。我去年做了子宫切除手术，医生说不切除会转化为癌症。早在1987年是做过乳腺手术，2005年我不小心从楼梯上摔下来，头部摔破缝了十几针。从2007年至2009年家中破财，都花费在看病上了，现在我的腰部还疼，头晕，有时肚子还在疼，我的寿命不会短吧？"

分析： 单位好，是官鬼爻旺；工作好，是卦中父母爻酉金发动，与月令相合相生，又得日令之生，父母爻代表工作而且又是酉金，足以说明工作好。工资高，是初爻子孙寅木发动化进神生世爻午火而旺，可说是福旺财旺，实为高工资，财爻午火持世动化亥水不克午火，因亥水入库。

厨房在西北，是财爻午火代表灶台化亥水为西北方，又二爻官鬼化官鬼多指灶房在西北位。灶房在西北伤掌门，也就是此家的男主人，也叫火烧天门伤老公。

在断八卦中我的经验是只要二爻鬼化鬼临土神，多指女主人妇科子宫上长瘤，或者有大的手术之灾。主房门对着阳台，是三爻为主房门，四爻为房门相对的靠山位，四爻官鬼丑土化戌土，官鬼土神代表窗户门扇，在八卦断阳宅中为一大忌，遇之宅主有耗财、手术、牢狱或伤灾。今日赵女士所摇之卦是官鬼重重，说明此宅窗多门多，二爻代表宅，五爻代表人，二爻克五爻说明宅克人，又两鬼夹用神世爻，必是多灾多难。阳台外有电视发射塔，是四爻官鬼丑土化戌土，戌土为火库，又戌坐艮卦，艮主高其象代表发射塔。

2009年做了子宫切除手术，2009年为己丑年，是官鬼临旺地，也正是二爻辰土动化丑土日令未土冲动丑土，二爻代表女同志的子宫位，丑未刑冲必有大的手术之灾。因为卦中丑未戌三刑，只要遇木火之年就会转为子宫癌，早做了手术免去了一难。乳房手术，是四爻官鬼化官鬼戌土之故。1987年手术，是亥卯未三合局，又卯戌合化火，卦中丑未冲，冲之手术也。头上伤灾，是上六爻酉金动化寅木之故。2007年至2009年家中破财，是兄旺官旺之理。

27. 福神伏藏鬼无制 官鬼旺象母遭殃

　　罗马尼亚的华侨杨女士来电话测母病，报数 4 和 7 数，得《雷山小过》之《泽山咸》卦：

戌月		癸巳日	（午未空）
《雷山小过》		《泽山咸》	六神
	父母戌土、、	父母未土、、应	白虎
	兄弟申金 ×	兄弟酉金、	腾蛇
子孙亥水	官鬼午火、世	子孙亥水、	勾陈
	兄弟申金、	兄弟申金、世	朱雀
妻财卯木	官鬼午火、、	官鬼午火、、	青龙
	父母辰土、、应	父母辰土、、	玄武

　　推断：据卦中信息我给杨女士说："你母亲得的是肝癌，癌细胞已扩散全身，准备后事吧，难过九月。"

　　过后，杨女士给我打电话说，其母确实是死在九月。

　　其实杨女士没找我预测之前就已经知道母亲得的是肝癌，她是想问母亲还能活多久。

　　分析：此卦唯一的特点是火土一片临月而旺，官鬼午火临日令而旺，卦中虽有子孙爻亥水，但不制官鬼，因亥水被旺土所克制，可见杨女士之母已经没办法医治了，医药无效。二爻代表母亲，二爻今临官鬼午火化官鬼午火，鬼化为鬼病无制，为凶象，鬼坐艮卦为坟墓，说明此母已是入土之象。再看应爻父母辰土化辰土，同鬼一宫，也是入土之象。本辰土应是湿土不为凶，可现在的辰土已成为干燥之土，因月令戌土冲，日巳火生，二爻午火化午火，火旺土燥，九月的土本身就是燥土，在看六爻父母戌土化未土，均是燥土旺土，临白虎旺象，此信号对此母之病是凶多吉少。五爻申金化酉金，虽有生助亥水之力，但点滴之水难救干枯之苗，卦中火旺土旺水弱木囚，所断此母癌细胞已扩散全身，难过九月。

28. 财运红火婚不顺　父临白虎有凶灾

我在马来西亚讲学时一位吴小姐找我测运气，得《雷泽归妹》之《睽》卦：

己丑年　　　申月　　　甲辰日　　　（寅卯空）

《雷泽归妹》	《火泽睽》	六神
父母戌土 × 应	官鬼巳火、	玄武
兄弟申金、、	父母未土、、	白虎
子孙亥水　官鬼午火、	兄弟酉金、世	腾蛇
父母丑土、、世	父母丑土、、	勾陈
妻财卯木、	妻财卯木、	朱雀
官鬼巳火、	官鬼巳火、应	青龙

推断： 八卦成立，象在其中，我对吴小姐说："这几年你发了财，生意做得很好，往后的两年你的财运还是非常好的。"

"你最不顺心的是婚姻，你从2003年谈恋爱到如今都没有成功，2003年谈2004年结束，2005年谈2006年结束，2007年、2008年都谈不成。"

"2006年你有手术之灾，多指腹部或者妇科，你今年最不好的是父亲去世，病在头上，并有大的手术之灾。"

反馈： 吴小姐惊讶地说："真准！老师就是不一样，今天让我开了眼界。我这几年在新加坡做服装生意，做得很红火，开始做零售，后来做几个代理品牌，搞批发，现已有四个连营店，生意非常好，我准备再开两家店，我虽然生意做得好，可我从2003年到如今谈了好几个男朋友都没成。"

"正像老师你说的那样，今天来找你预测，就是看我什么时候能够真正的结婚。2006年我做了个手术，是子宫内膜异位手术。我父亲是今年去世的，刚满百日。"

"我父亲是头部长脑瘤，瘤压迫神经，左眼看不见东西了，头痛得厉害，不做手术不行了，上了手术台，就没下来，死在手术台上。"

分析：此卦世应相刑，是婚姻上一大忌，两官一财是多婚之命，卦中兄旺官多有灾难，上六爻戌土独发为官之墓，婚姻多灾多难，官休世旺婚难成。这几年生意上做得好发财，是指2007年2008年福神是亥子年，福神旺，财爻卯木得长生，2009年己丑年世爻旺相能胜财，2010年、2011年是财爻当头临太岁而旺，故断吴小姐这几年发财并且以后两年财运好，木为财，正适合做服装上的生意。2003年至今谈婚虽多而不成，是官星处于墓库之地，午病于申、死于酉、墓于戌、绝于亥，又世应相刑，应爻代表配偶，可应爻是官鬼之库，故断婚姻上无生机，此为死绝婚姻。

2006年子宫做手术，是当年太岁为戌土，卦中戌土独发与卯木相合，合动卯木受月令申金所克，卯在二爻代表妇科，卯入墓于未绝于申金，今日之卦申金当令，申者手术刀也，故断2006年子宫做手术。为什么断2006年呢？因戌土独发之故。

父亲长脑瘤开刀，是上六父母爻戌土动化官鬼爻巳火之故，上六爻代表头部，戌坐震卦，而震也代表头，戌土为病瘤，戌动刑未土所以左眼失明。死在手术台上，是上六爻巳火入戌库之理。

最后我告诉吴小姐，2010年婚姻大有希望，官星得长生也。

29. 八卦一面镜 阴阳看得清

××市的果女士测家运。

庚寅年	戊寅月	戊申日	（寅卯空）
《山雷颐》		《山火贲》	六神
	兄弟寅木、	兄弟寅木、	朱雀
子孙巳火	父母子水、、	父母子水、、	青龙
	妻财戌土、、世	妻财戌土、、应	玄武
官鬼酉金	妻财辰土 ×	父母亥水、	白虎
	兄弟寅木、、	妻财丑土、、	螣蛇
	父母子水、应	兄弟卯木、世	勾陈

推断1："你家经济条件不好，挣得少花费多。"

反馈："李老师您说的很对。不怕您笑话，我们这一家四口人就靠我一个人养活。我在一家装订厂打工，一个月一千多块钱，根本就没有钱存。"

分析：财爻持世，月克日耗，是卦主衰弱之象。卦中财爻动化父母，衰化旺，财衰父旺是挣得少花费大，入不抵出。子孙爻不上卦财无根源，没有来路，官鬼爻不上卦，护不住财。综上所断就是家庭经济条件不好，挣的少花的多。

推断2："你有一个儿子，学习没成功，又没有技术，应该是脑神经有问题。"

反馈："是这样，我有一个儿子，今年快20岁了，中学没念完，发育的晚。"

分析：子孙巳火不上卦，伏在五爻之下临青龙为男孩。子孙巳火与月日构成寅申巳三刑寅木在六爻主头，木主神经，受刑冲必是脑神经有问题，发育晚，智商低，就说明了这个问题。

推断 3："你丈夫身体不好，应该是心脏方面有问题。"

反馈："心脏病，待在家里不能上班。"

分析：官鬼酉金为丈夫，伏于三爻辰土之下，与辰相合动化亥水，亥水冲巳火，火为心，故心脏有病。

断到此，果女士问道：李老师，您看看是不是我家风水有问题？

推断 4："你家阴气较重，房下有坟，两侧有坟，造成你家阳气不聚，家人常年有病。"

反馈："我们家在这儿盖房时没有坟呀！我找过风水先生给看过，说是挺好的。"

我跟她说："并非是肉眼所见才是。八卦信息反映的不仅是表面能见到的，更神奇的是还有我们表面所看不到的。"果女士半信半疑。

推断 5："你家的房基地不方正，是一块三尖地。出水口在大门的右边，目前南方低洼，水向东南流。另外，东北方有水沟，水也向东北方流。"

反馈："是这样的。"

分析：子水居初爻，是地基不方正的信息标志，三爻辰土动化亥水，说明出水口下水道在门的右边，因三爻为厅，辰为水库为东西。丑土居二爻临腾蛇合子水，说明东北方位有小水沟，水向东北流。

推断 6："你家大厅朝南开，大门与主院门相对，你家厨房在宅子的右侧，灶台安放位置与水相克，不利财，且家人易犯心脑血管之病。"

反馈："我家大门朝南与主房门对着，风水先生告诉我做个影壁墙，但因经济条件限制，至今也没做。"

我告诉她："应该做个影壁墙，这样对你家有好处。"

果女士告诉我西厢房是伙房，自来水安在房子的东南角。我跟她讲，水在东南角克巳火，对子孙、对财、对身体都不利，要赶快调整。

分析：大门朝南开，是世爻与兄弟寅木和午火相合成火局之故，火主南，兄弟寅木生助，故尔门向南方位，主卦为右，巳火和戌土都在主卦，故火代表伙房，伙房在宅子的右边。二爻为灶，兄弟化妻财，灶位有错，对财、对人口不利。

推断7："你家财神受克，没有得到应有的供奉。"

说到此，果女士说话声音有些颤抖，她说："不怕您笑话，我前两年请了一尊观音，是为了我家孩子的身体，供了一段时间也没有效果，孩子他爸一生气，就把她扔到柴草棚子里去了。有时抱柴火碍事，还踢她一脚。"

我听后也很吃惊，就劝她一定敬奉神佛，赶快把丢弃的观音供奉起来，果女士答应回去就办。

分析：子孙巳火代表神佛、财神、伏在五爻父母子孙下受克，所断是神佛没有得到很好的供奉，有遭罪之象。神佛是子孙爻，子孙是福德之神，是财之源泉，子孙是医药，子孙受克财上受损，人口遭殃。

这时，果女士又提出了一个新的问题，她说她的老公爹，今年七十多岁了，不知怎么搞的犯了疯病，自己打自己，把大腿都打折了。很可怕，去医院稍微好点，回家就犯病，让我给看看是怎么回事。

推断8："你家祖坟风水有问题，具体说是坟前有棵大树，与墓碑犯冲，清明节快到了，找个风水师看一看，整理一下。"

反馈："我自从到这个家，就没去过坟地，祖坟在哪都不知道，回去以后，我让他们带我去看。"

大约过了三天吧，果女士又来了，告诉我，她去了坟地，是墓碑被人砸成了两截，而且紧贴着墓被人家栽了一棵松树，看样子，这棵树已栽八九年，有一人多高。

我告诉她，择日将树除掉，并换一块新的墓碑，情况会有好转的。

大约又过了半个月，果女士来告诉我，松树已经砍掉，可墓碑还没有换，因为换一块碑要一千多块，目前经济困难，缓一缓，一定换。现在她的疯公爹，已有很明显的好转，能和正常人一样说话了，神态也清醒很多。

分析：六爻为祖坟，寅木坐之，与日建申金相冲，寅木坐艮宫，艮主坟，故断祖坟前有大树。申金是墓碑临日建与寅木相冲，寅木是太岁入卦，又临月建，子孙紧贴相生，木旺金折，所以墓碑折断。风水破坏寅木主头受冲刑，临朱雀，犯披头煞主家人有头疯之症。另外，从飞宫的角度去分析，本卦官鬼爻不现，取飞爻，那么克世者为丈夫，应爻子孙就是丈夫，生丈夫者就是申金，是果女士的公爹，在月令与寅木相冲，头疯病正好应在祖坟的树墓碑相冲的信息。这里还有一个玄机，果女士告诉我，这棵树是她公爹自己栽的，因为他见墓碑坏了，栽一棵树挡着点。结果是，自作自受。

30. 世应相冲临朱雀 破财招灾遇官司

测求财：

壬午年　壬子月　己巳日　　（戌亥空）		
《泽地萃》	《坎为水》	六神
父母未土、、	子孙子水、、世	勾陈
兄弟酉金、应	父母戌土、	朱雀
子孙亥水○	兄弟申金、、	青龙
妻财卯木、、	官鬼午火、应	玄武
官鬼巳火×世	父母辰土、	白虎
父母未土、、	妻财寅木、、	腾蛇

推断1：此人是做的医药方面的生意，而且是与人合伙的。合伙者是医院的领导或者是教授，是本人出钱，对方出技术。

反馈：是和对方合伙的项目，对方出技术，自己出钱。

分析: 巳火临世爻，动化辰土又临白虎，巳火为手术刀，六亲为官鬼，此鬼为医院，白虎也主医院。应爻为合作伙伴也是合伙的项目，五行属金，酉金也为医药、医院。再看应爻酉金处五爻、六爻未土、世爻动化辰土，自身动化的戌土三土生合，土在卦中为父母爻，父母主文主技术；五爻是君位，故对方不是医院的领导就是教授。三父生应爻，所以是对方出技术。

推断2: 此项合作不成功，结局以失败而告终，破财并有官司口舌。

分析: 卦中巳午未三汇火局，说明不是自己一个作主。三合火局在子月，火在三冬为处绝地，子水月令又正冲午火。三合局中神受冲，中神午火又不旺，所以此合局不成功。破财的信息是卯木财爻化出午火官鬼，此鬼与巳火世鬼为比劫，此财被劫为破财。官司口舌的信息是变卦中的寅申与世爻构成寅巳申三刑，世应相冲，临朱雀白虎。

此卦的化解调理方法：（包括人事调理和化解调理）原理是加大酉金和巳火的力度，形成巳酉丑三合局，使酉金入库。酉金为办公室应调到西南角的坤方，坐西朝东（制人，但生财），世爻应坐在东南巳方或西北乾位，是其正气场。

31. 父临上九名气大 官父同旺出人才

南京韩女士电话预测女儿是否能考上重点高中，报数得《困》之《萃》卦：

庚寅年	辰月	壬辰日	（午未空）
《泽水困》	**《泽地萃》**	**六神**	
父母未土、、	父母未土、、	白虎	
兄弟酉金、	兄弟酉金、 应	腾蛇	
子孙亥水、 应	子孙亥水、	勾陈	
官鬼午火、、	妻财卯木、、	朱雀	
父母辰土〇	官鬼巳火、、 世	青龙	
妻财寅木、、 世	父母未土、、	玄武	

八卦成立，象在其中，我对韩女士讲：

推断1："你女儿要考的高中是在你家的东南方向，校园大，学校又漂亮，有湖有水，教学质量高，每年考上好多大学生。"

反馈：韩女士连声说："对，对，对！学校是在我家东南方向，新盖的教学楼，校门口是个大湖，去年有两百多个学生考上大学。"

推断2："你女儿语文成绩非常好，但数理化成绩差。"

反馈：没等我说完，韩女士连声说："你说得太对了，你这是怎么看出来的？我女儿在班里，语文成绩占前三名，可就是数理化跟不上。"

推断3：我告诉韩女士："你女儿在学校和一个男学生在谈情说爱，影响成绩，你要好好跟你女儿说，叫她好好学习，明年定能考上一类的高中。"

反馈："这事我也听说了，但我不信，居然你也能测出来，我会给女儿做工作的。"

分析：

1. 学校在家东南方向，是二爻父母辰土发动化官鬼巳火临青龙之故，父母爻辰土临月日而旺，说明校园大。辰土，巳火都代表东南，父母辰土代表学校，也代表老师，官鬼旺代表名气大，兑卦代表学校漂亮，坎卦代表湖水也。教学质量高，考上的大学生多，是卦中父母爻旺，官鬼爻旺之理，父母爻代表老师水平高教的好，也代表学生考的分数高，官鬼爻旺说明考上大学的学生多，教学质量高，是六合卦也。

2. 女儿文科好，是官旺，土火主文，卦中金衰水入库，故断理科不好，金水代表理科。

3. 女儿谈情说爱，是世爻临财与应爻子孙合，其有想结婚之象，世临玄武有谈情之象。明年定能考上一类高中，是变卦为《萃》卦，具有出类拔萃之意。

32. 世应相克福神旺 婚姻痛苦事业顺

沈阳潘女士找我测婚姻，得《鼎》卦：

庚寅年 辰月 辛卯日（午未空）

《火风鼎》		六神
	兄弟巳火、	螣蛇
	子孙未土、、应	勾陈
	妻财酉金、	朱雀
	妻财酉金、	青龙
	官鬼亥水、世	玄武
父母卯木	子孙丑土、、	白虎

我看了卦对潘女士说：

推断："你事业做得大，从2001年到2009年你发了大财，所做的项目和土地、化工有关系，事业上得势。"

"你婚姻上痛苦，三次婚姻不能白头到老，你三次婚姻都有生死离别之象，去年你先生有血光之灾。"

反馈："我从2001年做石油生意，2003年开始做房地产到2004年、2005年都做得顺，赚了大钱；2006年房地产业又扩大开发，至今确实做得非常好。我2001年离婚，第二次是2005年离婚，是我先提出分离的，第三个丈夫去年脖子上长瘤，在北方做手术，没下手术台就死了。"

分析：此卦是兄弟爻旺子孙爻旺，财得生合而旺，可以说是财源滚滚。2003年到2007年正是旺财生世，也是发财之年，做房地产生意正是子孙爻为土，旺于四季，丑土未土月令辰土，正是福神旺财旺，六爻安静，事业做的安稳，并说明聚人气聚财气，所以我断潘女士前十年发了大财。

我断潘女士三婚不到头，有生死离别之象。此卦利事业不利婚姻，卦中离别信号明显，世应相克，夫妻不长久，子孙爻重重旺相，女克夫死配偶，官星休囚入墓，主凶死丈夫，说明潘女士，命硬克夫。2009年老公手术，脖子长瘤，是五爻为脖胫，初爻丑土冲未土主长瘤之症，冲之主血光，手术为血光之灾。五爻也代表老公，临勾陈，当然主老公有血光之灾，因水土入墓于辰土。

2001年离婚，是兄弟爻旺冲击官星亥水，巳酉丑三合财局，说明老公有外遇，与别的女人好了。2005年第二次离婚，是兄弟爻衰，财爻旺无制，所以潘女士提出离婚。财爻酉金与月令合日令冲，说明潘女士早就与外边的男人好上了，月合日冲财爻，说明潘女士在外边与男人好之后，又翻脸又和好是常有的事，此为卦中之理。

33. 蛇虎门前坐 牢灾躲不过

我在昆明为一家电影公司调环境风水，中午吃完饭，公司老板有位从青海来的朋友要求我给他看看目前财运如何，得：

己丑年　　卯月　　丁丑日　　（申酉空）

《山风蛊》	《巽为风》	六神
兄弟寅木、应	兄弟卯木、世	青龙
子孙巳火　父母子水 ×	子孙巳火、	玄武
妻财戌土、、	妻财未土、、	白虎
官鬼酉金、世	官鬼酉金、应	腾蛇
父母亥水、、	父母亥水、、	勾陈
妻财丑土、、	妻财丑土、、	朱雀

推断： 卦象成立，玄机显露。官鬼酉金持世，化官鬼酉金，我看此卦为大凶之卦，官鬼化官鬼为不祥之兆，并且是月破，我看是大祸临头之卦。世爻月破又空，应爻寅木化卯木临月而旺，反克冲世爻，日令丑土为世爻之库，空破入库，必有祸殃临。卦中财爻旺，丑未戌三刑，丑为世爻墓库冲四爻未土，月令卯木暗合戌土，白虎暗动，又犯三刑，可见这位王先生是犯了杀人罪，畏罪潜逃此地。此卦父母爻在五爻位独发临玄武，子水休囚发动，化子孙巳火与酉金世爻三合，财官局，玄武动主偷盗，拦路打劫，也主骗局，由此可见王先生是在为钱的事情，把人打死，或在道路上打劫，要么就是行骗。我对王先生说："你还要求财，你为了钱财已经犯法了，原因是打死人了，你是幕后指使者，你聚集人打劫或行骗引起争斗，打死人，你是内部有人通知你逃跑的。听我一句劝，你是跑不掉的，报案自首，是明智之举。"

反馈： 王先生和在场的人一惊，王先生着急地问："你看是什么时间？"我说："时间不长。"影视公司老板急忙问王先生："是真的吗？"王先生说："李老师测的是真的，因我找了几个朋友跟一个汽车司机玩牌，当然这里边有假，想骗这个司机的钱，结果这个司机输了十几万，可他不给钱，我就喝令让这帮弟兄打他，结果失手把这个司机给打死了。昨天人家报案了，公安局开始抓人了，是内部人通知我赶快逃跑。我是从青海跑到这里来的，这么巧遇到了您这位易学高手，全都叫您给看出来了。听您的，不跑啦，回去自首。"

分析：打死人，是五爻子水动化绝地之故。为财而犯罪，是财爻丑未戌三刑之理。畏罪潜逃是，月令卯木冲酉金，酉金在巽卦，巽为东南也，昆明正是在青海之东南位。玩牌骗司机的钱，是玄武独发之理。幕后者，是官星酉金入丑库，仅多这一个丑字，构成卦中丑未戌三刑局。所谓找了几个朋友，是酉金生子水，又生亥水之故。内部人通知他逃跑，是五爻子孙巳火与世爻酉金半相合之理。

最后，我又苦劝告王先生主动去投案自首，王先生听了我的话，主动投案了，结果判了四年。

34. 卦断阳宅辨吉凶

河北省的于经理测阳宅风水：

己丑年　丁丑月　壬午日　（申酉空）

《天风姤》	《火天大有》	六神
父母戌土、	官鬼巳火、应	白虎
兄弟申金○	父母未土、、	螣蛇
官鬼午火、应	兄弟酉金、	勾陈
兄弟酉金、	父母辰土、世	朱雀
妻财寅木　子孙亥水、	妻财寅木、	青龙
父母丑土 × 世	子孙子水、	玄武

推断1："你家住的是单元楼，自家房门坐西向东。卫生间在房子的东北方位，厨房与卫生间紧贴相连，厨房风水大吉，而卫生间风水较差。"

反馈："李老师您说的楼房门很对，卫生间、厨房间的位置也对，就是不懂什么是卫生间和厨房的风水。"

分析：二爻为房，父母爻为房，卦中父母未土动于五爻，里受日生，二爻寅木入五爻未土之库，父母未土居五爻居离而旺，另外，内卦为房，巽变乾，巽代表花园、乾代表城市，同时巽乾都主高，所断是楼房。三爻为门，兄弟酉金居之，酉为兑为西，故门向坐西向东。初爻丑土动化子水临玄武，玄武为卫生间，丑土为东北，故卫生间在东北方位，也就是一进门的右手边。厨房间是午火，根在寅木，寅木与丑土为同一宫，故卫生间和厨房间紧挨着。卫生间是丑土合克子水，而且丑土临月而旺，子孙子水又受日冲，子孙是一宅之福德，财之源，受冲克为不吉，故卫生间风水差，二爻为灶，子孙化妻财临青龙，为大吉之象。

推断2："你住的楼房阴气较重，前后有坟地。"

反馈："这个地方在没建楼的时候，是一片荒地，是有坟，我见过。"

分析：父母丑土居初爻，初为基，父母丑土为阴气，初爻临玄武，说明房基和房后不干净。官鬼午火旺于日辰，与未土相合，入戌土之库，西北、西南都有坟。

推断3："楼房的东南方位空旷一片，低洼有水，西北方位有高楼，特别是有高大的烟囱，东北方位有水沟、有垃圾，西南有高压电线，是最厉害的，求财不利，据此断你1992年、1994年应有车祸发生。整个小区楼房林立，五行格局混乱，风水较差。"

反馈："东南方大约一里多路就是海，西北又有楼又有烟囱，东北有垃圾堆，西南有高压电杆，整个小区有十几幢楼房。1992年、

2004年我骑摩托车撞了人。"

分析：三爻辰土为门前，为东南，辰土居乾宫化空，又申子辰合水局，故东南空旷，低洼有水。六爻戌土化巳火临白虎，说明西北煞气与火有关，戌为火库，意为烟囱，父母为楼房，所以说，西北方位既有楼房又有烟囱。丑土动化子水临玄武，丑土为脏土，又为水沟，所以是垃圾和水道。

五爻申金动化未土临腾蛇，午火合未土坐离宫，卦中丑未戌三刑，说明西南有高压电线杆以及楼角冲房。五爻腾蛇动主车祸之灾。1992年申金、2004年申金，这二个年度申金临太岁，申金又坐乾宫，冲寅木、青龙，卦中寅申巳三刑金，故尔车祸之灾难免。卦中父母爻丑未戌三刑，说明楼与楼之间格局混乱，五行冲煞严重，不利财官，总体看小区风水较差。

推断4："你目前的工作环境并不适合你，你思想不稳定，想改行干别的，但自己资金有困难，你想额外搞点收入，但由于所在公司制度严格，而使你无法实现。你的总老板与你关系很好，而你的顶头上司，表面上跟你过得去，但他对你有一定的看法，对你不利。"

反馈："李老师，你说的还真是那么回事，我还就想问你我自己干点事成不。"

我说："你有能力，但没有资金。"

分析：世爻丑土坐巽宫，动化乾，丑在巽宫处死地，当然是环境对自己不利。丑动临父母，父母主思想，思想不稳定，化子孙临乾宫，想自己立摊挣钱，但日建午火冲子孙子水，兄弟申金动克财爻寅木，于经理自己经济实力较差，想干点事自己没有那么多钱，子孙动在乾宫临玄武，指不合法的收入。官鬼临日建冲子孙，子孙入库官鬼是领导是制度，说明单位管理制度严格，使其非分之想不容易实现。月建是总公司的领导，与世爻同一五行，说明与总公司领导关系好，日建是顶头上司，是午火，与世爻相生，但生中有害，说明表面上过得去，而实际上对你有看法，表现了不利的一面。丑土动得月日生动说明自己有能力，很辛苦，同时，有较广泛的信息资源，财爻受冲克，子孙爻弱，说明自己没有钱，实力差。

推断5："我看你家祖坟，应该是你爷爷的坟风水不好，对你不利。"

反馈："我爷爷奶奶的坟是我找的风水先生给葬的，坐东北朝西南，我也不知道好不好。"

分析：六爻为祖坟，也为风水口，戌土化巳火临白虎，煞气较重，戌土与世爻相刑，巳火与卦中财刑并冲子孙，所以断，祖坟风水不当对家对人不利。

推断6："你爷的坟地右边高左边低，西北有来水到坟前，往西南出，合乎水法，但丢了正东方的来水，正东来水为后天水，主财贵，不进反出，主财上不聚。"

反馈："我爷的坟东边低，下雨往东去，西北来水可到坟前。"

分析：应为案在四爻，五爻六爻为坟前。五爻兄弟申金动坐乾宫化未土，临腾蛇，乾主高，在主卦，说明坟的右边高有弯曲小水道，申金为水源，未土为左居离宫之阳位，说明西北来水到坟前向西南出。父母戌土化官鬼巳火临白虎，又临日辰旺象，白虎主右，旺为高，子孙亥水化妻财寅木临青龙在月日为弱，弱为低，故左边低而右边高，左边低者水不能到坟前，反外流。水法有问题，也正说明他家的祖坟风水不当。

35. 兄弟旺动犯小人 破财又招口舌灾

一位学员占测运气:

	乙未月	乙酉日	（午未空）
	《火水未济》	《雷泽归妹》	六神
	兄弟巳火○应	子孙戌土、、应	玄武
	子孙未土、、	妻财申金、、	白虎
	妻财酉金、	兄弟午火、	腾蛇
官鬼亥水	兄弟午火、、世	子孙丑土、、世	勾陈
	子孙辰土、	父母卯木、	朱雀
	父母寅木 ×	兄弟巳火、	青龙

推断1：第一胎生的是男孩。

分析：五爻为长子，未土临月令，旺者为男，离化震，所以头一胎为男。

世应俱兄，且应临兄动，世与月令相合，未年太岁与世合，上半年有口舌（因火旺土旺，丑未戌三刑，寅巳申三刑，寅午戌会成兄弟局，未月丑土动，丑未戌成立，由于丑未戌三刑，子孙不生财有口舌之事），下半年能进财。

兄弟爻旺动必犯小人，必有口舌之灾。

下半年申酉金旺相之时，戌月巳午火入库。

亥子月，兄弟巳午受制。

财当旺秋天时。

财临日令在未月。

兄弟爻持世求财，也会有，但是小财。

子孙爻持世时千万不能投资。但在艺术这方面，有财。

父寅木动入五爻子孙未土之库，世与未合化出个财。

推断 2： 1992、1993 年有财。

1994 年发大财是寅午戌合火局，世爻旺，身旺劫财有力。

1995—1997 年平常，不进也不失。

1998 年太岁临父寅合世买房耗财。

1999 年卯太岁，合伙在外地投资 70 万。后因为闹意见，平均分摊，损失 15 万，主要财临岁破，子孙受制。

分析： 15 万：主卦数 + 变卦数 =15 万。

卯木临父母爻代表项目。

主要财根受伤，卯戌合，午火入戌库，故午火不起作用，财爻无原神。

财旺兄弟爻持世的人不愿跟别人干。

此卦中世爻财得大头，应得小头，因寅午戌合，合午火局力度大，劫财多，当然得大头。

36. 青龙螣蛇齐发动 宅现大蛇灾来临

海南的黄先生经我弟子引见，找我测住宅吉凶，得：

庚寅年	寅月	丙申日	（辰巳空）
《山水蒙》		《雷水解》	六神

	《山水蒙》		《雷水解》		六神
	父母寅木〇		子孙戌土、、		青龙
	官鬼子水、、		妻财申金、 应		玄武
妻财酉金	子孙戌土 × 世		兄弟午火、		白虎
	兄弟午火、、		兄弟午火、、		螣蛇
	子孙辰土、		子孙辰土、 世		勾陈
	父母寅木、、应		父母寅木、、		朱雀

推断： 我看了卦象与五行，对黄先生讲："你的房宅是坐北朝南，

你的宅基下原来是个大水坑，你是用土垫平盖的房。你的厨房是在你的住宅东南角。住宅的东北角是个臭水沟，厕所也在东北角。你的房后低洼，房子后面也是个坟场。你在院子的西边墙上开了个西门。你的主大门门前左边是水泥路，路面修得特别好。门前的右边是烂泥路，高低不平。正对着你家大门南边这一家楼房高大，楼房上面有个三角架，多指是电视机的接收架。你房子东侧有家医院，煞气较重。

你从 2006 年起至今破财，你今年不但要防止破财，还要防止车祸。你离过三次婚，2002 年第一次离婚，2004 年结婚，2006 年又再次离婚，2007 年第三次结婚，但 2009 年妻子却因车祸死于非命。你是先穿父孝，母亲长寿，你父亲在 2004 年死于肝癌。你的住宅为凶宅，在你的宅院东北角臭水坑旁出现过一条大蛇，应在 2008 年，结果你妻子在 2009 年出车祸了。"

反馈： 我讲到此处，黄先生非常激动的说："对呀，对呀！是一条非常大的红色毒蛇，师傅你是怎么看出来的？我找几个师傅预测过，都没看出来有蛇。我家的住宅原来是一个大水塘，我是用土垫起来建的房子，房后是低洼，还有好多的坟。大门朝南，院子西边是留个小门，门正对着我家的厨房门，厨房的北头有个厕所，还有一个积水沟，也就是你说的院东北角上。门前左边有水泥路，是医院出钱修的，右边是泥路因没有人出钱修。正对着我家对面的楼，是比我家的楼高，楼上是个电视接收架子。我们家自搬进来住后，运气就不好，从 2006 年至今干什么生意都干不成，还亏钱。至于我的婚姻，你说的都对，我离过两次婚，最后这个老婆是在 2009 年去沈阳的高速路上，与一辆大货车相撞，当场死亡。父亲是 2004 年得肝癌死的。2008 年我家出现过三次蛇，看上去是同一条蛇，我们没打，后来再也没看到过。"

分析： 房下大水塘，是下卦为坎，坎为水。房后有坟场，是二爻辰土化辰土，辰土又是官鬼之库，初爻父化父，也代表房后有坟。

大门朝南，是三爻为门午火化午火。院子西边有小门，是二爻辰土合酉金，酉又伏在世爻之下，四爻代表院子，故断西边有门。西边有门主婚姻上不好，此门对女人有影响。

房东北角上有水坑和厕所，是官鬼子水在艮卦，艮主东北，又坐玄武，所以破财、有血光之灾，也叫破血财。

门前左边有水泥路，是外卦为震；右边有土泥路，是主卦的上卦为艮之理。房子东侧是医院，上六爻父母寅木发动化戌土与三爻午火三合火局，螣蛇白虎在三爻四爻，子孙爻戌土又动，故断是医院。五爻官鬼子水化申金临日令，申金主医生，又代表手术刀，申坐震卦也说明东方有医院。东方有医院主家中阴气重、破财，也主家中的人常有病灾之苦。

大门南边有高楼，楼上有高架火煞，是上卦艮主高，艮高代表楼高，艮又变震代表高架电视接收塔，震也主高，震卦子孙戌土半合午戌火局，也代表电视接收塔，故断是电视接收塔。艮卦为什么不断东北而断门前为南边呢？因艮为上卦，不是下卦，艮卦五行寅木动化子孙戌土，子孙戌土动化午火，正是寅午戌三合火局，午火为南也。此火煞照门主家中之人会有心脏病、高血压、肝癌，故断此宅为大凶之宅。

黄先生2002年离婚，2006年离婚，是卦中财爻月破，父母爻临月旺又发动克冲财爻，又兄弟爻旺克财爻，子孙爻旺克官鬼，故断2002年、2006年离婚。2009年第三个妻子出车祸，是卦中二爻克五爻，又五爻官鬼子水动化财爻申金与月令寅木相冲，2009年是丑土临太岁为申金之库，又是官鬼子水合子孙辰土，人与鬼同库临玄武主血光之灾，五爻为道路，月令寅木冲申金乃车祸也，震卦也主车象，父母爻也主车象，卦中应克世也主多婚之象。

2004年父亲肝癌，是财爻临太岁克杀父母寅木，寅木动化戌库之理。家中出现蛇，是三爻临螣蛇半合六爻，三合局临青龙，螣蛇青龙齐动，家中必有大蛇出现，因合的是火局，此为火蛇在家中出现人口财产去一半，为大凶之宅。

此卦还有好多没有解释出来，望读者边学边悟，此卦非常有意思，值得研究。

37. 卦论大小限　吉凶看得见

某男测财运：

壬午年　　辰月　　辛酉日　　（子丑空）

《水火既济》　　《泽地萃》　　六神

兄弟子水、、应　　官鬼未土、、　　　腾蛇

官鬼戌土、　　　父母酉金、应　　勾陈

父母申金 ×　　　兄弟亥水、　　　朱雀

兄弟亥水〇世　　子孙卯木、　　　青龙

官鬼丑土、、　　妻财巳火、、世　玄武

子孙卯木〇　　　官鬼未土、、　　白虎

排大小限法，从世爻起，无论男女，阳顺阴逆。往上为顺，往下为逆。大限5年（或10年）一爻，小限一岁一爻。

大限用十年一爻的三个条件：

① 一般一爻管五年，特殊情况用10年。（六静卦用10年。）

② 六冲卦用10年起大限。

③ 断终身卦，40岁以上的人来测卦，用10年，其他用5年。

1. 1岁从亥，自旺（坐世爻）。2岁父母申金生亥水，身体健康受到父母的庇护。3岁戌土小限克大限亥水，肯定生病，但中间有申金化，是小病不是大病。戌土是火库，在五爻，主父亲，父亲这年身体不好，家中破财。因戌库在卦中，为财库，但卦中无财爻，火库临

鬼破财，土克水，戌为火库，水火相激，发高烧。4岁比和，无事。5岁临卯木，没有问题。1—5岁家里经济条件不好，因大限临兄弟，财爻不上卦。5岁临初爻子孙卯木，初爻为父，父亲经济有所缓和。

2. 6岁换大限为父母申金。看大小限，不论日月。

6岁小限丑，官父相生，6岁即上学。

7岁亥水通关，金水相生，学习聪明。

看近十年财运不用起限，直接看满盘论。5岁一限，主卦管30年。31岁起从变卦世爻起31—35岁限。

3. 22岁小限在六爻，兄化官，回头克，与女人同居，破财。这年5月或6月头部受伤。应爻为其老婆化出个官鬼回头来克，说明他老婆这年找到他，和他同居。

21岁五爻戌限。卯戌合这年谈的恋爱。

23岁亥卯未合成桃花局，财见官入库，为结婚，当年结婚当年即怀孕，因合成的是子孙局。

21岁这年在五爻戌，为火库，卯为桃花，与世爻为亥卯半合，卯与戌合，为火库，合入火库，热情热恋之象。（未也是火库，也有同样含义）

4. 文化不太高，为大专，父母生世，但不得月令，所以不会太高，为大专。

兄弟爻持世的人，都是大起大落。

5. 此人有两个孩子，因子孙爻，主卦一个，变卦一个。应爻为妻，亥为水（1.6为水）老婆1.62米（1.6＋0.02两个水），头发不是很多，不密。木主头发，子水化出官鬼入库，是木库，主头发，鬼就是病，所以头发不多，库爻在六爻为头。

寅木一般头发枯发黄，卯木旺发黑。卯木为桃花，为好看，爱在头发上打扮，讲究发型。

6. 他们家为三兄弟，亥水动加旺一倍，为2个，应爻子水为一个，子为老大，亥为小，自己为老三。

7. 初爻合五爻官鬼，初爻为父，父亲腿有病。临子孙爻，故职业为会计。为何取初爻为父，因初爻动，为旺，所以取初爻，变卦为坤，为老人。

三爻亥水为血液，二爻官鬼丑土动化巳，土阻水，不生初爻卯木，故腿有病。

为何断父亲有病，因日令酉金为父母爻，冲初爻父位，故有此断。

8. 看母亲为二爻，父克为母，坤主胖，丑土不高，长得不好看。

9. 卦中亥卯未合木局，儿子利用初爻父亲的关系和路子生财。

10. 今年家中买房80万，造厂房（加去年）80万，十月罚款7万，十一月10天内连续三次车祸，破财。1991年死了一个儿子。

1991年白虎动孙卯动化未库，儿子死。今年十月、十一月兄弟爻旺相，世应旺，亥子旺，耗费花销大。应爻为兄弟，要破财。世下伏午，财爻受制。

子月合丑，家中鬼动，亥月冲变卦巳，财爻破。父母申（长生在巳），申巳合，4月开始付款。四爻为大门，长生就置房。7、8月付大笔房款，申酉旺，都要合财，要付款。

11. 老房子卖了十多万。

二爻为宅，为根基，是老房子。财为巳火，为2、7数，2+7=9，坤离8+3=11，综合判断10万元上下。

数都出在爻位上，以爻位来定数，以所在五行和卦宫，以旺衰而定其大小。

12. 此人上半年应该挣钱不少，加上欠账和挣到私钱应为300万。卯木为子孙爻，木为3.8数，不旺，取3数，为300万。

看挣钱多少，看子孙爻，一旺一衰，取旺者。

13. 老婆有外遇。六爻未为老婆的情人，午与未合，卯与未合，卯为子孙为学生，木火通明为学校，兑为说，这个情人应在县城教育局当杂官（县城在他家西南方）。

14. 2004 年要破大财，父母申金动，打官司，弄不好要破产，申子辰合水局，申化亥兄，辰冲动戌，化酉金，酉金旺，克卯木，申金合巳火，把家中钱拿出来，亥来冲巳，破家中财，四爻临朱雀动，有官司。

酉年，酉冲卯木，卯木进未库，三合逢冲，必进库，有狱灾。

应爻为问事的根基与源头，动爻是事情发生的经过，变出之爻是事情的结果。神机来自于数理，数字来自于爻位，爻位定五行。

38. 厨房建在西北方 火烧天门必遭殃

浙江杭州的张女士找我测婚姻，看家宅环境：

	戊寅月	壬辰日	（午未空）
	《风火家人》	《风雷益》	**六神**
	兄弟卯木、	兄弟卯木、 应	白虎
	子孙巳火、 应	子孙巳火、	螣蛇
	妻财未土、、	妻财未土、、	勾陈
官鬼酉金	父母亥水〇	妻财辰土、、世	朱雀
	妻财丑土、、世	兄弟寅木、、	青龙
	兄弟卯木、	父母子水、	玄武

推断： 我看了此卦，心里一惊，张女士是克夫之命，三婚难到头。卦里官星不上卦，官鬼酉金伏在父母亥水之下泄气，官星不得令不得生处与绝地，世爻虽然是财爻丑土持世，又应爻生世爻，按命书上讲应生世在婚姻上主大吉，女测婚，财爻持世主大吉，可张女士财爻丑土为官鬼之库，应爻在五爻位代表配偶，也代表老公，可子孙巳火化巳火，又临着蛇与月令相刑，实为凶象，说明此女为克夫之命。

本卦财爻虽临日令，但丑财冲未财又有相刑之意，卦中兄弟重重而旺劫财，又反克冲官鬼爻，使官鬼爻无存身之地，三爻父母亥水独发，化财爻辰库，可见张女士的厨房在西北主克伤老公大凶。我们可以看出亥水动冲克五爻巳火，五爻代表老公，主老公有血光或重病之灾。特别是金水旺相之年，必克夫。此卦兄弟爻克世，半生辛苦劳累。

据八卦的信息，我对张女士讲："你住的房屋风水有问题，厨房在西北主克老公，厕所门对着你家的主门，主家人有难治之病，败财。你家的客厅太小，没有老公生存的空间。你一生最不好的就是婚姻运。主门对着厕所门，不但主人有病，还主没有靠山，没有靠山就是没有老公。

你第一个老公在2001年或2002年会有严重的肺病，2003年你老公必遇到有病无治的死灾。2005年你有二次婚姻之喜，但在2007年第二个老公有血压高、血脂稠、脂肪肝之病，此年多为脑充血而死。你本人也有心脏病，2006年破财。"

反馈："李老师，您讲的就好像到我家看过一样，我家的大门是对着厕所门，厨房在我家西北角。我家客厅很小，放一个电视机，还有一个沙发，中间只有能走一个人的空间。我第一个老公是2001年得了肺癌，2002年花完了积蓄，还向朋友借了好多钱，到2003年就去世了。我2005年经朋友介绍认识了一个四川的男友，见了两面就结婚了。我这位老公有高血压，心脏还不好，当年就住院治疗，出院大概只有半年多，到2007年上半年就脑充血突然死亡。我本人心脏也不好，李老师能不能给我化解一下家中风水，以后我还有婚姻吗？"

分析：大门对着厕所门，是丑土为厕所，四爻为主房门，丑未相冲，故断家中主房门对着厕所门。厨房在住宅的西北角，是三爻父母亥水动化财爻辰土，说明张女士的厨房在一进门的左边，也是西北位，主老公会有血压高、血脂稠、糖尿病、肺病和头晕等病。

客厅小，是世爻与应爻之间代表客厅，世应之间两爻相生代表客厅大，相克代表客厅小，还要看此两爻的五行是旺是衰而定大小。张女士摇此卦是间爻亥水入库，未土逢空，未土克亥水，客厅肯定小。

2001年老公得肺癌，是子孙爻巳火临太岁，冲去亥水合出官鬼酉金，巳酉丑三合局，金主肺也，巳火克金，未土乃燥土也，冲开丑库，官鬼酉金入库，2002年也是此理，午未合燥土不生金，2003年未土临太岁冲克丑土，土是越冲越旺，土旺金埋，故断2003年死丈夫。2005年再次结婚，是官星旺得出，丑土半合太岁酉金，与太岁生合有喜事，所以此年结婚。2006年破财，丑未戌三刑之理。2007年脑充血，正是金水旺相之年冲克五爻巳火之理。

39. 卦爻的转换是信息的轨迹

某女士测婚姻：

壬午年	庚戌月	辛未日	（戌亥空）
《雷天大壮》	《天火同人》	六神	
兄弟戌土 ×	兄弟戌土、应	螣蛇	
子孙申金 ×	子孙申金、	勾陈	
父母午火、世	父母午火、	朱雀	
兄弟辰土、	妻财亥水、世	青龙	
官鬼寅木○	兄弟丑土、、	玄武	
妻财子水、应	官鬼卯木、	白虎	

推断：

1. 丈夫与此女的感情尚好，只是有些小的感情纷争；

2. 各有外遇；

3. 自己犯嘀咕；心里不踏实；

4. 长辈之人在中间挑拨。

这其实就是我当时所断。卦主表示说，自己的丈夫对她很好，就是老婆婆对她不好，总挑拨儿子跟她离婚。

卦理分析：八卦是一面镜子，所反映的就是生活常理，是客观的真实写照，只要你寻找到了其中的信息走向，事情的起始缘由就会一清二楚的。当然，这也不是一件很容易的事情，因为捕捉信息需要一番的功夫。

1. 本卦是女测婚姻，父母午火持世，应爻妻财子水居乾宫，世爻午火居震宫，水旺火旺子午相冲，可见二人经常犯别扭，但二爻官鬼寅木动化丑土，子水被泄被合，二爻官鬼在家中于初爻妻财子水相生，可见夫妻感情很好。

2. 本卦世爻午火入戌库与未合，戌未库临月日为外，午火为桃花，戌为桃花库，未也为桃花库，丈夫有外遇无疑。应爻妻财子水生桃花，申子辰合局，化官鬼卯木与戌合入未库，妻子也有外遇无疑，所以夫妻双方各自都有外遇。

3. 世爻坐午火化午火，为自刑，说明卦主犯嘀咕，所以才前来测婚。

4. 认真地分析卦中的信息运行轨迹，再结合卦主犯嘀咕前来测婚，却有家庭不合的事实存在，这就是公婆在其中挑拨儿子与其离婚，但儿子不受其乱，而是自作主张，仍然保持了夫妻间的感情。这个信息的运行轨迹是什么，我们不妨分析一下。女测婚官鬼为丈夫，尤其是已婚夫妇，主用神就是官鬼爻，现官鬼居二爻，初爻为应爻妻财子水居之，按飞宫分爻五行生克之理，生我者为父母，初爻又为父位而子水是克火的，应该看出来公爹与世爻关系很紧张，但官鬼寅木发动通了子水冲午火之关，同时，寅木化出丑土又合住了子水，这就是公爹挑拨，但儿子在其中做大量的疏导工作，稳定了家庭关系。但五爻申金发动，冲克官鬼寅木，生助应爻子水，这个申金是谁，五爻为父，是父母辈。女测婚应官，生我者为父母，五爻应为阳位但变为阴位，又推断是母，事实上也是婆母在其中挑拨。这是按分宫分位法寻觅出的信息运行轨迹。说起来很简单，但运用起来有些难度。

40. 一卦多断占家事 喜怒哀乐卦中明

2008年我在青海给一家企业策划上市的事情，中午吃饭，相陪的刘先生是一位易经爱好者，向我讨教，能否给算一卦，我答应了刘先生的要求，摇卦得：

	戊子年	己未月	己巳日	（戌亥空）
	《雷泽归妹》		《火地晋》	六神
	父母戌土 × 应		官鬼巳火、	勾陈
	兄弟申金、、		父母未土、、	朱雀
子孙亥水	官鬼午火、		兄弟酉金、 世	青龙
	父母丑土、、 世		妻财卯木、、	玄武
	妻财卯木○		官鬼巳火、、	白虎
	官鬼巳火○		父母未土、、 应	腾蛇

推断：据卦中所示的信息，我对小刘讲："今天我们初次见面，先从你的家人谈起。第一点，你家兄妹是四个，应是两男两女。第二点，你是1999年谈恋爱，2001年结婚，你太太不是你家的近邻就是你家的亲戚。你老婆是细高个，瓜子脸，皮肤白，左眼视力差，右眼视力好，长头发，发质好，长相又漂亮。她姐妹两个，她本人是公务员。第三点，你妻子2002年怀孕流产了，到2004年生了一个男孩。第四点，你先穿父亲的孝服，在1988年你父亲有生死大灾。他是拿国家工资的人，职业与火有关系。"

小刘没等我说完话，就急着问："老师，你能看出我父亲是得什么病死的吗？"

我看了卦肯定的说："你父亲其实什么病都没有，是你父亲和同事吵架，领导批评了他，结果他咽不下这口气，是自己寻死的，也就是说你父亲自己了结了自己的生命。"

说到这，在场的人都惊呆了，一起把目光投向小刘。

我接着讲："第五点，你母亲是长寿命，你母亲具有未卜先知的功能，也就是说有预测的能力。第六点，你从2004年到如今，生意好，财运好，你所经营的应是文化用品，或者是书店，你若能干与水相关的生意，财运会更好。第七点，从2005年到2007年至今，你始终在外边有情人，你要好自为重。"

我的话刚说完，小刘接过来就说："老师，我开始抱着试试的态度，没想到老师您每件事情都看得这么准，而且准得出奇，今天确实让我大开眼界。我是兄妹四人，兄弟两个，还有两个妹妹。我是1999年谈恋爱，2001年结的婚，2002年我爱人做了流产。2004年我爱人生了个儿子。我爱人确实像你说的长相漂亮，个子高1.68米，瓜子脸，皮肤白，左眼近视，右眼是好的。她就姐妹俩，下有个妹妹。我爱人在税务局工作，是财会科长。老师您这点准得出奇，说我爱人是我家的亲戚，她是我二姨的女儿，我们俩是表兄妹结婚，这事朋友都不知道，今天让您给看出来了。还有您说我父亲的事特准，我身上都起鸡皮疙瘩了，我父亲是88年死的，他是锅炉工，在单位当班长，当时他和同事吵架，后来厂长批评了他，他一气之下，晚上喝农药死了。我母亲现在身体健康，天天给人看相，看的人也多，我妈是从小学的麻衣神相，现在，我妈生意特好。我从2004年起开个文具店，生意非常好。我这两年是在外边有个女朋友，我知道以后该怎么去做了。"

最后我建议小刘好好经营生意，还要善待自己的妻子，她是非常旺夫的，是位非常贤惠很难得的才女。

分析： 兄妹四个，是五爻兄弟申金主四数，坐下震也主四数之故。两个妹妹，是震化离卦，巳火当头，火主二数。1999 年谈恋爱，是财爻卯木动克世，卯木为桃花，1999 年正是桃花旺运。2001 年结婚，是卯木动化官星巳火半合世之理，又应爻也代表老婆，应爻戌土动化巳火合世，故断 2001 年结婚。

爱人是亲戚，指卯木在二爻动，二爻代表母亲、老婆、亲戚，卯木发动化巳火合世又生父母未土，故断是亲戚。卯木为桃花，也说明长相漂亮，也主细高个。皮肤白，是卯木坐兑卦之理。二爻卯木动与五爻未土半合，说明左眼近视。主卦五爻申金，主右边眼睛好。财爻卯木动坐兑卦，主财气好，化官鬼巳火临旺，故断是公务员。税务局为执法单位是二爻临白虎，财务科长，是财爻卯木化官鬼巳火之故。

2002 年老婆流产，是子孙爻亥水伏在官鬼午火之下。子孙伏在鬼下伏在父母爻之下都为百无一活。2004 年生个儿子，是子孙爻亥水临长生之年。2004 年申金也，又五爻为长子，五爻申金坐震卦，震主长子，申金又化父母爻未土回头生而旺相，申金得月令生，与日令相合，故断此年生男孩。

父亲 1988 年有生死之难，1988 年为辰土，辰年断父亲取应爻戌土为用神，1988 年辰土冲戌土而旺，卦中辰戌丑未四库冲逢吉也变凶，戌土化官鬼为不祥之兆，临勾陈为入土之象，故断其父有死灾。父亲有工作，是父母爻戌土动与卦中财爻卯木动相合之理。职业与火有关，是卦中午戌半合，同坐一宫，戌为火库又化巳火回头生之理。其父与同事吵架，是卦中丑未戌三刑之故。和领导吵架，是戌土动与五爻未土刑，五爻临朱雀代表口舌之争，五爻为领导。父亲自己寻死，是应爻戌土化官鬼巳火临勾陈之故。

母亲有预测的功能，是取初爻官鬼巳火发动化父母爻未土为用神，因父母爻未土坐在坤卦，坤主老母，当然要取未土为用神啦，官鬼巳火为蛇，化未土又临螣蛇，螣蛇坐在兑卦兑主说，故断其母会给人预测。

小刘生意从2004年起，是福神得长生而旺又生合财爻卯木之理。做文化生意，是卯木为文昌星，官鬼巳火也代表文化，巳火又与丑土世爻半合之故。外有情人，是丑土化卯木之理。

41. 官空化库　求官无望

××市农业局的刘先生测官运：

庚辰年　　乙酉月　　丁亥日　　（午未空）

《天地否》		《山雷颐》		六神
父母戌土、应		妻财寅木、		青龙
兄弟申金○		子孙子水、、		玄武
官鬼午火○		父母戌土、、世		白虎
妻财卯木、、世		父母辰土、、		螣蛇
官鬼巳火、、		妻财寅木、、		勾陈
子孙子水	父母未土 ×	子孙子水、应		朱雀

刘先生自述："近期市里要调整一批干部，不知自己有无希望，如有就努把力，如不行就认命啦。"我就依卦而断告诉他："此次提升无望。原因是你手中无钱搞关系。"他说："我就挣那么一点工资还得养家糊口，哪有那么多钱送礼呀，看来只能顺其自然啦。"

卦理分析： 求官运，以官鬼爻为用神，兼看子孙爻、财爻、父母爻，因财爻是官鬼的原神，父母爻是批准文书，子孙爻是克制官鬼，但又生财爻的。本卦首先看官鬼爻午火旬空，在月日为衰，又化库，这一点就说明求官不利，因为官鬼衰而空又入库，说明这个官与你没缘，组织上不把这个官给你。另外，本卦还有一个象，那就是寅午戌合，也就是说官去合别人了。

再看财爻如何，财爻卯木持世月冲克为破入未库，虽有日辰亥水生，但破不受生，入库不受生，因此应看作财爻衰弱无力生助官鬼，也是卦主手中没有足够的钱，去运作这个官位。

分析父母爻，卦中父母爻三现，戌土、未土、辰土，一是相冲相刑，二是在月日为休囚，父母爻代表的批准文书，他又需要官鬼来生，现在财官父处在衰地，怎么能够升官呢。

最后，可以看一下子孙爻，子孙爻处在旺地，但由于财爻衰弱，处在不利的位置，子孙不受生，目下子孙亥水旺极直克官鬼午火，使这个官彻底没了希望。

其结果，刘先生最后因自己无钱送礼运作而放弃，至今仍无进展。

42. 水爻化鬼 肾上有病

某市的朱女士测病：

	壬午年	癸丑月	丁亥日	（午未空）
	《天风姤》		《天地否》	六神
	父母戌土、		父母戌土、 应	青龙
	兄弟申金、		兄弟申金、	玄武
	官鬼午火、 应		官鬼午火、	白虎
	兄弟酉金○		妻财卯木、、世	腾蛇
妻财寅木	子孙亥水○		官鬼巳火、、	勾陈
	父母丑土、、世		父母未土、、	朱雀

朱女士问我她身体都有啥毛病？

推断：

1. 头晕脑涨，血压偏高。

2. 心脏不好，有时感到胸闷和难受。

3. 颈椎有病。

4. 呼吸系统有病。

5. 腰上有病。

6. 肾上有病，且有结石。

7. 浑身酸疼不得劲。

反馈："完全正确。李老师真了不起呀，看得真准，一样不差。尤其是我有结石说得非常准，可比 X 光还准。"

分析：

1. 戌土居乾宫坐六爻，月建丑土、卦中未土形成丑未戌三刑。另外，戌为鬼库。父母爻代表头部遇三刑土旺克水，血流不畅，血压偏高而头晕脑涨。

2. 戌为火库，官鬼居之，四爻官鬼午火临白虎受日克，入戌库，火弱而库刑，戌火为心脏，故尔心脏供血不足，发闷、难受。

3. 申金居乾宫在五爻入月库，坐下官鬼克之，又与变爻官鬼巳火相刑克，金为骨，五爻为颈椎，所断，颈椎有病。

4. 金为肺为呼吸系统，卦中金入库，受官鬼之刑克，又酉金动化绝地临螣蛇，所断是呼吸系统有病。

5. 三爻为腰部，酉金动入库化卯木为绝，又与官鬼爻合，此信息表明是腰上有病。

6. 水主肾，二爻为肾，亥水动化官鬼巳火，表明肾上有病。结石者是亥水发动之老阳符号的形象化推断，"○"似小石头也。

7. 六爻戌土，初爻丑土化未土，成丑未戌三刑，又亥水冲巳火，酉金冲卯木，申金巳火相刑，综合推断，浑身难受酸疼。

《姤》卦，金木相战，木主四肢，再加上以上所断之症状。

实践证明：六爻八卦诊病是可行的，也是准确的，完全可以达到出神入化的程度，某种程度上比坐诊的大夫还要准确全面。因为八卦诊病和中医诊病，虽然操作方法不同，但遵循的都是阴阳五行之理。

43. 腾蛇旺冲 定有伤灾

新加坡叶先生找我测运，摇得《离为火》卦：

己丑年　申月　甲午日（辰巳空）

《离为火》	六神
兄弟巳火、世	玄武
子孙未土、、	白虎
妻财酉金、	腾蛇
官鬼亥水、应	勾陈
子孙丑土、、	朱雀
父母卯木、	青龙

推断1： 看了卦象，我对叶先生讲："你2005年的二月份出过车祸，伤在头部和左腿部。"

反馈： 叶先生和同来的两位女士都很惊讶，叶先生用手指着自己的鼻子，连声说："对，对，对！现在鼻子还是歪的，是2005年二月份出的车祸，现在腿里边还有钢钉。"

推断2： 根据卦象，我对叶先生讲："你的婚姻至今没有解决。"叶先生问我为什么？我说："你所爱的不是女性而是男性，并且你的男朋友是非常爱你的。"

反馈： 叶先生连连点头称对。

分析：

1. 卦打六冲，逢之不吉。2005年是乙酉，四爻酉金临太岁而旺，二月为卯月，是卯酉逢冲，是腾蛇旺相冲，具有凶灾，我的经验是只要腾蛇动、腾蛇旺就具有血光之灾象，相冲多为车祸，初爻父母卯木坐离宫而旺，说明叶先生开的是红色豪华轿车，此车多为女同志所开。父母爻卯木旺临青龙，说明车美观、豪华。离宫指红色，伤在头部是上六爻巳火临玄武，巳火主伤主手术刀，玄武主流血，上六爻主头部，伤在腿部是四爻酉金冲克初爻卯木之故。卯木临青龙代表钢钉、钢筋。

2. 婚姻没有解决，此卦为六冲卦又应爻旺相世衰，世应相克相冲，所以婚姻没解决。爱同性不爱女性，此为上卦为离下卦为离均指同性，此为同性恋之卦，妙在应爻为用神，为叶先生之妻位，可应爻在三爻临官鬼，说明应爻为阳爻阳位，指的是男同志，再看财爻酉金为用神，在四爻也是阳位，说明叶先生的婚配为男同志。男朋友事业做得大有钱，是应爻官星临月上旺财爻又相生之理。

44. 卦中四库乱冲动 婚姻不顺灾气重

高女士摇卦测婚姻如何，摇卦得：

未月	己未日	（子丑空）
《雷天大壮》	《雷泽归妹》	六神
兄弟戌土、、	兄弟戌土、、应	勾陈
子孙申金、、	子孙申金、、	朱雀
父母午火、世	父母午火、	青龙
兄弟辰土〇	兄弟丑土、、世	玄武
官鬼寅木、	官鬼卯木、	白虎
妻财子水、应	父母巳火、	螣蛇

高女士一生最大的爱好，是喜欢年轻的帅男，所找的情人可以做自己的儿子，在有老公的同时还喜欢在外边找年轻的小伙子做情人。凡是女同志摇得阳刚的六冲卦，说明此女风风火火，性欲高，好在外

边找年轻的情人，养小白脸，结果呢高兴一时痛苦一辈子。

无主见，无定性，败家克夫又克子。再看此卦是世应相克又相冲，是体克用，应爻休囚又入库，兄弟爻满盘临月令日令而旺无制，不论男女摇卦只要兄弟爻旺，性生活就特强，不检点，跟多数人乱来。再看世爻本身是午火化午火为红艳桃花，与月令日令相合，说明高女士心在外，无心在家又入戌库，成桃花库也。卦中辰土冲动了戌库，月令未土冲动了丑土，群兄泄午火之气，真是群蝇叮着一块臭肉。

再看卦中五爻代表老公是子孙爻申金化申金与世爻相克，与官星相克所以此女克夫克子也。卦中四库齐全乱动，克杀应爻，应为配偶，可见此女不仅是克夫，而是克伤男人太厉害。再看卦中的二爻官鬼寅木化官鬼卯木临白虎，鬼化鬼为不祥之兆，也主妻死夫再嫁之信息，临白虎多指凶死，又月令日令为官鬼之墓库，说明此女所找的老公不进病房必进牢房，要不就是凶死。

推断：我看了卦爻卦象给高女士讲："你住的房子有问题，不聚气、不聚财、克丈夫。你家的厨房在西北克丈夫，不是身体不好就是有意外的灾情，也主你不想进家门，心在外人也在外。你家的大门对着厕所门，主家中不安宁，多病，特别是你难生育，就是有了孩子也养不活。你家没有大厅，只是一个走道，主男人有灾。你家窗户多门多，不聚财气更不聚人气。你住的是破旧房子，家具、窗户、门都是破旧之物，阴气较重。你房子西北处有个高大的发射器，特别压运，非常不好。

你是1998年结婚，2000年生一个儿子。2001年你丈夫得脑充血，头上开刀动手术没救活，也说明你生这个儿子克父亲。到2003年开始你同时认识了两个男人，和他们都有来往。你最喜欢高个年轻的，他住到你家，而你又常在外边过夜，后来你跟这个年轻的结了婚。到2004年由于你经常在外边过夜，你这个丈夫为此事经常和你吵架，最后你这位丈夫提出离婚，在 2004 年下半年你们离婚了。2005 年你与外边同居的男人结婚了，其实外边这个男人是有妻子的。可好景不长，2006 年你的第三个丈夫因打伤人，进了监狱。2007 年你儿子车祸死于非命。

你现在是元气大伤，心脏不好，经常头晕，最不好的是你胃里长瘤，要手术的，就是今年不手术，2009 年必定手术。你还要注意肾上的病，你的右肾有炎症，以后要振作精神，先把身体治疗好。"

反馈：张女士非常感动地说："谢谢老师的恩情，我当永远不会忘记，你刚才讲的都对。"张女士反馈一切正如我所断。

分析：这个卦对测婚来讲是一个特殊的卦例，主卦六冲变《归妹》，实为大凶之卦。不但婚姻难成，重则伤配偶，不死则离，多灾多难，这位高女士不仅是克夫且克子，是老来孤独之命，真乃一卦定乾坤，终身难伸。

家的灶房在西北，因二爻代表是厨房，官鬼寅木坐乾卦，乾主西北。不聚气、克老公，是寅木冲五爻，五爻代表掌门人，代表老公和长子，冲者不聚气也。不聚财，是五爻申金生子水财爻，财爻子水被众兄所劫，子水又化巳火为绝地之故。女主人心在外人也在外，是午火世爻与月令未土相合之故。

主房门对着厕所门，是三爻为主房门，三爻辰土动化丑土坐兑卦临玄武，玄武代表水，水为厕所，辰化丑为主房门对厕所门。家人有病有灾，是兄弟爻旺又丑未戌三刑。难生育，是丑土被月令日令冲动，子孙爻入库也，入库又三刑，说明子孙难活，此为土多金埋。

家中没有大厅，是二爻克三爻之故。中间只是一个走道，是五爻冲克二爻之理。家中窗多门多，是因兄弟爻多，兄弟为土神也代表窗户和门。住的是破旧房子，是二爻五爻休囚入库之理。家具窗户门都是破旧之物，是卦中木处绝地，水处绝地，父母爻虽旺，但入库。西北有个高大的发射器，是外卦午戌合局坐震卦，震主高也。

1998年结婚，是世爻此年见官星，又得旺官之生入戌库，1998年是寅木也，故断此年结婚。2000年生儿子，是辰土为太岁，与五爻子孙申金生合之故，申子辰三合局也。

2001年丈夫得了脑充血，头上开刀没能抢救过来，是应父子水代表结发之配偶，水代表血液乾代表头部，2001年为巳火之年，是水火相战，子水入动爻辰土之库，辰土化丑土，子丑合，血液受阻塞之故。乾为头，化兑卦为兑上缺，又丑与月令土相冲，冲者伤也，乾的上爻兄弟辰土动化兑卦，不正是头上手术吗？又临玄武动，玄武动主流血，二爻官鬼化官鬼当然是老公的头上手术了，临白虎代表血光，初爻子水化巳火为死绝之地，故断老公抢救无效。子克父，是五爻申金冲克官鬼寅木之故。

2003年为未土，戌土旺相与世爻合也，故断此年认识两个男人。高女士喜欢年轻的高个，是上六爻戌土，戌土坐震卦主个头长的高。住到高女士家里，是午火与戌土同坐一宫之理。午未合的是官鬼库，说明高女士在外彻夜不归，是到男人家住，午与戌合是桃花库，戌土主青年，未土主老年之理。

2004年吵架离婚，是子孙爻冲克官星寅木之故。实际上高女士在外边又认识了一个年轻的男人。2005年与在外同居的男人结了婚，正是太岁为酉金之年，酉冲官鬼卯木，卯未半合桃花局，午未合库之故。

2007年儿子车祸死，是2007年为丁亥年，二爻官鬼临长生，寅木旺冲克五爻申金，官星坐乾主车，五爻坐震卦也主车，申金在亥主病地，寅申冲，寅申巳三刑，实际上是儿子突然过马路，被小轿车撞上了。

2006年第三个老公因打架进了监狱，是2006年戌土临太岁旺与三爻辰土相冲，辰化丑为退，戌土化戌土为进，可见辰土吃了亏受重伤，因临玄武，主流血，丑戌未三刑，故断有牢狱之灾。

张女士心脏不好，是卦中辰土过旺，心跳动过速。头晕，是上六爻戌土化戌土之理。胃里长瘤，是辰土动化丑土之理。2009年手术，是丑未相冲之故。

45. 从卦象转换断病症

某市的白女士测身体：

壬午年	癸丑月	庚辰日	（申酉空）
《水地比》		《风山渐》	六神
妻财子水 × 应		官鬼卯木、应	腾蛇
兄弟戌土、		父母巳火、	勾陈
子孙申金、、		兄弟未土、、	朱雀
官鬼卯木 × 世		子孙申金、世	青龙
父母巳火、、		父母午火、、	玄武
兄弟未土、、		兄弟辰土、、	白虎

推断： 白女士腰椎部位长东西，应为骨刺之类，压迫神经。

反馈："尾椎骨病，坐时间长了就疼得难受，去医院检查CT，什么也没看出来，说没毛病。可就是疼得难受。"

我说："百分之百长东西啦。查不出来是技术问题，你应该继续查。"

大约一个星期，白女士告诉我查出了病因，就是骨质增生，尾椎骨往上第四节，压迫神经，导致尾椎骨疼痛。

卦理分析： 六爻八卦断病症，既要看卦象，又要看爻位，同时还要看五行六亲的旺衰，当然官鬼爻是首先要看的。本例《水地比》变《风山渐》内卦是坤卦变艮卦。坤之所以变为艮，是因为坤的上三爻由阴变阳，而转换为艮。且又正好官鬼卯木化子孙申金回头克，从而显示出腰部病变信息。

具体分析：

1. 五行。三爻官鬼卯木居之，官鬼为病，卯木为神经，化回头克为申金，金为骨，木软金硬，金旺木衰，所以断腰部有病是骨质增生压迫神经。

2. 卦象。坤变艮，坤为顺为软为低，艮为山为阻为离，坤为阴，艮为阳，坤为断为通顺，艮为连为实，主卦坤是上下通顺的，而变卦是艮是上面不通下面通，形象上看象骨头节上长了东西，大多数是以骨刺来判断的。结合中医理论：不通则痛，其病就更加显而易见。

3. 爻位。三爻为腰，阴变阳，虚变实断变为连，所以断腰部病变，骨质增生之象。

4. 动态。三爻官鬼卯木动受克入初爻未土之库，初爻就是坐骨也叫尾骨，神经库。三爻的骨质增生压迫卯木这根神经传导到下部尾骨，所以，坐时间长了就疼得难受。非常符合白女士的症状。

有人会问，官鬼化子孙，其病是为治之象，可为什么却查不出病因，而又治不好呢？这里的玄机：一是子孙申金旬空，二是入月库，三是子水发动，又申子辰合水局为通了关，使子孙不治官鬼。子孙旬空入库代表的信息，就是医院的技术水平低，查不出病因。

46. 兄弟持世婚不顺　卦变六冲婚难成

杭州的孙女士特地赶到上海找我测婚姻运，摇卦得：

	申月	戊子日	（午未空）
	《风水涣》	《巽为风》	六神
	父母卯木、	父母卯木、世	朱雀
	兄弟巳火、世	兄弟巳火、	青龙
妻财酉金	子孙未土、、	子孙未土、、	玄武
官鬼亥水	兄弟午火 ×	妻财酉金、应	白虎
	子孙辰土、应	官鬼亥水、	螣蛇
	父母寅木、、	子孙丑土、、	勾陈

推断：据卦中信号，我对孙女士讲："你的婚姻非常不顺，要么你看不上别人，要么人家看不上你。首先你要和蔼一些，不要自高自大，更不要性格脾气太暴躁孤傲，不然就是成了也要分手。你1999年开始谈男朋友，到2002年因你脾气太暴躁，心里容不下别人，此年男友离你而去。2004年你又谈恋爱，可到2005年又分手。2006年又谈2008年又分手。看来你以后要找离过婚的男人，要么就找年纪大的才能成功。2011年大有希望，一定抓住机遇定能成婚。"

孙女士让我看一下父母身体健康如何？

我看看卦象，对孙女士说："你父亲在2006年肝上有病，应为肝癌，已过世。你母亲在2005年做过手术。"

反馈：孙女士说："你前面讲的都对，你看看以后我还有什么不好的方面？我应该注意什么？"

我又给孙女士讲了后十年的运程，直到她满意而归。最后她买了我好多书，决心以后好好学习易经。

分析：此卦对测婚来说，也是一个特别的卦例，本卦财临月令而旺，官星临日令旺又得月令之生，但是总是婚姻谈不成。我们再仔细分析此卦，问题出在哪里，财官虽旺没有上卦，只是望梅止渴。此卦兄弟爻独发化财爻酉金白虎动，不是好兆头，卦变六冲，婚难成。女测婚兄弟爻持世，和男同志一样，仍是婚姻难成。应爻子孙为用神，也是主婚姻难成。此卦是子孙爻重重，官鬼爻再旺也是一拳难敌四手，应爻辰土为官鬼亥水之库，这也是对婚姻非常不利的一个信号。世爻休囚不胜财官，也是婚难成的信号。

1999年谈男朋友，是卯木生世爻，卯为桃花也。2002年分手，是兄弟爻旺世旺，冲官鬼亥水之故。2004年谈恋爱，是财爻申金临岁而旺与世爻巳火相合之故。2005年又分手，是财爻酉金透出，又临岁而旺与应爻辰土相合，又生助亥水官鬼。其实男朋友与别的女人好上了，所以提出与世爻分手，我断定此女必是世爻的朋友，也就是说自己的女朋友抢走了自己的男朋友，因巳酉丑三合局也。2006年又谈男朋友，是2006年为戌土桃花库也，也是巳火之库，卯戌合，寅午戌三合桃花库，巳火入库定找男朋友同居，此为断卦之理。2008年又分手，是水旺火熄之理。2011年大有希望，婚姻能成，是卯木临岁生助世爻巳火，卯木又与官星亥水三合局生巳火，亥水不冲巳火之理。

父亲2006年得肝癌，是五爻为父，现五爻为巳火化巳火，上六爻是父母卯木化卯木生巳火，又同坐巽宫，卯木在月令上处绝地，又入未土之库，白虎动又与未土相合，卯代表肝，巽也代表肝，卯木见午火是处死地，见未土为入墓，父母爻为卯木，当然是父亲得肝癌了。2006年为戌土之年，在卦中丑未戌三刑，父母爻卯木见戌土为合，巳火午火入戌库，此未土戌土均为燥土，燥土者热性，热性者为癌也。母亲2005年做手术，是二爻为母，二爻辰土合三爻酉金也，酉金2005年临太岁，辰酉合生亥水，亥水冲五爻巳火，此年腾蛇白虎同旺，故断孙女士之母妇科必动手术。

47. 六爻相生 做事亨通

某男测运：

| 庚辰年 | 乙酉月 | 庚午日 | （戌亥空） |

《泽地萃》	《山雷颐》	六神
父母未土 ×	妻财寅木、	腾蛇
兄弟酉金○ 应	子孙子水、、	勾陈
子孙亥水○	父母戌土、、世	朱雀
妻财卯木、、	父母辰土、、	青龙
官鬼巳火、、世	妻财寅木、、	玄武
父母未土 ×	子孙子水、应	白虎

此男人来求测时，外貌衣着，看似一般，但一细看精神十足，并透出一种威严感。

推断1： 析卦，第一先看世爻，八月处死地临日旺化财生，财旺官旺临身，卦中两重父母发动是文财出重，名气大，六爻流通相生，说明处处逢贵，一步一个脚印，是个实干家，我断其为当官的，是搞企业的大老板。对方赞叹道："你讲的完全正确。"

兄弟爻子孙爻动主财来八方，因子在酉下贴生；只有兄子同动之时方可论财来八方。

如果今天测考试遇到此卦的话，妻财卯木论月破，但在看运气，终身卦时不论月破。

1. 全卦六爻流通相生，说明此人事业上处处逢贵。

2. 看卦象《泽地萃》是出类拔萃之意。

3. 六爻临蛇主家宅风水不好。

4. 初爻临白虎为白虎盘根。父母未土为财库临初为财根动临太岁又得日令合生为王，父母未土在初爻为房子房产，临坤宫房子是一流的好。

初爻未土化子孙，说明他的财富他这两辈子人都吃不完，因坤为肚。

日令合未，说明外边有库有存款，有人事关系，且神通广大。

5. 龙在三爻，青龙临财是大财之象，亥卯未合财局，寅亥相合，说明八方来财。兄弟爻临五君爻动，为财源后面有源头，后台之硬子孙合财得月令生，财源根深蒂固。卦中三合代表人和得势。

6. 巳与五君爻酉半合。

7. 此卦中最大的贵气是财、官安静，求财不宜或最怕财动，财不动必大发，官不动必提升。

8. 妻财持世官鬼持世的人，都老谋深算，一步一个脚印，一定有学问。

9. 不论月破最大的原因是酉金冲卯就入库，因亥卯未合局。

10. 综合看卦顺序：

第一，本卦五行流通，五君爻为大贵人，主聚气。

第二，再看应爻对世爻的作用关系。

第三，再看卦中动爻。

第四，看卦中财爻与世之作用关系。

如卦中碰到合局多，则此人必定交际广泛。

兑卦、坤卦文采满腹，财官父相生，主名气大，官也大。

子孙爻生财，生官世者必定是企业家，一步一个脚印自己打拼出来的。

卦中子孙旺财旺，六爻在卦中连续相生，主此人事业平步青云。

推断2：我断此人工作效率高，拼命抓工作，在原则问题上六亲不认，爱抗上，最后的结果总能和领导不谋而合，体现了其独特的个性，卦中三合局说明有同情心，办事有血有肉，体贴下级，对下级要求特别严，子孙爻在生活上代表关心体贴下级。

而且人有两重性格，一半靠知觉，一半靠感觉，因六爻为头指感觉，临蛇，蛇主敏锐。

世临巳火，脾气暴躁，性格直爽，在工作上，好得罪人，因化个寅出来回头刑。这种人都是有计划的办事，所以说老谋深算。

此人笑着说："老师如同亲眼所见，的确如此。"

推断 3：这个人每到关键时候，必有贵人相助。官父相生名气大，一提都说好，公关（三合）能力强，打江山，坐江山是个硬汉子，工作调动大，大约十几次，走动多，知难而进，攻破难关（三合局的，冲他多），每调动一步升一次。

断到这里，此人拍手称奇，反馈他现为山东××集团的老总，为全国最大的电力工程，几百个亿。

搞大企业是世坐坤卦。一级一级的卦爻生，就是一步一步爬上去的。

推断 4：上边有个领导为大贵人是女的，五爻动与世半合，因兄酉金为阴爻临兑卦。

此人反馈说是有个女领导对他很好。

推断 5：此人浑身是病，我断其血压高，肝炎，有鼻炎，咽炎。

亥水为血液，亥为大水且旺故为血压高，父未土为头化出寅木为头合亥水，说明头上血压高。

五爻为君为首为头，化出子水受日冲也是血压高的标志。

卯木代表肝，日泄、月破肝上有病，五爻为鼻，兑化艮，艮为止，为鼻，兑卦也代表呼吸气管有问题。

兄临勾陈动，为病根为咽喉为呼吸气管，勾陈和艮卦有鼻象，此病应该看酉金，动又旺而化破。

推断 6：看他的老婆以卯木为用，先看同宫，所以不取二爻化出之寅木为用，因为同宫，所以三爻妻财卯木为用，那此卦的应爻代表他老婆的动态，财临卯又临青龙主长相漂亮，身腰细、高个、长方形脸、皮肤白，多才多艺，才华出众，擅长西洋乐器，博士生，文化水平高，一表人才，一头的黑发。外语、琴棋书画样样精通。岳父岳母都为大学教授，书香门第。

卦中亥卯未合妻局，不简单人物。

酉金为方形脸，皮肤白，左眼单，右眼双。酉化子，子为左眼，低头酉金覆盖，抬头亥水，双眼皮美丽动人，因亥在乾宫主高为天门。亥在酉下动，他老婆当老师的，兑宫，合上去的，酉金主聪明，兑主音乐。

卯木本身为文昌，临青龙为文昌对位，所以拿到博士位，因东方为卯木，东方青龙，又化出父辰土为东南方位，所以为文昌对位，校方官鬼巳火也在东南。

他妻子的父母：财卯化父辰，化出的父母为其父母。妻在济南大学，全国有名。金水主聪明好看、伶俐，为金白水清，清就是聪明纯洁。酉金化子孙子水，子孙代表艺术，技术又临兑，兑主乐器，所以为多才多艺之才女。

申金没有酉金纯洁漂亮。

金白水清，只有在当令时用才成立。

琴棋书画、雕刻、舞蹈、教师、跳水健将、诗歌文学常发表。因应爻为妻，临酉，卯化出辰生合酉，生我者父母，为母，原则上父母辰土临三爻为母，其父为克他者即卯木，所以说父母都健在，且是大学教授。

坤主高等学府，震主大城市。

所以此学校培养出的都是精英人才，也说明其妻多才多艺有本事，龙临妻，世爻巳火临玄武为双龙腾飞。

推断7：1995年他父亲有伤灾，车祸，伤在腰部。

取用，因父爻临初爻在内卦，初爻为父，五爻没父爻，此时取初爻父未土为用。

初父动与日相合，官父相生，主父亲是干文行的，官父又同宫，父母动化震卦临白虎，就是说虎动化龙，为龙虎齐动，这就是说青龙坐文昌位，因震本来为青龙，所以断父有名气，指定在文化界。

再看看父为何有灾？

1. 父未动坐坤化震回头克，坤临白虎动，坤震又都主车象。

2. 在卦中，有亥水冲巳火，亥年加大亥水力度，巳被冲伤，父未土无原神冲不死者。因巳化寅，寅木被亥合起也有力生巳，所以巳有气有救，为什么腰部受伤？因在合局上卯临三爻又破，三爻又为腰，故推断他父亲的腰部，卯木又主神经被酉冲破，伤不大，因亥水合局，所以说不太大，只能说有伤。

呼吸气管为什么有病？

因父未动化震，震又主头，再看二爻寅巳相刑临玄武为咽喉，所以以一爻定位论，下卦为头。

在乾震同时出现时，乾主公检法，震可看作文化部门的主机关。他母亲基本上健康，取上六父母未土为其母，因未土临坤为腹，未又主脾胃，临蛇化回头克，所以他妈除了脾胃不好，其他都健康。不能因父母未在六爻动化克而断头上病。

因未土为脾，所以说是其母之腹，而非别人之腹。

48. 测运气兼看阳宅风水

王先生摇卦测运气如何：

庚寅年　　戊寅月　　丙戌日　　（午未空）

《水雷屯》	《坤为地》	六神

	《水雷屯》	《坤为地》	六神
	兄弟子水、、	父母酉金、、世	青龙
	官鬼戌土○应	兄弟亥水、、	玄武
	父母申金、、	官鬼丑土、、	白虎
妻财午火	官鬼辰土、、	子孙卯木、、应	螣蛇
	子孙寅木、、世	妻财巳火、、	勾陈
	兄弟子水、、	官鬼未土、、	朱雀

来者看上去二十七八岁，很精神，左额角有一块肉红色伤疤，自述是去年车祸撞的，想摇卦看运气和新买楼房的风水如何？

推断1："你运气不错，福生福长，家里有钱。你是家中的长子，你父亲是自己创业的人，不是在国家机关工作的人，你父亲腿部有风湿病，脾胃不好。母亲呼吸系统有毛病。"

反馈："是的，我父亲是打鱼的，家里有三艘大船，现在租给别人了，父亲现在家闲着，腿疼，长年去海上作业，风湿病、胃病。母亲是慢性气管炎。"

分析：世爻持子孙寅木在二爻居震宫，二爻为家中为生长之地，木居震宫为得地，坐下兄弟相生，有根基又临月旺，化财，所断福生福长，家中有钱。初爻为父位，生我者为父。卦中兄弟居初爻，化官鬼回头克，子水弱官鬼旺，子水是生财源子孙的，官鬼是管事业，所以断其父是自己干事业的，不是在外面工作的。卦中水最弱，初爻父之子水在震宫化官鬼回头克，同时官鬼又辰戌丑未四库旺冲，水代表血液代表潮湿，震代表腿，土代表脾胃，最弱，最旺都是病，所以断其父是腿上有风湿病，脾胃有病。四爻为母位，父母申金化官鬼丑土，所以断是呼吸系统的毛病。

推断2："你工作一帆风顺，内外有贵人帮忙，财气旺盛。"

反馈："我家是山东的，我姨父是××轮胎有限公司的总裁，我是北京分公司的法人代表。"

分析：世爻子孙寅木居震卦为内，外卦为水，内外水木相生，又得太岁和月建拱扶，并化坤为顺，所以断一路顺风。五爻为贵人，官鬼化出世爻之原神合成子孙局，戌土动又冲起辰土使财爻午火透出而形成寅午戌三合财局，所以断，有贵人帮扶，财运旺盛。

我断完后，王先生又说："李老师，你再给我看看我家的楼房风水如何？"我说："可以。"

推断3："你家楼房是在低洼处垫土建起来的，地气较差，四周有坟。"

反馈："这个我可不知道。"

分析：初爻为地基，子水化未土，子水为低土为高，故楼房是在地洼处垫土而建。周围有坟者，官鬼辰戌丑未四库俱全也。

推断4："你家西南有三岔路，并与你家房相冲，犯白虎煞，易有车祸伤灾。你去年的车祸亦与此有直接关系。另外，你家西南方位有车库，开窗就可见到。他同样属于白虎煞，主伤灾车祸。"

反馈："你说的很对，那边是有岔路，而且有还一个地下车库的门口对着我们家这边，打开窗户可以看到。"

分析：二爻为宅、冲二爻为路，申金为西南位又寅申巳三刑，所以断是三岔路，四爻申金化丑土，申主车，丑为库，西南有车库。申金临白虎，主凶煞，寅居震卦，申居坎卦，巳居坤卦，主车象，冲刑临白虎主车祸伤灾。

推断5："你家的西北方位有高架桥，有水，水是由北向西北再向西南然后奔向东南方流去。"

反馈："是这样，有一高架桥，有一条河由北边过来，然后从前面奔东南去。"

分析： 戌土居坎之中爻，临日辰为旺，坎为水为河，又化亥水，为有河有水之象。官鬼戌土动坐坎宫，居五爻临日辰为旺为高，有桥梁之象。故尔断其西北方位有高架桥。主卦为坎动化亥水居坤，此象显示水起源与北然后向西北，再流入西南。水之库为辰、居三爻，那么最终水流向东南方位。

推断6："你家祖坟风水很好，有龙脉。坟地周围有水，地势低洼。"

反馈："坟地好坏也能看得出，真了不得。"我说："八卦包罗万象，世问万物都在其中。"

分析： 六爻为祖上的坟，子水化酉金，居坎卦临青龙，为青龙得水，有龙脉，并水与世爻寅木相生，是世爻与祖上风水得益。得到了祖宗的庇护而发达。坎为水为低，所以断坟地周围低洼有水。

49. 巧用卦理 探明隐情

上海某女士测运气：

庚辰年　丙戌月　丁卯日　（戌亥空）

《雷风恒》	《火天大有》	六神
妻财戌土 × 应	子孙巳火、应	青龙
官鬼申金、、	妻财未土、、	玄武
子孙午火、	官鬼酉金、	白虎
官鬼酉金、世	妻财辰土、世	腾蛇
父母亥水、	兄弟寅木、	勾陈
妻财丑土 ×	父母子水、	朱雀

断析： 首先看世爻临官化妻财辰土回头生，辰临太岁为最高领导，在乾为权合世故为正职为官。

应爻为震又临财库，财库临月令，临月令为旺为大，但空就为假象，应生世，她的公司。

再看干什么的？女的临蛇为手段高明，会策划，相当有头脑，应为单位、公司。坐震卦，下卦又化乾主最大单位，在一家大公司管财，实际为财务科长，卦中三财起码说有三个公司，其为总公司。辰临太岁为最大，故为总公司。

因应戌临月而空，为外强中干，因财都临土，为搞房地产的，所以此公司是外面风光，实际上出现经济危机。

子孙爻进库，发挥不了能量，说明待遇不好，子化官没干劲。

丑未戌三刑，又有辰土，四库俱全为金刑，为杂财，就是好事也成凶。戌库为华丽好看，灯火辉煌，是空架子。

再看公司内部人际关系复杂，钩心斗角。

领导与下面不一心，不一气，不团结，管理差，没有严格的规章制度，经营不佳。

子孙爻为员工，为技术，入库说明缺乏信心动力，干劲。

她的第一把手，五爻官鬼申金临玄武化财未，是个贪官。丑未戌三刑，人心不和。父母爻也代表公司员工的整体仪表，父弱说明公司职员的素质很低。

在上海，她的老板一天到晚花钱，在公司内部拉帮结派。

卦中官鬼爻临玄武、腾蛇主管理人员人心不齐。

此女上、中、下都有情夫。

官申化妻未，孙午化官鬼酉金，世爻官鬼酉金化财辰土，都说明销售人员不诚实、捣鬼。

销售人员看兄弟爻，因兄弟爻是劫财的。

拉帮结派，六合、三合且互相冲克，最厉害的是巳酉丑合局。父亥水弱空，主衣服穿得少。土都生金，戌空。

此女的顶头上司，长方形脸，文化不高，无管理才能，品质特别恶劣，另外情人特别多。应爻临青龙为顶头上司，临三刑，说谁都不听，所以无才能。巳火人，小眼睛，头发稀薄，上爻为头，临火库无头发，小心眼是临玄武。应爻为总公司副职，为什么？上六爻头部为顶头上司而不是本人头部，因世临官酉坐巽，巽主头发秀美，化乾主头部，世本人身居两正职。①财务科长；②巳酉丑合局，丑又化子回头合临乾宫，乾为金、为天、为权、为钱。

本身又化辰回头合，任总公司的财务科长、办公室主任。父子临乾，父乾都主车，酉比申金大，化辰在乾宫位，日令卯为桃花冲酉为暗动，化辰回头合，临蛇有缠绕之意，卯冲酉，为自身主动找男方，辰又临乾，乾为领导又为男性生殖器，巽为女臀部，男生殖器和女生殖器巽（臀部）相合，性交之意。

世临酉比申大，因酉为正职，申在坤有杂气，酉为正申为负，日上卯木桃花冲她，说明有人找她玩弄她。

在我给她调解时，发生了一件怪事：七个碗都没水了，且碗底都有个洞，指头肚大小。

妇科病：初爻丑化子，丑土克子水，丑在妇科上长瘤的疙瘩小一些，辰戌的疙瘩要大一些。实际子宫上长一些像谷子状大小的东西，戌未为火土临月令大些。

四爻子孙午火化官鬼临白虎，主流产，白虎主血光。

子化鬼或鬼化子，均主流产或小孩夭折之象，不能成活。六爻变卦巳火入月库，这是第二次流产，第二个男人。

巳火随酉金入丑土之库，所以说做流产，应爻是动态，巳入应库。入日月之库，都是别人的库。

断其有两个小人，一个是做文秘工作的女孩，午火为信息，上下动，上下克，孙化官利用三方关系，所以她必是小人。火主瘦，尖嘴巳之人。眼睛小是因入库化离，离为女，为文职工作，因世爻官酉金为女，所以叫做文秘，入火库是文明之象，木火通明，实际此人为：文秘打字兼出纳。

再一个为男小人，是副职，带个眼镜，这个小人就是巳火，即跟她有男女关系又害她，子孙巳火临青龙有点官职，官不大，毕竟是子孙爻，巳火又主副，所以为办公室副主任。带个眼镜，巳申合说明戴眼镜，说明此眼镜不是他人的而是巳火小人的，因巳申合之故。

她本人也戴眼镜，因五爻为眼，临官鬼为有病了，眼有病不就戴眼镜吗？

她的钱存在两个银行里，一个折子，一个卡，最近取出五万元给她哥哥治病，他哥患肝癌。丑土为家中小库。辰戌为大库，辰比未大，应爻戌土生世，财库生世，世财源头入库，库又化出子孙，说明此是存钱的地方，戌库坐震卦，震主文书，又化出离，为文为红色，木火相生，所以说明是个红色的存折，震又主车，又在外卦，车主动，车又主交通，所以说存在交通银行。

第二个库，辰在乾宫，乾主钱主权，比戌大。这个辰库与她相合，因乾金为硬，所以是金卡，为工商银行。卦主最近取出五万元给她哥哥治病是戌月令冲辰土，辰库开了，财库开了，官酉化辰是她取钱之象。

二爻兄弟寅木坐乾宫底气不足，兄寅木临日也不行，寅原神也不生，谓无原神，受制，父亥化兄寅，兄受益，入丑土库，土主5数，因丑未戌三刑，不可能太大，所以取5数，是她父亲为她哥哥要的钱。二爻兄寅为大哥者，寅木为大坐乾为大，故为大哥。

断事生合冲克，必须与主卦相牵连，即以主卦为主。

寅木坐乾，受金克，寅木又主肝，肝为造血的，再看父亥水在卦中弱而受制，所以是肝功能有病，寅在卦中最弱，是以卦中动态来分析，即使临日也不论旺。

此卦中看子孙爻用飞宫飞爻，以爻位来看。

50. 住宅不好风水差 招灾破财犯了法

广州的杨女士飞到海口找我测身体和婚姻，摇卦得：

戌月	壬辰日	（午未空）
《乾为天》	《天泽履》	六神
父母戌土、世	父母戌土、	白虎
兄弟申金、	兄弟申金、世	螣蛇
官鬼午火、	官鬼午火、	勾陈
父母辰土〇应	父母丑土、、	朱雀
妻财寅木、	妻财卯木、应	青龙
子孙子水、	官鬼巳火、	玄武

推断： 卦爻卦象成立，玄机在其中。

我看完卦，对杨女士讲："你 2002 年结婚，2004 年怀孕，却流产了。2005 年又怀孕，但是又流产了。你 2007 年、2008 年均怀孕，又流产，你已成习惯性流产，现在孩子没生成却落了一身病，你头晕、偏头痛、心脏缺氧、供血不足、休息不好、常做噩梦、虚惊、神经衰弱，并且腰疼、月经不调、内分泌失调、经血少、肚子痛。

你住的房子风水太差，你家的厕所在你家的西北，并且房外西北方有高压线或者有电信塔发射器之类的东西。另外主房门对着厕所门，均主你身体不好。你老公也有大灾，你的客厅太小，对老公也不好。你家的厨房在你家西边的阳台上，偏点西北位，是形成你自然性流产的主要原因。你的主卧在你家的西南位，是开门见床，主你家男主人破财。2008 年七月，你老公有牢狱之灾，你老公是做娱乐行业的，犯了法，应有四年的牢狱之苦。"

反馈： 杨女士说："我正是为此事来找你的，顺便看看我的身体和以后的运气。我是 2002 年结婚的，2004 年怀孕两个月的时候流产了，也没摔倒也没碰着，不知不觉就流产了。2005 年、2007 年、2008 年都是如此，确实像你说的那样孩子没生成落了一身病。我家是住的旧房，厕所是在我家的最西北边，阳台是在西边方位的，在我住房的外边靠西北方是移动公司的高架塔。我家大门是在房子的西南位，厕所门朝南，主房门也朝南，正好开主房门看见厕所门，是门与门相对。主房门西边是阳台，门东边是主卧，以整个房子来讲，主卧室是属于西南位，西边阳台靠北那边，我用玻璃和木板隔起来做厨房了，也就是厕所的墙西边就是厨房。我老公开的是茶楼和棋牌，公安局的人说我老公变相赌博，判了四年，进了监狱。"

分析： 卦中五爻兄弟化兄弟，四爻官鬼化官鬼，必有伤灾。世爻父母戌土化戌土临白虎，主有血光之灾，所以杨女士的血光之灾应在了流产上。再看应爻辰土发动是子孙爻之库，辰库临日令旺相，又有月令冲开辰库，所以杨女士总是流产，遇到这种情况，十有九无一活。初爻子孙子水受日令月令之克又化官鬼巳火为化绝地，所以杨女士是无小孩之命呀。临白虎主克夫。

古语云：女怕白虎临世必克夫，男怕腾蛇持世，有死亡之灾，克妻之命。今世爻戌土是官鬼墓库，主克夫，也主老公不进医院必进牢房。

2002 年结婚，是世爻此年见官星寅午戌三合财官局，2002 年乃马年也，故断此年结婚。2004 年怀孕，是子孙爻子水得长生，2004 年为申金之年，只可惜卦中寅申巳三刑，所以此年流产。2005 年怀孕流产，是兄弟旺，申金与子水合局入库也，辰化丑一个是水库，一个是金库，辰戌冲，丑戌刑，子孙入库命难成。2007 年怀、2008 年怀，是子孙爻临太岁而旺，又流产，是 2007 年亥水冲官鬼巳火，2008 年为子年冲官鬼午火。

切记子孙爻冲克官鬼，化官鬼化父母十遇九无一活呀。

头晕、偏头痛，是世爻乾卦化乾卦，乾主头，又上六爻戌土化戌土相刑，日令辰土又冲戌土上六爻也主头，故断头痛、偏头痛。心脏缺氧、供血不足，是五爻为心脏申金化申金，二爻为寅木五爻申金冲克二爻寅木之故。作噩梦，是五爻临螣蛇之故。内分泌失调，是二爻寅木化寅木之故。月经不调、经血少，是初爻子水入库之理。厕所在西北方位，是三爻辰土动化丑土，水库厕所也，乾卦主西北，丑土坐兑主西，丑主东北，合起来为西北方位。西北方向有移动公司的塔，是午戌合局，坐乾卦，乾主高，乾为西北，戌土也主西北，故如此断。

客厅小，是午火克申金。厨房在西边的阳台上，是二爻主灶房寅午戌三合外卦，卯戌合外月令，戌为火库，也为阳台。2008年老公进监狱，是官星午火化午火入月令戌库之理，2008年为子水之年，子午逢冲之理。

51. 库坐应爻又相合　此病麻烦难治疗

某男测一女士之病：

	癸未年	甲子月	丙申日	（辰巳空）	
	《兑为泽》		《雷泽归妹》		六神
头	父母未、、世		父母戌、、应		青龙
颈	兄弟酉○		兄弟申、、		玄武
胸	子孙亥、		官鬼午、		白虎
腹	父母丑、、应		父母丑、、世		螣蛇
股	妻财卯、		妻财卯、		勾陈
足	官鬼巳、		官鬼巳、（空）		朱雀

推断 1： 此女病为子宫病，而且时间长久。

反馈： "正是。"

男问女病，取二爻财卯木为用，用神财卯坐兑卦，兑为少女，又主伤克，且兑临日而旺，克伤卯木，何病？坐二爻，二爻为妇科，子宫类病。六神临勾陈，主时间长久。为何说是瘤病，看应爻为所问的事，为所问的病，坐父戌土，也是耗泄卯木动，且卯木暗动合父戌土，土主瘤，戌土为燥土。

推断 2： 此病怕是麻烦，难于治疗。

反馈： "是癌症，子宫癌。"

官巳为病，在初爻紧贴用而耗泄，巳火又逢空，主病难治，此为第一信息，第二个用神卯木暗动合应爻父戌土，卯戌合，土主瘤戌土为热性，毒性的，一般为癌症。

四爻官午出现，为啥不断心脏病？因为有子孙亥水临月令伏于其下，官午有制，故不断其有心脏病。

推断 3： 看应期，近期应在亥、子月。

反馈： "对，正是本月。"

断其今年应凶者，岁未收用财卯入库，且冲丑库开，兄申金克伤财卯用神，子月者，子卯相刑也为凶。

此处关键点：为什么定于月上，而不定年上，因为官巳暗动合兄申金暗动，动者为速，故应期也快应于月上，而且官巳火合动兄申金，也说明该女士肺部也有病。

反馈： "该女士确实死于子月，而且就在测卦当日即丁丑日（申酉）早上丑时死。且该女士就是当代著名歌星梅艳芳。"

到此时，学员又叫看梅艳芳之姐梅爱芳的情况。

推断 4： 问她亲姐，用神卯木下飞三位，是五爻兄申金位，临日建，下面的官午为老公，一点气都没有，相克，关系不好。（**反馈：** 关系还可以，挺好）。官午火克申金，在逢巳午火旺的年份有病，用神位在兄弟申金，此叫做，用神飞入忌乡，且申金又临日令而旺，不吉之兆，排出伏神一看，下伏兄酉金，是忌神化进，也为凶兆，巳申合，其姐肺部也有病，逢辛巳年病情严重。

反馈： 其姐也是歌星，于2001年即辛巳年，也是因与其妹一样的病无治而去世。

此卦特点： 测其姐，找用不现，取伏仍不现，实际结果是人已经不在世了，且死于同类病。

52. 用神合他人 女儿婚有变

母亲测女儿婚姻：

	壬午年	癸丑月	丁酉日	（辰巳空）
	《泽天夬》	《风天小畜》	六神	
	兄弟未土 ×	官鬼卯木、	青龙	
	子孙酉金、世	父母巳火、	玄武	
	妻财亥水〇	兄弟未土、、应	白虎	
	兄弟辰土、	兄弟辰土、	腾蛇	
父母巳火	官鬼寅木、应	官鬼寅木、	勾陈	
	妻财子水、	妻财子水、世	朱雀	

推断： "你女儿的男朋友是公职人员。没有官职，经济条件一般。表面上看两个人感情很好。但你女儿对这个男友并不是很喜欢，她所喜欢的是另外一个人。同时，你女儿的婚姻会有不顺，望你们当家长的不要包办，一定要让孩子自己当家作主。"

反馈： "女儿谈个对象是教师，我们当家长的很乐意。没看出来女儿有什么不喜欢的，只是迟迟不订婚，搞不清什么原因，所以来问一问。"

分析： 母测女儿婚姻，以子孙为用神，也可看我生者为用神。本卦子孙酉金坐兑宫主女与来意相符。应爻官鬼寅木应看成女儿的男朋友，卦中六爻动化官鬼卯木，应视为另一个男友。

女儿的男友是公职人员，是官鬼寅木坐乾宫。乾代表国家政府机关，官鬼也代表国家干部公职人员，而教师也展示了公职人员的范畴。为什么不是当官的，因为官鬼寅木在乾宫在月日为衰克，原神子水虽紧贴相生但被日建丑土合去而不能生，四爻亥水动化未土回头克，又动入三爻之辰库，也不能生，综合而断，他不是当官的，而且经济收入比较低。

妻财亥水也可看成女儿，动与官鬼寅木合，表示出其女儿与男友看起来关系很好。但妻财亥水动化兄弟未土与外卦官鬼卯木合局，这一转化使亥水生寅木受到极大的限制，信息表明卦主的女儿在对待男友的感情上出了问题，有不同意之处，心里有些堵得慌，另外，子孙酉金化空，与月成三合，父母爻空合不了局，父母爻也代表结婚证，代表信息，所以说其女迟迟不订婚。

妻财亥水动，一是与应爻官鬼寅木生合，二是与官鬼卯木三合，官鬼卯木又在子孙酉金周围，说明其女心中另外还有恋人，并经常在一起接触。阴动变阳，阳主过去，也说明在这之前其女亥水曾恋过一个人。由于母亲子孙酉金的冲克反对而不成。但六爻未土阴化阳，说明是死灰复燃，与原来的男友重温旧情，也可以说三合的力量远远大于六合的力量，那么，最终亥水会选择卯木，而不选择寅木，从而造成婚姻上的挫折与不顺，另外，《风天小畜》也是老男配中女，婚姻不圆满之象。

另外，我们如果直接看子孙酉金与寅卯木的关系，也可以分析出这样的结果。一、子孙酉金化父母巳火，为化空而心不实。二、巳火与寅木相生相刑，而与卯木是相生。相刑是不满意，不合美，或者说有反目之象。三、子孙酉金与寅木相克，坐下与亥水通关，但亥化未回头克，通关不利。酉金与卯木的关系是冲克，但亥卯未三合而解冲克，化干戈为玉帛。当然，这些情况都表示出其女婚姻会曲折不顺。

53. 四库相冲又相刑 鬼旺无制病发狂

长春的徐某打电话来测父亲的病情如何，得《节》之《屯》卦：

酉月	戊寅日	（申酉空）
《水泽节》	《水雷屯》	六神
兄弟子水、、	兄弟子水、、	朱雀
官鬼戌土、	官鬼戌土、 应	青龙
父母申金、、应	父母申金、、	玄武
官鬼丑土、、	官鬼辰土、、	白虎
子孙卯木○	子孙寅木、、世	螣蛇
妻财巳火、世	兄弟子水、	勾陈

推断： 我看了卦象后，直截了当地对徐某说："你父亲得的是肺癌，已经到了晚期了，癌细胞已扩散。"徐某问我寿期还有多少时间，我说难过腊月，后其父果于腊月病逝。

分析： 应爻父母申金为用神，临月令而旺相，又日令寅木冲申金为暗动，物极必反，金旺极为病，金主肺，卦中是两鬼夹用神，不死也昏沉。五爻代表父，是官鬼戌土化官鬼戌土，鬼化为鬼病不祥。三爻官鬼丑土化辰土，也是鬼化为鬼，均主其父是不祥的征兆，癌细胞已扩散，是四鬼夹用神，必是黄泉之客。同时卦中出现寅申巳三刑，丑戌相刑，说明癌细胞已扩散，卦中子孙爻卯木动但月破，不但克制不了官鬼反而卯木与五爻戌土相合，说明徐某之父吃药打针都无效，难过腊月，是卦中丑土金之库也。

54. 家中阴气重 必定灾祸来

青海的刘女士找我测近几年运势如何，得：

戊子年　　己未月　　甲戌日　　（申酉空）

《泽地萃》	《天地否》	六神
父母未土 ×	父母戌土、 应	玄武
兄弟酉金、 应	兄弟申金、	白虎
子孙亥水 、	官鬼午火、	腾蛇
妻财卯木、、	妻财卯木、、 世	勾陈
官鬼巳火、、 世	官鬼巳火、、	朱雀
父母未土、、	父母未土、、	青龙

推断： 我看了卦象爻象后，对刘女士说："你这五年运气极差，首先你家的住房不聚气，克人。家中阴气重，灾祸之多，房基下有坟地。你住的宅是凶宅，也是响宅。"

刘女士问："什么是响宅？"

我说："从晚上11点到凌晨3点，你住的房子四周或房子里边有响动之声。"

刘女士说："对，对，对！常能听到，有时还能听到脚步声。"

我又对刘女士讲："你住的房是西边低洼，有个水坑，水从东边向西流，为倒流水，门前也低洼，主家中病人多，不聚财，还伤人。你住的房子西北有条路直冲你家的房子，使你家连遭不幸。"

刘女士很惊奇地说："确实是这样，西北角是有条大路直冲我家房子，我也找人看了说不好，我还放块石头在房脚下呢。"

我对她说："石头太小，不管用，此冲煞对你父亲不利。你家的厨房是在你家院子最东南边，门朝西南，对你母亲不好，你家的院门也是开在西南位，主败财，伤兄弟。"

据卦中信息，我又对刘女士说："你有个哥哥在 2001 年得肝病死了。"

刘女士说："我哥得的是肝癌，肚子里全是水。"

我说："那是肝腹水，是肝癌的末期了。你父亲在 2003 年有死灾，是脑子长瘤，恶性的，开刀没成功，死在医院。2006 年你母亲得了胃癌，无钱医治，命归黄泉。"

说到此处，刘女士伤心地哭了，对我说："母亲死时我没在家，是姨妈办的丧事。"

我问她："你是不是监狱里？你是黑道上的大姐大，2004 年打伤人进了大狱，到 2007 年才出来？"

刘女士点头称是，最后我给刘女士讲了好多做人道理，劝她走正道。

刘女士问："我还能结婚吗？有人要我吗？"

我说："只要你好好做人，你后半生会很幸福的，别急，2011 年你定会成婚，好好把握吧。"

这是我半生当中遇到的一个典型卦例，因住宅不好，葬送了全家人的性命，特把此例供给广大读者参考学习。

分析：住房不聚气、克人，是二爻鬼克五爻人，又巳酉半合，申巳合，人与官鬼合，必伤掌门人，五爻为父，二爻为房，又为母亲，二爻克五爻为房克人。

家中阴气重，灾祸多，是子孙爻亥水受日月之克，兄弟爻化退不生子孙亥水。房基下有坟地，是初爻父母未土化未土，二爻又是鬼化鬼，同坐坤卦之故。卦中官鬼午火与初爻未土又合，子孙爻又休囚不制鬼，更说明此宅以前是个乱坟堆。

凶宅者，是卦中官鬼旺父母爻太旺金和水休囚，又二爻官鬼克五爻的人，故断凶宅。五爻临白虎多指人凶死。响宅者，是夜 11 点到凌晨 3 点为亥时、子时和丑时，亥时冲官鬼巳火，子时冲官鬼午火，丑时冲初爻未土，冲者必动也，故断是响宅。

门前西边低、有水坑、水从东朝西流，是三爻四爻主门户，亥水酉金坐兑卦兑主西边，亥水者水坑也，兑也主水坑，酉金生亥水，但金水不旺为浅水，倒流水者，是酉金化申金为化退神，亥水化午火，主干燥，而午火坐乾卦也主地势高，因午戌合土是也，主卦为右边也是西边，变卦方向为左边也是东边，故断东水西流，西边有水坑。西北有条大路冲房子，是指亥水冲巳火，冲二爻者为路，亥水西北也，又亥水化午火，午火坐乾卦也指是西北。西北放块石头，是指乾卦的申金，申金不旺，土多金埋，故断石头太小。家中厨房在院子东南，是财爻卯木主炉灶，二爻巳火为厨房，卯木巳火均主东南方向。卯木巳火坐坤卦，故断灶房门朝正南。院门开西南者，是四爻午火与月令未土相合之理。

2001年哥哥得肝癌，是五爻为长兄，本卦又是兄弟爻酉金化申金临白虎，主凶死之相。2001年是官鬼爻巳火临太岁，巳酉半合、申巳合，人鬼相合必定是灾祸了。肝病者，是卯木生巳火为死地，兄弟爻酉金与卯木又相冲，酉金坐兑卦主金，兄弟酉金化兄弟申金坐乾卦，也主金克卯木，必是肝病，故断长兄有肝病。

父亲2003年脑长瘤开刀，是上六爻父母未土动化父母戌土，兑卦化乾卦乾主头，兑上缺，临玄武主血光，当然是手术了，又未土临月令，戌土临日令旺均为燥土，土相刑，当然是恶性之瘤了。死在医院，是戌土为官鬼之库。上六爻代表头部，未土动化戌土，当然开刀了。

2006年母亲胃癌，是坤卦主母，初爻父母未土化未土代表是母亲，土代表是胃，坤也代表是胃，二爻官鬼巳火化官鬼巳火，代表是胃有病，火生土旺必定是癌了，2006年戌土临太岁初爻未土见戌必刑，二爻巳火见戌入库，此为燥土，也为癌也，当然是母亲胃癌了。母亲死时卦主不在身边，正是世爻巳火入日库之理。

黑道上的大姐大，是世爻巳火合五爻酉金又合申金，五爻主领导，申金坐乾卦，巳火是官鬼代表统帅之意，临白虎代表心狠恶毒，官鬼化官鬼，就不是正道之人，故断黑道上的大姐大。2004年兄弟申金临太岁又临白虎，主血光，申巳合，更说明有伤灾，申巳合，世入库，所以此年坐牢。实际上，申巳虽合，也有相刑之意，2007年出狱，是亥卯半合生巳火，又亥水冲巳火之故。

2011年结婚，是卯木生巳火，此为桃花相生，为什么庚寅年不能结婚呢？因寅巳相刑也。

55. 病遇六合难医　世临日旺有生

刘先生自测病情如何：

酉月	戊寅日	（申酉空）
《天地否》	**《风地观》**	**六神**
父母戌土、应	妻财卯木、	朱雀
兄弟申金、	官鬼巳火、	青龙
官鬼午火○	父母未土、、世	玄武
妻财卯木、、世	妻财卯木、、	白虎
官鬼巳火、、	官鬼巳火、、	腾蛇
子孙子水　父母未土、、	父母未土、、应	勾陈

推断： 卦象显示刘先生身体极差，我对刘先生讲："你2007年、2008年分别做过两次大手术，是心脏有病，这两次是死里逃生。"刘先生不断点头称是。我继续说："你太太在2005年妇科做过大手术。"

反馈： "2007年、2008年的确在鬼门关走了一圈。2007年心脏做手术不成功，2008年又重做手术搭桥，2005年我太太做了子宫切除手术。"

分析：《否》卦说明人的运气到了最低之处，卦虽是六合卦，但对测病来讲六合卦为大忌，说明身体多处有病，老病没好新病又发，并且病难以治疗。世爻卯木月破又与应爻鬼库相合，初爻未土，又是卯木之库，故断刘先生是死里逃生，鬼门关上走了一圈。世爻下边是官鬼巳火，鬼下就是卯木之库未土，官鬼世爻墓库，同坐一宫，所以刘先生的病情极为严重，幸好世爻临日令，还有生机，真是干旱之苗逢春雨。

五爻申金化官鬼爻巳火，申金巳火均代表手术刀，五爻代表心脏，巳火代表心室心房，四爻官鬼午火代表右心室，鬼临午火发动，说明心室心房有病。五爻申金化巳火，说明左心房心室做过大手术，两次手术均是巳火午火也。2007年为丁亥，2008年为戊子年是子孙爻临太岁，子孙爻代表医生医药，说明刘先生此两年有大的病难。2007年子孙亥水冲五爻巳火，2008年子孙子水冲官鬼午火，故断此两年有大的手术之灾。

2005年太太做子宫切除手术，正是卦中月令酉金冲克财爻卯木之理，桃花逢冲，并且是内桃花，说明妻子有手术之灾。二爻为妻子，也代表妻子的腹部，因坤代表肚，二爻巳火化巳火临蛇，三爻卯木临白虎暗动，月令冲三爻说明妻子有血光之灾，巳火为手术刀，说明妻做手术，2005年，卦中信号明确，酉金冲卯木二爻巳火与酉金半合，所以断此妻2005年有手术之灾。

56. 白虎发动门前坐 凶灾突来破大财

韩国的金女士特来北京找我测运气，得《讼》之《巽》卦：

己丑年	申月	戊申日	（寅卯空）	
《天水讼》		《巽为风》	六神	
妻财戌土、		父母卯木、世	朱雀	
妻财申金、		兄弟巳火、	青龙	
兄弟午火○世		子孙未土、、	玄武	
官鬼亥水 兄弟午火 ×		妻财酉金、应	白虎	
子孙辰土、		官鬼亥水、	螣蛇	
父母寅木、、应		子孙丑土、、	勾陈	

推断： 据卦中信息，我对金女士讲："你丈夫2004年脑血管破裂，是血压高所引起的突发性破裂，到医院开颅手术，抢救无效死亡。此年你破了大财。"

反馈： 金女士惊讶地说："我丈夫的死因你都能看出来，真是不可思议，我丈夫是血压高，还有心脏病，糖尿病，身体极差，家中经济条件不好，有点钱全给我丈夫治病了，今天找你给我测运，是看以后还能找到老公吗？"

我告诉金女士："你别急，明年2010年你的姻缘就到了，肯定能结婚，而且你所找的老公比你年纪小几岁，千万别错过良机。"

分析： 我看卦象所示，官星伏在兄弟爻午火之下，水火相战，卦中虽寅午戌三合局，可当前合局不成功，因应爻寅木受月日所冲克，使寅木处于绝地，卦中亥水不现，寅木无救，卦中两午火发动泄寅木之原神，使寅木无生还之力，由此可见，此为凶卦。应爻代表结发的老公，今应爻处死绝之地，无生还之力，再看五爻为老公，申金虽旺但是化巳火为化死地，亦是凶象，申巳相刑，卦中白虎动，也是凶险

周易·八卦健康案例精典

的信号，卦又变六冲，逢吉也变凶。

2004 年是申金之年，金神旺极，冲克应爻寅木，寅木代表脑神经脑血管，寅木也代表头部，正常断卦是以上六爻代表头部，初爻代表足，可今日之卦世爻在外应爻在内，我的经验，不论世爻在上或在下，世爻所处的宫就是内，应爻就是外。

断卦需灵活取用，方能应验随心自如，今应可当作上卦看，寅木中有甲，所以寅木可当作头部。老公脑血管破裂，是受申金冲寅木之故。头部开刀，是寅申巳三刑又冲杀寅木之故。血压高，是亥水伏在午火之下受克，卦中四库全克水。心脏病，是卦中午火动又申巳刑之故。糖尿病，是二爻辰土化亥水之故。

庚寅年能结婚，是应爻寅木临太岁旺生合世爻，寅午戌三合局成功。结婚对象小几岁，是世在乾卦主老，应在坎卦主年轻之故。

庚寅年二月份金女士打来电话说已经结婚了，确实比她小几岁。

57、父旺子弱难生育　福神衰败病难医

杨女士前来测家运，得：

戊子年　己未月　甲戌日　　（申酉空）

《水山蹇》	《山天大畜》	六神
子孙子水　×	妻财寅木、	玄武
父母戌土○	子孙子水、、应	白虎
兄弟申金、、世	父母戌土、、	腾蛇
兄弟申金、	父母辰土、、	勾陈
妻财卯木　官鬼午火　×	妻财寅木、世	朱雀
父母辰土　×　应	子孙子水、	青龙

推断： 我看了卦爻，对杨女士说："你其他运气都很好，令你

最闹心的是你怀不了孕，主要是你子宫有炎症，右边长瘤，输卵管堵塞。"

反馈：杨女士说："对呀，我主要为这事来找你的，我在上海、北京医院都看了，吃了好多的中药，就是怀不了孕，你看我以后还能生孩子吗？"

我说："很难。你现在的男朋友，家中有老婆，2010年你男朋友会离开你回老家，你们就没有结婚证，你还是上北方好好去治病，肯定能治好，不要想生孩子的问题了。"

杨女士说："我知道他家中有老婆，可他说以后会离婚的。"

我对她说："他离不了，他们夫妻关系很好，你受骗了。"

杨女士又问："你能看看我父母身体如何？"

我看看卦，对她说："你母亲左腿有病，主要是血脉不通，你父亲在2006年就过世了，多为肝癌。"

杨女士说："我父亲2006年肝癌去世了，李老师你看得真准。"

分析：此卦是父母爻戌土动辰土动，月日又临父母，是父母爻旺极，杨女士怀不了孕是子水太弱，虽有申金生子孙爻，但子水动受月日之克，又卦中辰土动子水入库，又有戌土发动克子水，卦中午火动，又冲子水，是子水处与绝地，故断杨女士不能怀孕。子宫有炎症，是二爻官鬼午火发动之故。右边长瘤，是午火动生辰土，又坐艮宫，故断长瘤。输卵管不通，是辰土发动，子水入库之故。

男朋友家中有老婆，是官星午火发动化财爻寅木之故。2010年男朋友回家，是寅木临太岁而旺，与官星合局入戌库，入库是回家，此为寅午戌三合局。没领结婚证，是父母爻辰戌二土同动又相冲，故断没领结婚证。

母亲左腿有病，是初爻子水入库，二爻寅木代表腿神经血管，入月库，此为血脉不通。2006年父亲得肝癌，是五爻戌土代表父亲，化子水受月令和日令所克，白虎发动主丧，月上未土为木库，又有寅木主肝，卦中寅午戌三合火局，木见火化灰尘也，戌土为燥土代表癌症，木处死地，当然其父有肝癌了。死在 2006 年，是戌土发动临白虎，主丧。

58. 一卦多断测运气

一位男大学生测运：

癸未年　　丁巳月　　丁酉日　　　（辰巳空）

《天雷无妄》	《天地否》	六神
妻财戌土、	妻财戌土、 应	青龙
官鬼申金、	官鬼申金、	玄武
子孙午火、世	子孙午火、	白虎
妻财辰土、、	兄弟卯木、、世	螣蛇
兄弟寅木、、	子孙巳火、、	勾陈
父母子水〇应	妻财未土、、	朱雀

推断 1： 父亲是个严父。

分析： 父在初临阳爻动，故为父，动而冲世故为严父。

推断 2： 但卦主不听话。

分析： 世旺有反悔之象，世旺静受冲为动，更不听，如是父临亥水的话，世爻就听话，因子午是相冲关系，一冲就动。

推断 3： 现在上的大学不在本地。

分析： 父临应为远处，冲世，说明远；应又在他宫内卦，故为距离远，世爻在他宫外卦，也主远。

本宫内卦、本宫外卦都代表本地。

推断 4： 父亲有交际头脑，家中有钱。

分析： 父动化财回头克，为财来找人，财又临太岁之库，旺且大，说明钱多。如财来刑用则不好，有灾伤之事。父又代表事业，朱雀为文，父亲并朱雀又化财库，故言有经济头脑。

推断 5：父亲从事文职工作。

反馈：父亲为律师。

分析：父母子水，即可看父亲，又可看作父亲的工作。父化财库临朱雀，辩论，财未土之库为兄弟之库，兄弟为别人，因此应在他宫内卦，不是亲兄弟而是别人，说明工作是为别人词讼而辩论得财。

本宫亲爻，此卦中本宫为巽，亲爻为丑亥酉，此卦中二爻兄弟寅木故不是本宫亲爻，则是旁爻，为别人不是自家亲兄弟。

大道至简，必须把卦看得很直观，简单，只有这样才能提取卦内信息。

推断 6：父亲出钱供读书。

分析：父子动化出财未来合世爻午火，财来合世，说明父亲出钱供读书。

三个思路：

① 如二爻看作母，则以五爻为父。（从爻位定）

② 如以应爻为父，则以世爻为母。（世应定）

③ 如以初爻为父，则以六爻为母。初父化出之财未与六爻财戌相刑克，而且其母与父亲的婚事是由朋友介绍的，是二爻母临兄位。

推断 7：其父与其母在 1994 甲戌年离婚，但离婚不离家。

分析：卦为体，日月为用。为什么断 1994 甲戌之年离婚？因财爻戌土在六爻出现，戌在六爻（戌为火库，午火也可看作其妻，子水克者又临世），六爻为久远，故取太岁戌年之应，戌年，收午火入库，又刑应爻父亲化出的财未，但同时财未土之库又收二爻兄寅木入库，兄弟寅木为母亲的用神，故说明婚虽离，但离婚不离门。

五爻官鬼申金临玄武，临外卦，为有外情，上面财爻戌土生官亦然。

世爻为午火，用飞数取生我者为父，小问大，从世下一位下飞，一水二火三木位临初爻父子，恰又是父亲之位，说明信息更加明朗。

看其母亲，要从父亲位数定，现在即定父亲为父母子水，那就取子水所克者火为母，从父亲角度，看其母，是属于大问小来用（不管其母比其父大还是小，都一律用比父小看），大问小上飞二位为三爻财辰土。

在无本宫内卦又无伏神时，用飞宫飞数。

　　　　伏神　　主下卦

如：官酉　　财辰

　　父亥　　兄寅

　　财丑　　父子　　应

此内卦不是本宫内卦，故无用神，写出伏神时，父亥水伏于二爻兄寅木下，二爻兄弟寅木为母位，父亥水又伏，故说明二爻兄弟寅木可作母亲看。此时，再取克其身者为丈夫，恰巧官申为男为丈夫又临五爻也代表丈夫。

推断8： 父母住一楼。

分析： 因卦中内震外乾，皆主高。又因初爻父子化财未库，初爻为地基，地面，为一楼，化库，库者为房，谁的房？父亲的房，父子水所化，且母亲兄弟寅木入未库，说明父母都住一楼。

卦临坎、坤、兑说明地势比较低，但在现实生活中，特别是近几年，平房越来越少了，楼房比较多，农村楼房也多了，故一定要结合现实情况。

推断9： 卦主在家中就他一个男孩，共三口人。

分析： 看卦中有孙午、孙巳，日上巳火入卦，共三个，但入卦就算是两个，但巳火又空，故断是卦主本人一个。

推断10： 本人戴眼镜，内向不爱说话，脾气躁。

分析： 五爻为眼睛，临官申化申，申为眼镜，月令巳火合申，克申金，子水动泄，午火暗动贴克，均说明视力有问题，故为戴眼镜。五爻申又代表脸面，申代表瓜子脸，故较为瘦削。卦主午火暗动，说明干什么事一般从来不对外人说；临午火旺而暗动又临白虎，故主脾气躁。

推断11：卦主现在有女朋友。

分析：应爻为其所在的学校，又临父子也代表学习，化出财未临太岁，太岁主今年，且前情况，财未为女友，合世，故现在有女朋友，是同校同学。

推断12：到外面酒店包房，并已发生男女关系。

分析：财未土动与世爻午火相合，为天地阴阳鸳鸯合，为婚配之合，为有关系，未土为库，又坐坤卦，坤又为大酒店，未又临太岁，太岁为外面，坤临未岁帮，说明酒店大，父子临应动化财未坐坤，说明到学校外面的大酒店花钱包房并与女友发生关系。

推断13：卦主还暗恋另外一个有男友的女友，未有结果。

分析：世爻午火与六爻财戌土半合，中间一个官鬼申金，官申为男与六爻财戌土紧贴相生，且戌土先坐申金，距离近，故只能暗恋而已，没有别的行动。

推断14：此青年人常常到半夜后才睡，是夜猫子。

分析：父子为工作学习，子水为子时，子时为半夜，冲克世爻午火动，说明还未睡觉；再者三爻财辰土为床位、床铺，临旬空，故为子时还没上床之象。

冲克害代表讨厌；生合代表喜欢。

推断15：此人喜欢踢足球、打乒乓球、网球。

分析：内卦震为足、为球，初爻动为足动，而且从卦象看，是下卦震木生世爻午火，为卦主所喜欢的，又喜欢乒乓球、网球，为什么？父动为运动项目，化未库为木的库，木为板，故喜欢打板球，板球包括乒乓球、网球类。

周易·八卦健康案例精典

推断 16： 就读于全国范围内的非常重点的名牌大学。

反馈： 北京大学。

分析： 父子动化财未，父子临应动说明就读的学校，化出财未临太岁坐坤卦，太岁为最大，坤也为腹为大并主文。此处关键点，不看回头克害，而是以父动化出太岁之象而论。而且官申主名气坐五爻，临乾宫并日令，也充分说明相当有名气的学校。

推断 17： 所在的大学为中央领导去过并曾题过词。

分析： 五爻官申坐乾宫为中央领导，合初爻父子，父动为文笔故主其题词。

推断 18： 在学校旁边有一个大的科研机构。

反馈： 是大学城。

分析： 父子临应代表学校，同时应爻又代表学校的书画，化未临太岁，坐坤主文，故为大的科研机构。

推断 19： 此男孩明年有出国深造的机会。

反馈： 明年大学毕业。

分析： 世爻为午火，"寅午戌"马在申，故世爻午火的马星在五爻官鬼申金，伺机而动，明年太岁申金当令，太岁为马星，世爻的马星临太岁于五爻动，故说其明年有出国深造的机会。

59. 官兄重重运不旺　破财招灾有伤亡

测财运开煤矿何方有煤：

午月	甲子日	（戌亥空）
《地水师》	《坤为地》	六神
父母酉金、、应	父母酉金、、世	玄武
兄弟亥水、、	兄弟亥水、、	白虎
官鬼丑土、、	官鬼丑土、、	腾蛇
妻财午火、、世	子孙卯木、、应	勾陈
官鬼辰土○	妻财巳火、、	朱雀
子孙寅木、、	父母未土、、	青龙

推断： 此卦为测开采煤矿，凡是看开采煤矿的一律用申酉金，酉逢旺地的话，矿藏丰富（不管地下开采何种矿、煤、金一律看申、酉金爻）。

看申、酉金在哪个宫，如在坎宫往北去，是他的方向，如在艮宫往东北。

五月，火旺土旺，把两金引动起来。所以子孙不能以弱论，而论中和，此卦关键看应爻动态，是衰还是空亡。

寅午半合比午戌半合局大，因寅午，寅为午火之源泉。辰酉合，说明得先打通官方，卦中双官夹财，上耗下泄。

用神若临乾震为直井，要是坤艮为斜井。

下一步看子孙爻，此时子孙爻旺，开采出来利润厚。如子孙弱开采相当费工且价不高，如子孙不上卦，没有开采的必要，财没有源泉。

此卦中酉金在月日上，月克日泄，但酉坐坤为宫位对，如午火在冬季又在月日处死地，但在震巽宫就为有气。

此矿井伤过人。

凡测年运卦、单位、别人项目，官鬼化官鬼，兄弟化兄弟都是绝对的 100% 有伤灾，特别是官鬼爻临土更准确。（一般官化官，兄化兄在一卦中同时出现时更准）。

问：伤几个？

答：伤两个，砸死一个，伤一个或成植物人。

60. 官鬼化子孙　应灾在冲年

某市水泥厂李先生测运：

　　　　壬午年　　戊申月　　丁巳日　　（子丑空）

	《雷山小过》	《泽山咸》	六神
	父母戌土、、	父母未土、、应	青龙
	兄弟申金 ×	兄弟酉金、	玄武
子孙亥水	官鬼午火、世	子孙亥水、	白虎
	兄弟申金、	兄弟申金、世	腾蛇
妻财卯木	官鬼午火、、	官鬼午火、、	勾陈
	父母辰土、、应	父母辰土、、	朱雀

推断1： 这个卦实际上是个连续出伤灾的凶卦。我当时断他 1996 年、1998 年、2007 年家有车祸伤灾破财。其中 2001 年应在孩子身上。

反馈： "李老师你还真了不起，我曾找过几个先生给算过，也没算出孩子有灾，而你今天给算出来了。"

分析： 本卦满盘官鬼化官鬼，兄弟化兄弟而且临月日旺相，兄弟爻独发，居五爻化进神，另外，子孙爻不上卦，官鬼兄弟旺而无制，是大凶之象。而且多应在车祸伤灾。事实上，1996 年太岁子水冲克世爻午火，卦主自己被车撞伤。本卦原象官鬼持世临白虎，就预示了伤灾的信息。子水出了坎，午火居了震，坎震都有车象，两车相冲而致灾。1998年太岁寅木与五爻申金和日辰巳火构成寅申巳三刑。寅为虎为车，申金为车，白虎发狂，路上遭殃，卦主再次出现车祸伤灾，手指被撞伤，手指被撞伤者，实因寅出了艮而艮主手指也。2001年儿子被撞伤，致残，至今昏迷不醒，已花近40万元医疗费，现在难以支撑。2001年太岁巳火，官鬼旺极，子孙亥水弱极，亥水不安分冲克太岁巳火，是自己的责任，亥水弱，巳火强，亥水被反冲而入辰库，巳亥主车象，辰居内卦为家中，故在家中昏迷不醒。兄弟爻酉金旺动，已花费40万，子孙爻财爻不上卦，兄弟官鬼旺，家庭经济困难，已支撑不起。

李先生说："你给我看看，是不是我家风水上有问题。"

推断2："你家房宅风水不吉，主房地势较高，但后面低，并有水，房基前后有坑，阴气较重对人不利。北方有大路冲宅，由东向西南向西有水或路，于财上不利。另外，你家阴宅找人调整过，但没起到作用。"

反馈："李老师说得很对，我家房后有一个大坑，也有很多的水，西南边有一条河，也有水。我父亲的坟地曾经找过风水先生给看过，他让我在坟前埋过四个塑料苹果……好像没有什么用。"

分析：看阳宅，二爻官鬼午火克五爻兄弟申金，为宅克人，大凶之象，内卦为宅居艮宫，艮主高，故宅基地势较高，初爻为房后，玄武为房后，初爻辰土主水，低洼有水坑，玄武申金动化酉金与辰合，故房后低而有水，按风水理论房后福禄寿山宜高起，不宜低洼，低洼伤人口，对子孙不利，同时也不利财。冲二爻为路，子水为北冲二爻午火，故断北方有路冲宅，五爻为路，申酉金动，震化兑临玄武，玄武为水，申酉金为水源，兑为泽为水，故由东向西南向西有一条河或路，申酉金动克财，故与财不利。官鬼午火为阴气，父母为阴气，初爻居父母辰土，乃万库之库，故尔房下有坟阴气较重，六爻戌土化未

土与官鬼合，六爻为前，故房前有坟，官鬼居间爻故两助有坟，子孙爻不上卦，官鬼无制，阴气重，所以财败人有伤。

61. 世囚官旺婚不顺　白虎发动伤灾临

朱小姐测婚姻运，摇卦得《需》之《小畜》卦：

	壬子月	癸卯日	（辰巳空）
	《水天需》	《风天小畜》	六神
	妻财子水 ×	官鬼卯木、	白虎
	兄弟戌土、	父母巳火、	腾蛇
	子孙申金、、世	兄弟未土、、应	勾陈
	兄弟辰土、	兄弟辰土、	朱雀
父母巳火	官鬼寅木、	官鬼寅木、	青龙
	妻财子水、应	妻财子水、世	玄武

推断： 据卦中动态，我对朱小姐讲："从1999年到2006年，你五次恋爱都不成功，至今没有谈成。2001年你妇科做手术，是流产。2004年做流产，2005年你妇科又有大手术，危及生命，现在妇科上有严重的病变，怕以后难再怀孕了。你现在是心脏不好，失眠、偏头痛。"

反馈： 朱小姐说："我2005年做的大手术是宫外孕，很危险的，我经常感到心发慌，又偏头痛。我是谈了好多个男朋友，开始都很好，可相处一年多两年，最后还是不欢而散。"

分析： 女测婚怕子孙爻持世，此卦不但子孙爻持世，并且与二爻官星相冲克，均主婚姻难成之象，世爻休囚婚难成，卦中卯官与戌土又相合。

卦中兄化兄，官化官，主伤灾、血光之灾，朱小姐的伤灾应在手术上了。从 1999 年到 2006 年五次婚恋没谈成，是 1999 年见正官星。2001 年谈一个，是申巳相合，但是合中带克。2003 年又谈一个，是世爻化未土，未是官鬼之库，生世爻，但是卦中戌未相刑，难以成功。2004 年、2005 年又交男朋友，是世爻旺，应爻子水得长生申子辰三合局。

2001 年做妇科手术，是卦中寅申巳三刑，申巳又合又主手术，申金是子孙爻，当然是做流产了。2005 年做大手术，是三爻辰土合太岁酉金，酉金为子孙爻旺相，应该怀孕成功，只可惜，卦中官鬼卯木动冲酉金，虎又发动，主血光，子水动泄气入库，所以此年大手术。心脏不好，是五爻戌土化巳火也。偏头痛，是上六爻子水动入库之故。

62. 年运逐月析 吉凶各不同

湖北李先生电话报数求测年运吉凶：

乙酉年 戊寅月 己未日（子丑空）

《水火既济》 　　　　　　六神

兄弟子水、、应　　　　　　勾陈

官鬼戌土、　　　　　　　　朱雀

父母申金、、　　　　　　　青龙

妻财午火　兄弟亥水、世　　玄武

　　　　　官鬼丑土、、　　白虎

　　　　　子孙卯木、　　　螣蛇

推断 1："你文化程度高，大学本科以上学历。"

反馈："是的。"

分析：父申在四爻持青龙，申金临太岁旺，临日生助；卦中五爻官鬼临日建生助父申，父旺官旺，故断为大学本科以上学历。

推断2："你在事业单位工作，但是自己也做生意。"

反馈："是这样的。我在一家事业单位上班，另外也做一些木材、电脑生意。"

分析：世爻兄弟亥水与月建相合，在下卦离宫，火主文化事业，父母申金持青龙，申金也主政府部门，故断其在事业单位工作。

因财爻午火临月生助旺相，伏藏在世爻之下，财不现，故说卦主自己也经营其他生意。

推断3："你在单位里有职务，但不是科级干部，是杂气之官，很难有提升的机会。你工作认真肯干，可是该自己得到的却往往落空，职位很难往上升。"

反馈："确实这样。无论我怎么努力，总是得不到满意的回报。李老师，你说这是怎么回事呢？我努力了，却常常没有得到。"

分析：卦中二爻官鬼丑土代表卦主在单位的职务，土为官者，杂气大，而且卦与日建构成"丑未戌"相刑，官逢刑伤，当官不大，是杂气官，且很难提升。世爻临兄弟，兄弟的特性是工作上踏踏实实，认认真真，一步一个脚印地稳扎稳打。得不到满意的回报是因为五爻君位之官鬼戌土（主管领导）与代表世爻职位的二爻官鬼丑土以及日建未土（指再上一级领导）构成了"丑未戌"三刑，故得不到领导的器重，始终不被重用。

推断4："你正、二月份，思虑较多，财运不佳，工作不顺心。"

反馈："我在工作上精力不能完全投入，总在考虑今年计划建房子之事。财运平淡，工作也不顺我意。"

分析：正、二月份为木旺之时，克制二爻官鬼丑土，所以觉得工作不顺意，世爻兄弟亥水，临月泄日克，处休囚之地，求财难，故说财运平淡不佳。卦中木旺子孙旺，临螣蛇，思想不安分，总想着投资（建房）及其他之事。

推断 5："你建房宜选在三、四、五月份，三月份（即过了清明后）建造最佳。其他月份不吉。"

反馈："本想二月份就开工建房，但心中无主意，特请您帮我参谋参谋。"

答曰："二月木旺制二爻宅丑土，不利造房。"

分析：二爻丑土代表屋宅，要选其生扶旺相之月份建造大吉。三月辰土助旺二爻丑土，因建造要有一个过程，三月开工动土，四、五月份为火旺季节生扶用神二爻丑土，所以说建房宜选在三、四、五月份吉利。

推断 6："你六月份需防破财、受骗丢失、口舌是非、伤灾之事，此月不顺利。"

反馈："看来我得多加倍预防才对。"

分析：六月（未月），卦中官鬼爻构成"丑未戌"三刑。另外，二爻丑土与流月未土相冲，白虎发动，白虎主伤灾、破财之事。再者，五爻官鬼戌土持朱雀，逢三刑也有刑有动之意，朱雀主口舌是非，故说六月份防破财、口舌是非，伤灾之事。因六月土旺，世爻兄弟亥水休囚无气，易破财，持玄武，玄武为骗局之意，故防丢失，被骗之事。

推断 7："今年七月份工作事业会有变动，结果较为理想。"

反馈："我有这个计划，想在今年内变动工作。想不到李老师从卦中也看得出来，八卦真是太神奇了！"

分析：卦中父母申金逢月冲为暗动，说明卦中有变动工作这个计划打算。待七月份申月，四爻父母申金逢月建值旺之时，工作事业可以变动成功。父母申金持青龙，故说结果较为理想。

推断 8："八月份工作顺利，财运好。"

分析：八月份酉金，在卦中金为父母爻，父母爻旺相生助世爻兄弟亥水，身旺能担财，故说八月工作顺利，财运好。

推断9："你九月份本来有提升的机会，但因小人作阻碍，你不顺心，也提升不成功。如果提前化解可免小人破坏。九月份运气不理想。"

分析：九月份为戌月，官鬼戌土值五爻持朱雀，朱雀主文有提升之象。但卦逢"丑未戌"三刑，遭小人，提升难成。九月戌土旺克世爻亥水，故而不顺心，财运不理想。

推断10："你冬季诸事顺利、平安、财气旺、生意好、事业顺心。"

分析：冬季水旺季节，世爻兄弟亥水不再休囚无力，身旺能挡百灾。身旺财运事业，生意当然顺利，兴旺。

63. 寻觅信息走向 破译卦中玄机

某老板测财运：

<table>
<tr><td colspan="3">壬午年　　庚戌月　　癸酉日　　（戌亥空）</td></tr>
<tr><td>《山风蛊》</td><td>《离为火》</td><td>六神</td></tr>
<tr><td>兄弟寅木、应</td><td>子孙巳火、世</td><td>白虎</td></tr>
<tr><td>父母子水、、</td><td>妻财未土、、</td><td>腾蛇</td></tr>
<tr><td>妻财戌土 ×</td><td>官鬼酉金、</td><td>勾陈</td></tr>
<tr><td>官鬼酉金、世</td><td>父母亥水、应</td><td>朱雀</td></tr>
<tr><td>父母亥水○</td><td>妻财丑土、、</td><td>青龙</td></tr>
<tr><td>妻财丑土 ×</td><td>兄弟卯木、</td><td>玄武</td></tr>
</table>

子孙巳火（左侧标注）

这个老板对八卦预测有些似信非信，抱有试试看的想法，他是这样说的："我没事就去看"神曜（就是大仙）"，结果有的对有的不对，根本就是胡说八道。听说李老师的八卦挺神，你给我也看看。"我按照他摇的卦断了如下几点：

推断:

1. 你现在走下坡运,破财多。

2. 你现在有官司缠身。

3. 你周围的女人多。

4. 1994 年、1995 年、1996 年、1997 年财运很好,其中 1994 年在设备上投资较大,1997 年因管理出问题而破财,1999 年问题更大,不仅管理有问题,同时还因女人之事破财招灾。

反馈: "李老师还真行啊,果然名不虚传,真就是那么回事,说的好,我信服。"

分析: 官鬼酉金世持居巽宫为绝地,变卦亥水居离宫也为败地,故尔断其运走下坡,卦中官鬼爻旺、财爻旺,兄弟弱,子孙不上卦,鬼旺无制,必是破财多。三爻为门户,官鬼化父母临朱雀,所断必有官司缠身。世爻持酉金为桃花,化亥水合卯木也为桃花。另外,卦中财爻多现,旺而生世,说明卦主桃花满盘,周围的女人多。

1994 年财运好,但在设备上投资,是四爻妻财戌土动化酉金之故。1994 年太岁戌土临财生世,可断财运好,但财转而化官鬼,官鬼为耗泄,也代表企业生产也为管理、为设备,说明此年加强管理,扩大设备而投资。1995 年财好是二爻亥水化妻财丑土生世爻酉金之故。可想太岁化出的财来生世,这财一定不小。这个财不仅是鬼库也是金库,又临青龙,青龙主吉,主酒色,说明这一年这个老板不仅财运旺,而且也是桃花酒色旺而发狂。这个老板称 1995 年自己搞装修印刷,纯利挣了 200 多万。1996 年财好是五爻父母子水化出妻财未土之故。未土生世爻,但又丑未戌三刑,财上有伤。这个老板讲: 1996 年财上不错,但厂子拉货时出了车祸。1997 年财运好,是太岁临财生合世爻酉金,但丑土临太岁化出兄弟卯木,克财冲世。官鬼爻代表管理,酉金也代表桃花,说明,这一年老板因酒色之事而疏漏了企业的管理,给经济上造成损失,1999 年兄弟卯木临太岁直冲官鬼酉金，本年度出现大问题。这个老板说，因管理问题导致印刷质量出问题，而被用户要求索赔，破财费口舌。

64. 父母旺象大吉昌 实权在手双职忙

某男测官运：

亥月	丁亥日	（午未空）
《泽风大过》	《泽天夬》	六神
妻财未土、、	妻财未土、、	青龙
官鬼酉金、	官鬼酉金、世	玄武
父母亥水、世	父母亥水、	白虎
官鬼酉金、	妻财辰土、	螣蛇
父母亥水、	兄弟寅木、应	勾陈
妻财丑土 × 应	父母子水、	朱雀

推断：

1. 此人身兼两职，此时卦中六爻未土空，被初爻丑土冲起来了。

2. 看官运，先看父母爻，官称不称职，权力的大小都是父母爻说了算，父母爻代表权威。且旺官能救衰父，说明父母爻极为重要。

父母爻旺，权力大，临白虎，脾气暴躁，曾做过武职方面的官，因亥源头在酉，而酉又在兑宫，上下两官是身兼两职大权在手。

反馈： 此人是副县长兼交警大队的官，想提正职。提拔了，当上书记了，是文官（临朱雀）。子月提的，原先交警队的官也未丢，乾主刚强。

分析： 父母爻不上卦时，有官也无权，父母爻都是印，印就是权，没有印，不行。如求测晋升、工作、学业，都得先看父母爻。官鬼为学校、单位，寅申巳亥为副，看官临子午卯酉为正。这卦却一反常规析断，凭当时灵感。

65. 六合变六合有缘无分

某女测婚和男友感情：

己卯年	丙子月	癸亥日	（子丑空）

《雷地豫》	《泽水困》	六神
妻财戌土、、	妻财未土、、	白虎
官鬼申金 ×	官鬼酉金、	螣蛇
子孙午火、应	父母亥水、应	勾陈
兄弟卯木、、	子孙午火、、	朱雀
子孙巳火 ×	妻财辰土、	青龙
妻财未土、、世	兄弟寅木、、世	玄武

推断：六合变六合，说明有缘无分，合化合大象吉，曾有甜蜜生活，能不能合到底，看卦爻。

1. 先看世应，都对位。

2. 世未土化寅木旺又坐坎更旺，兄弟爻临玄武主欺骗，说明感情不专，兄寅木不是世的男友。

3. 坎为黑道，陷井，没有正业，又临玄武，有外遇之象。

4. 看应爻月破又化回头克，午火不能合未土，因午无力合未，不能合就是破散了。

5. 父母临日月都克应，说明男方家都不同意。

先看应，再分析官鬼。

官鬼化进在五爻位上，不管旺衰有无官职，且申、酉在五君爻主漂亮，但申、酉在日月上处死地，未土去生申酉金，申酉金就不受生。

女的求婚，官鬼在休死地，都说明不成，男方不同意，后不成功。

再看官之动态，申动与巳火相合，人家有对象了。

男测婚，财爻临蛇、玄、白虎，决不能成婚。

如看长相，财爻临白虎主奇丑无比，再加兄弟更丑。

财爻临土坐虎有残疾。

财爻临金，肤色白。

财爻临木，个子高，但难看。

财爻临火，也主丑，眼睛无光，头发发黄。

财爻临水，主胖，主淫荡，不正经。

财爻临土玄武不好看，玄武主胖，个不高。

如财化出寅木，主上长下短，屁股大。

实际： 分手了，但女的又想约男的出来谈谈，结果是当天去了没谈成。卦中显示，女的有外遇，其男友觉察到了。

1. 官申金冲动寅木。

2. 应午化亥，亥卯未又合局。

此女不论将来和谁结婚也忘不了此男友，并且和男友已有小孩。

再看寅木，寅木与日上亥合也有外遇。

但寅午戌合局说明是一家（同宫）。

凡是一官二财，都适于做小老婆（指女士来测卦时外遇）。

二财一官是破散婚姻，到底不顺。

世爻为兄弟爻的库，一直拖拖拉拉。

66. 重病逢刑 无可救药

2007 年 10 月 16 日，王女士测母亲病情如何？得：

庚戌月	癸未日	（申酉空）
《泽地萃》	《水地比》	六神
父母未土、、	子孙子水、、应	白虎
兄弟酉金、 应	父母戌土、、	螣蛇
子孙亥水○	兄弟申金、、	勾陈
妻财卯木、、	妻财卯木、、世	朱雀
官鬼巳火、、世	官鬼巳火、、	青龙
父母未土、、	父母未土、、	玄武

推断：我看了卦象，对王女士说："你母亲已经在七月份开过刀了，病在肠胃上，是癌症，现在看病情稳定，近年没事。但难过 2010 年。"

反馈：王女士说母亲得的是肠癌，七月份做的手术。

几年后，王女士反馈信息，此母死于 2010 年的正月。

分析：测母亲病，先看初爻父母未土化未土，二爻官鬼巳火化官鬼巳火为母之病，未土、巳火同坐坤卦，坤主母，二爻也为母亲，坤主肚主胃，二爻巳火代表肠，临青龙也代表肠，卦中土旺成病，未戌刑，鬼巳火坐坤，火旺土旺为病为肠癌。七月手术，是子孙亥水独发化兄弟申金回头生，七月金旺，子孙亥水旺发动冲克二爻巳火，故断七月其母做过手术。难过 2010 年，是寅申巳三刑，土处死地也。

67. 兄弟化进神 婚姻有阻隔

某女士测婚：

	壬午年	庚戌月	乙亥日	（申酉空）
	《天泽履》		《乾为天》	六神

	《天泽履》	《乾为天》	六神
	兄弟戌土、	兄弟戌土、世	玄武
妻财子水	子孙申金、世	子孙申金、	白虎
	父母午火、	父母午火、	螣蛇
	兄弟丑土 ×	兄弟辰土、应	勾陈
	官鬼卯木、应	官鬼寅木、	朱雀
	父母巳火、	妻财子水、	青龙

此卦的问题是这样，某女最近相处了一个男友，问男友对他是否真心实意，能否结合到一起，我据卦中之理。

推断："你婚姻不顺，你对这门婚姻信心不足，此男友身有官职，家有妻室，并花心，另有所欢，此桩婚姻应该慎之又慎，切莫操之过急。"

反馈："情况确实如此，这个男的家有老婆。"

我问："你既然知道他有老婆，为啥还要跟他在一起呢？"

她回答："这个男的准备跟他老婆离婚，然后再跟我结婚。"

我说："那一定要等他领到离婚证以后，再考虑你们俩的婚姻问题，以免酿成苦果。"

后来，此女听了我的劝告，暂时终断了二人之间的来往。

分析：女测婚，子孙持世化子孙，应爻坐官鬼相冲，这是婚姻不顺的明显特征，因子孙就是克官鬼，而切化六冲，女测婚姻要合不要冲，冲而必散，所以断其此女婚姻不顺。类似这样的卦，即使勉强结了婚，早晚也要离的，世爻申金化空，说明此女心里没底，而且对这桩婚事信心不足。也或者说她本人就不是真心实意，而是逢场作戏罢了。应爻官鬼是其男友，卯木化寅木化退，又坐兑化乾，处境不佳，有打退堂鼓的迹象。官鬼与日建亥水相生合，与初爻子水相生，初爻为家中，日上为他处，说明此男家中有老婆，同时，又另有所欢。另外，卯木与戌土合，化出寅木又寅午戌三合，都说明，此男花心太重，拈花惹草。此男有官职是官鬼居兑宫化乾宫，得月日生合，财来生合官鬼，又生乾，必是在从政有官职之人。此女说这个男友是廊坊××单位的办公室主任。综合以上信息，不难分析出这两个人都不是真心实意，只不过是一种男女之间产生的一种冲动，却又另揣心计，所以此婚的结局是不利的。如此女操之过急，控制不住局面，必吃苦果。

68. 事业风光婚不顺　蛇虎同动灾祸临

西宁的何先生测运气，得《归妹》之《否》卦：

戊子年　　己未月　　癸酉日　　（戌亥空）

《雷泽归妹》	《天地否》	六神
父母戌土 × 应	父母戌土、应	白虎
兄弟申金 ×	兄弟申金、	腾蛇
子孙亥水　官鬼午火、	官鬼午火、	勾陈
父母丑土、、世	妻财卯木、、世	朱雀
妻财卯木〇	官鬼巳火、	青龙
官鬼巳火〇	父母未土、	玄武

推断：卦成事明，我首先给何老板讲了婚姻方面的事情："你1981年结的婚，1982年生女儿，1984年有外遇，1985年离婚。1987年你第二次结婚，1988年又生了一个女儿，从1993年开始你在外面

一直和一个女人同居，1999年你和一个长相漂亮的年轻女孩又同居。2000年跟你太太分居，2002年与你太太离婚，2005年第三次结婚。

2005年你在事业上是一个大的转折点，开始起动大的项目，从2005年至2009年你发大财，特别是2007年、2008年事业上大起，发了大财，2006年你双喜临门，发了财又生贵子。

2007年你又遇一个女孩同居。你始终保持着两个太太，一明一暗。"

我又给何老板讲："你1996年丧父，是心脏病。"

1992年你出了一次大车祸，有惊无险，车报废了，你捡回了一条命，只是左腿有伤，1994年你又出了一次车祸，伤在了头部，是轻伤。

最后又给何老板讲2010年有官灾。

反馈：当时何老板很激动地说，我是结了三次婚，离了二次婚，但我始终保持两个女人，外边养的女人是半年换一次，我第一个老婆生了个女儿，第二个老婆也是生的女儿，这第三个老婆给我生了个儿子。

你说的两次车祸都存在，第一次是在高速路上翻车，车报废了，可我保住一条命。第二次车祸是个下雪天刹车太急，车翻了，只是头上受了一点轻伤。

我原来是电影公司的放映员，1982年下海做生意，从2004年开始到2008年，目前来讲生意非常好，从2007年到现在已做了几个大工程，是挣了大钱。

我父亲是1996年，心脏病突发死亡，你讲的2010年我有麻烦，会出现官灾，到时我多注意就是了。

2010年五月份，何老板的太太打来电话告知，老何因牵扯经济方面出了问题，被公安局带走。我告知何太太让她放心，二十天就会平安回家。后果如我所测。

分析： 卦中世应犯三刑，主有多婚之象，卦中两鬼一财主婚姻不顺，也主婚姻反复不定，世爻旺官旺财入库，必是多婚。财动化官，主女人也有外遇，可见何老板找的太太多为风尘女子，此卦子孙爻不上卦，官鬼无制财无原神，说明何先生多婚，并且背后女人不断。卦中父母爻旺兄弟爻旺又发动，亦是多婚之象，卦中巳酉丑三合兄弟局，说明何老板是克妻之命，不离则死，世爻化财爻卯木，说明何老板背后始终有女人。

卦中五爻兄化兄，四爻鬼化鬼，坐震卦化乾卦，螣蛇白虎乱动，说明何老板具有车祸之灾，并且不是一次车祸。卦中上六爻父母戌土化戌土临白虎动，又丑未戌三刑，戌为火库，说明其父已过世，死因是心脏病。

1981年结婚是辛酉年，也是世爻得财之年，得财如得妻，因酉金为桃花，财爻卯木也为桃花，卦中巳酉丑会金局冲财爻卯木，卯木回头克丑土，故断何先生此年结婚。1982年生女儿，是戌土临岁，官星午火入库，提出子孙爻亥水之故。1984年有外遇，是子水临太岁，子水为滚浪桃花，世爻丑土合子水之故。1985年离婚，是世爻临太岁，卦中丑戌未三刑有灾，这灾应在婚姻上。因应爻戌土也代表结婚之妻，戌土又为桃花库，当然何先生离婚无疑。1987年结婚，是世爻见财爻卯木之故，1987年卯木旺克世，是此女主动找何老板，故断此年结婚。1988年又生一女儿，是辰土冲戌，午火归库，土生金，金生水，但土必定有克水之力，水不旺，所以生的是女儿。2000年分居，是世爻刑应爻戌土之故。2002年离婚，是官星午火旺和应爻之故。说明何老板第二次结婚的太太已和他散了。2005年结婚，是世爻与酉金三合之故。2006年生贵子，是卦中戌土动生五爻申金之故，因五爻代表长子。2007年、2008年发大财，是子孙旺财爻旺，福神临岁必得大财。何老板是世爻化财爻卯木，世下财爻卯又动，故断何老板始终会保持一明一暗两个老婆。

1992年出车祸，是五爻申金化申金，五爻为道路，临螣蛇动主凶险，申金坐震卦，震主车也，螣蛇动主灾祸大凶。1994年车祸，是上六父母爻发动，戌土化戌土，临白虎动，虎动主血光，父母爻代表车辆，震卦乾卦均代表车辆，故断1994年发生了车祸。头部受伤，是戌未相刑之理，白虎动在六爻也主伤在头部。

2010年有官灾，是卦中寅申巳三刑之故，寅木为财克世，也叫太岁克世犯三刑，故断此年为经济方面有官灾，但此灾不会长久，会平安回家，是寅木生午火，午火生世爻丑土，说明何老板有贵人相助。

69. 财催欲旺 外遇临身

青海一位姓李的女士慕名赶到西宁找我测运气，得《离》之《鼎》卦：

戊子年　　己未月　　癸酉日　　（戌亥空）

《离为火》	《火风鼎》	六神
兄弟巳火、世	兄弟巳火、	白虎
子孙未土、、	子孙未土、、应	螣蛇
妻财酉金、	妻财酉金、	勾陈
官鬼亥水、应	妻财酉金、	朱雀
子孙丑土 ×	官鬼亥水、世	青龙
父母卯木〇	子孙丑土、、	玄武

推断： 我看了卦象，先给李女士讲解了婚姻运："你是1993年结的婚，1997年生女儿，你老公是公务员，他1999年有外遇，2000年仍有外遇。

从2003年开始你们俩人的经济收入非常好。2004年到2007年你们发了大财，从此你们俩的婚姻发生了很大的变化。你老公2004年有外遇，你2005年认识一个年轻的男人开始同居，这个男的不是当兵的就是公检司法的。你与丈夫在2007年离婚，同年你又认识一个做生意的老板开始同居。

你对2005年认识的这个年轻男人有感情，对这个做生意的老板就是为了钱，今天你来找我就是问和2005年认识的这个男人是否能结婚。"

反馈："李老师，你说的都对，我是1993年结婚的，1997年生的女儿是剖腹产。我老公在财政局上班。我在电视台上班，我老公在1999年和他本单位一个女孩好上了，一直到2000年都没断，在这期间为这事我们吵了好多次，到了2001年我提出要离婚，我老公死活不同意，后来他和这个女孩就分开了。

从2003年到2007年我们是发了点财，我和别人包了几个土建工程发了财，当然这也与我老公有关。到2004年我老公整夜不回，有外遇，2005年我认识一个部队的，是山东人，就离我们电视台不远，是个连长，这两三年我们常在一起过夜。2007年我和丈夫离了婚，同年我又认识了一个开矿的老板，虽然他对我好，可我对他没有感觉。

今天来就想让你看看，我能和部队这个人结婚吗？"

我告诉李女士："你们结不了婚。"

分析：1993年结婚，是酉金坐太岁，是卦中巳酉丑三合局生助应爻官星亥水之故，三合太岁必有喜，故断此年结婚。1997年生女儿剖腹产，是二爻子孙丑土动，与月令相冲，本身《离》就为六冲卦，化出官星亥水与世爻巳火冲，龙动主喜，故断此年生女儿是剖腹产。

1999年老公有外遇，是初爻卯木临太岁与应爻亥水三合桃花局，亥卯未三合局。2001年吵架比较凶，是世应相冲之理。

2003年到2007年发财，是财爻旺子孙爻旺生合世应之故。2004年老公有外遇，是2004年甲申是官星亥水临长生，也是三爻酉金旺相回头生亥水之故。

卦主 2005 年认识一个当兵的，是世爻巳火合四爻酉金入动爻丑土之库，子孙爻代表公检司法或者部队，所断是当兵的。为连长，是丑化官星亥水之故，亥水在二爻所以是个小连长。

2007 年离婚，是官星亥水临太岁旺，官星冲世爻巳火又与初爻卯木合，说明此男已经另有新欢了，所以断此年离婚。卦主又认识了一个老板，是卦中亥卯未三合木局生巳火之故。

与部队的年轻男人结不了婚，是六冲卦世应相克之故。

70. 一卦多断测流年

某先生报数测运气：

癸未年　戊戌月　庚辰日　（申酉空）

《山地剥》　　　　**《艮为山》**　　　**六神**

	《山地剥》		《艮为山》		六神
	妻财寅木、		妻财寅木、	世	腾蛇
兄弟申金	子孙子水、、	世	子孙子水、、		勾陈
	父母戌土、、		父母戌土、、		朱雀
	妻财卯木 ×		兄弟申金、	应	青龙
	官鬼巳火、、	应	官鬼午火、、		玄武
	父母未土、、		父母辰土、、		白虎

断析：

1. 17 岁以前的一些情况，如学历、个人发展、兄弟姐妹、父母、住房、妻儿等。

20 岁以前行四爻戌父运限，戌为官星之库临父爻带朱雀，于戌月逢值，辰日冲之暗动，你有大中专以上文化，有学历文凭。

戌为父主文，朱雀主文，宜从事文职工作，比如管理、技术、设计、文笔等方面。

卦中申兄为兄弟姐妹，申为4数，兄弟姐妹四个人左右。

卦中两个父爻，初爻未父，四爻戌父，均旺气，表示父母健在。父母未土临太岁，戌月之刑临白虎，母亲身体不太好。戌父为父，临日旺带朱雀，父亲有文化修养，知礼节，身体健康。

二爻为宅，巳官临应爻化午官空，入库于戌月，你现住房非祖居，是买的房或租赁之宅。五爻子水克二爻巳火，为人克宅，二爻坐坤化艮，为楼房居住，风水平吉。住宅近路，西南有平地，东北有高楼。

三爻卯财为妻，动临青龙，你妻子性格乐观，长相可以，中等身材；卯动合戌父，妻子有工作，工作单位效益比较好。世爻子水与卯妻生中带刑，你们夫妻关系可以，因卯化申与世合，双方有共同语言。

五爻子水为儿，临勾陈，男孩为人诚实；因临子水爻，水主流动，伏神申为马星，表示小孩好动；世临孙爻，你疼爱小孩；子刑卯妻，小孩不听母亲的话。小孩为子水在五爻尊位，坐下申金原神生之，与日建申子辰三合水局而旺，表示小孩能健康成长，将来有前途；子水入辰父之库，父主文，未来的大学生。

2. 27岁以后的事业发展

1998年戊寅，卦中财旺，世爻休囚；20—30岁行三爻卯才化兄申的运限，此年太岁与兄申相冲，兄破木生世，破耗财也不少。

1999年己卯，太岁临三爻卯才动而化兄，为财化兄生世，卯财被戌父所合，此年有动钱财之象，发展事业，防破耗，但有利。

2000年庚辰，申子辰三合世爻局，为父兄合孙；初变爻辰父临未父之财库，此年财运平平，事业处于原状。

2001年辛巳，应爻巳官临太岁，世爻子水逢绝，卯才动生应爻巳火，此年运气不好，破耗财。

2002年壬午，午爻空亡逢值，与世爻子水相冲，为鬼带玄武冲世，此年事业不顺，有口舌是非，破财。

2003年癸未，太岁入初爻未临父，财爻卯木动而入岁库，此年难发大财，未临太岁害克世爻，诸事欠顺。

2004年甲申，太岁临兄弟爻透出，三爻卯才化兄生合世爻，为事业财运有好的转折，开运之年。

2005年乙酉，三爻卯才动逢岁冲，此年有破财之忧，不宜大的投资，守旧为上。

2006年丙戌，四爻戌父临太岁旺，戌合卯动财，此为父来合卯才，此年事业有变动，向好的方向发展。

2007年丁亥，亥水为孙爻，亥冲巳官应爻，二爻为宅，此年事业有转变，财运好，只是家中多事。

2008年戊子，世爻临太岁持世而旺，申子辰合孙局，此年有发财之喜；只是子刑卯妻，夫妻关系有矛盾。

小结：40—50岁行初爻未父之运，卦中未旺，为父临财库；世爻子水为子孙生财，此步运亦从事生意求财，而且能发财。另外，从命格上看，丙生申月为财气通门户，财生官，将来是个老总。

从卦与命理结合，世爻子水不得令为身弱，卯才动于坤卦中化兄弟回头克，难以聚财，亦难以胜大财；命局上丙生申月为财而身弱，身弱不胜大财。所以若考虑化解调理，则能补救。

（注：测卦者的四柱八字分析从略）

71. 官化他人 应聘失败

某市李小姐测招工：

<pre>
        壬午年   己酉月   癸未日   （申酉空）
      《山泽损》   《山地剥》   六神
      官鬼寅木、应   官鬼寅木、   白虎
      妻财子水、、   妻财子水、、世   螣蛇
      兄弟戌土、、   兄弟戌土、、   勾陈
子孙申金 兄弟丑土、、世   官鬼卯木、、   朱雀
      官鬼卯木〇   父母巳火、、应   青龙
      父母巳火〇   兄弟未土、、   玄武
</pre>

李小姐是专门来问工作的。她说："最近去一家私企去应聘，各项考试都已结束，八个人里选两个，她能不能应聘成功。"

我依卦告诉她："你这次应聘会失败，两个名额都被别人夺去。"

卦理分析： 求工作以官鬼爻为用神、兼看子孙爻世爻，还要结合月、日、卦爻动变组合。

1. 兄弟丑土持世在年上为生为害，信息显示表面不错，而内心烦乱，气不顺而事不顺。在月为沐浴为衰为泄气，不吉，在日为帮扶，但受冲又丑未戌三刑为不吉，冲不合，冲为散，月、日又代表应聘单位，单位来冲你，当然就是不要你。

2. 主用神官鬼爻受月冲克入日辰未土之墓库，为大不吉。入库为收藏之意，与世爻失去联系，也是没工作之象。

3. 二爻官鬼卯木动化父母巳火，初爻父母巳火化兄弟未土，这就是信息的转换，玄机就在这里。我们具体分析一下，官鬼卯木动去生父母巳火，父母巳火动去生世爻丑土，乍看起来这个招聘有希望，因为父母爻是文书来生合世爻就是意味着成功，可是再看父母巳火转而

化出个兄弟未土，而这个兄弟未土是日辰是官鬼之墓库，同时，更可怕是与世爻相冲刑，兄弟未土是领导的手足兄弟，关系不一般，大大强于丑，所以，未土成功，而丑土吉爻失败。

结果，一个星期左右，李小姐打电话告诉我说没应聘上。

72. 福神不现官无制 病打六合难医疗

江苏徐州的姚先生测身体情况如何？得：

酉月	戊寅日	（申酉空）
《天地否》	《风地观》	六神
父母戌土、应	妻财卯木、	朱雀
兄弟申金、	官鬼巳火、	青龙
官鬼午火○	父母未土、、世	玄武
妻财卯木、、世	妻财卯木、、	白虎
官鬼巳火、、	官鬼巳火、、	腾蛇
子孙子孙 父母未土、、	父母未土、、应	勾陈

推断1： 据卦中信息，我对姚先生说："你有严重的心脏病，2005年做过大手术，你的肝也有病，不太严重，你现在没吃药，以后还要继续吃药，身体慢慢会好起来的。"

反馈： 姚先生说："2005年我做过心脏搭桥手术，我是脂肪肝，没吃药，可这两天感觉不好，心里难受，以后继续吃药。李老师，你看看我老婆的身体怎样？"

推断2： 我说："你爱人2007年妇科做过大手术，是子宫癌，手术切除了子宫，现在你爱人身体状况很好。"

反馈： 姚先生点头说："我老婆是子宫上长瘤已切除，没错。"

分析： 本卦世爻临白虎月破，应有死亡之灾，好在世爻临日令，有余气，不至于到死亡这一步，但子孙爻不上卦，世爻无原神，说明姚先生身体元气不足，官鬼爻虽然不旺，但无制，官鬼午火发动，说明病情有反复，还会加重，主卦又为六合卦，测病卦逢六合，病难治疗。

心脏有病，是四爻官鬼午火发动，与六爻戌土日令寅木寅午戌三合火局，五爻申金暗动化官鬼巳火，可见姚先生的左心室、左心房有病。2005年做手术，是月令酉金冲克世爻卯木，说明此年姚先生有伤灾，临白虎主血光，此灾应在了心脏手术上。五爻申金在2005年旺相化巳火与酉金半合，申巳代表手术刀，也代表病区，日令寅木冲申金又三刑，五爻为心脏，故断此年心脏有大的手术之灾。没有吃药，是子孙爻没上卦之理。脂肪肝，是卯木月破之理。

老婆妇科做过大手术，是坤化坤，二爻官鬼巳火化官鬼巳火。子宫癌，是坤为土，二爻代表子宫，是巳火化巳火，此土成为火旺土旺的燥土，又卦中午火动又合初爻未土，也成燥土，巳火化巳火为病，巳火是一把刀，故断子宫切除。

73. 兑官生世 官司能赢

一位母亲摇卦测官司：

	癸未年　　庚申月　　庚辰日　　（申酉空）	
	《雷地豫》	《泽风大过》	六神

《雷地豫》	《泽风大过》	六神
妻财戌土、、	妻财未土、、	腾蛇
官鬼申金 ×	官鬼酉金、	勾陈
子孙午火、 应	父母亥水、 世	朱雀
兄弟卯木 ×	官鬼酉金、	青龙
子孙巳火 ×	父母亥水、	玄武
父母子水　妻财未土、、世	妻财丑土、、应	白虎
（震宫之卦）	（游魂卦）	

问断 1：官司输赢？

"母亲方为原告，对方为被告。母亲方有理有据，对方无理。你们能提供房产的原始资料，还有人证，对方状词不全。目前法院已受理此案，官司你们能打赢。"

问断 2：能否得到店面房？

"对方是你们的亲戚，与母亲同辈。对方占用店房与父亲有直接的关系，是二妈，原先父亲给她使用，现已强行占用好多年，你们想要回来，对方不肯，但房产属于你们家的。打赢官司后，你们能得到店房。"

问断 3：对方贴多少钱，自己贴多少钱？

"说起来，这个店房她应该占有一份，你们即使能把房子拿回来，还得贴钱进去。你们贴一万五千元至三万元，对方贴五千元。"

问断 4：主要问题是，店房会不会拆迁？

"房子最近几年不会拆迁，要拆迁需待 2007 年、2008 年或 2009

年。拆迁可得到经济上的补偿，5-6万元不等。"

问断 5：官司什么时候了结，有什么办法？

"虽然你们理直气壮，对方理亏，但官司不会在近期内了结。原因是对方有贵人相帮，有关系网。

官司将经一审后，对方不服，提出上诉，经二审法院，故官司有反复之象。

今年年底前，一审有判决；明年巳、午月官司了结。"

问断 6：有什么办法？

"首先，请比较好的律师帮助你们；其次，收足相关的证据，最好得到管区政府部门的帮助；最后，生肖龙、鼠、马、猴的人对你们有帮助。"

74. 父母伏藏事不成 伏神旺出官司赢

某男测其子被害，打官司可否赢：

甲申年　　丙寅月　　乙丑日　　（戌亥空）

《地雷复》	《水雷屯》	六神
子孙酉金、、	妻财子水、、	玄武
妻财亥水 ×	兄弟戌土、 应	白虎
兄弟丑土、、 应	子孙申金、、	螣蛇
兄弟辰土、、	兄弟辰土、、	勾陈
父母巳火　官鬼寅木、、	官鬼寅木、 世	朱雀
妻财子水、 世	妻财子水、	青龙

析断：

1. 父占子卦，以世爻为父为占卦人。世爻为子水，受太岁申金之生，与日建丑土相合，临青龙为有利。但子水在木旺之月为耗泄之时，所以正月、二月两个月起诉上告不得力。水在卦中为财，木在卦中为官，财生官，起诉上告花钱破财，由于木旺之时，钱花的少，上告起诉不得力，官方不会即时办理破案。子水得太岁之生，子与日建丑土相合，是自己有理，也觉得是正义的，所以对一些社会现象（政府部门）的关系处理得不妥；临青龙，则更是理直气壮，不会转弯处理关系。

2. 打官司告状，父母爻非常重要。现在此卦父母爻不上卦，说明你现在证据、证人不足。父爻伏在官爻之下，说明你们现在只能凭一些线索，向官方起诉。寅巳相刑，官方对你们反映的线索只作立案依据，不作证据。

3. 正月上告不力，越级上告，二月里你会与官方发生一点口角。因子卯相刑，是你在催案时态度不好，火气太大。临朱雀必定要发生口角。

4. 你上级政府部门里有亲属，当地政府部门里有友人，此友人只能替你出主意，帮不上大忙，上级政府的亲属可以帮忙，但要在农历闰二月的月底，你在上告起诉时，不妨利用一下此关系，可以得到帮助。

5. 此官司在农历的三月可以正式立案侦查取证，农历的四月可以告破。三月立案侦查的理由是卦中申子辰合水局生寅木官鬼，辰土兄弟为有人作证和提供情况，辰土在卦中为静，临勾陈，正月二月不动，三月临旺，与世爻太岁三合水局生官。财生官，官得生为动。巳月可以破案的理由是，巳火为父母，父母为证据，伏神临月而出，官父太岁构成寅巳申三刑，刑者为刑法；打官司虽有三刑但世爻不加入，父母爻、官鬼爻、子孙爻三者相刑，是将违法者绳之以法。

6. 世爻临青龙，你的性格太直了，在处理打此官司的时候，要有一点耐性，时常提醒一下自己，保持平静的心态，这样官司才有望胜诉。

75. 官鬼破化破 管理有问题

马经理测单位财运：

<table>
<tr><td>壬午年</td><td>戊申月</td><td>丁丑日</td><td>（申酉空）</td></tr>
<tr><td>《山火贲》</td><td>《山风蛊》</td><td>六神</td></tr>
<tr><td></td><td>官鬼寅木、</td><td>官鬼寅木、应</td><td>青龙</td></tr>
<tr><td></td><td>妻财子水、、</td><td>妻财子水、、</td><td>玄武</td></tr>
<tr><td></td><td>兄弟戌土、、应</td><td>兄弟戌土、、</td><td>白虎</td></tr>
<tr><td>子孙申金</td><td>妻财亥水、</td><td>子孙酉金、世</td><td>螣蛇</td></tr>
<tr><td>父母午火</td><td>兄弟丑土 ×</td><td>妻财亥水、</td><td>勾陈</td></tr>
<tr><td></td><td>官鬼卯木〇世</td><td>兄弟丑土、、</td><td>朱雀</td></tr>
</table>

马经理是搞农药生产的。他只想问单位的财气如何。

我看了卦后告诉他："一、财气衰败很不景气。二、管理上有比较大的问题，或者水平太差。"这时马经理很高兴地说："一下子让你说对了，我就是管理上不成，投资近百万了，就是效益上不去，现在已经停产。我这次下决心了，请能管理的，我宁愿给他当助手。"

卦理分析：本卦子孙爻不上卦，又旬空，说明财无来路，财爻化空，兄弟爻官鬼爻发动克泄财爻，经营不景气，财气衰败之象。世坐官鬼化兄弟临朱雀居初爻，说明这个人只会坐在家里瞎说，管理方法不切合实际。另外，他自己本人就是因桃花女人之事败财（他身边总带着一个年轻的女会计），因为卯木是桃花，化兄弟丑土，丑土合桃花，有多少钱也不够他耗费的。官鬼爻代表管理，本卦世坐官鬼卯木在月日为衰为弱，又发动，六爻官鬼寅木受月份冲为破化破，财爻又空又弱，管理上不对路，破绽百出，能力差，没人赞成，没人支持，自己瞎折腾，而且越折腾越穷。（实际上这个厂子就剩下他和一个女会计，还有一个看门的，一共就三人。）兄弟爻是捣乱，马经理自化

周易·八卦健康案例精典

兄弟，说明他管理水平很差，只知道花钱，不知道挣钱，而且管不到点子上，理不出头绪来，总是乱七八糟的，如此情景怎么会有好的效益呢。马经理面对此景激流勇退也算是明智之举。

76. 官星无制婚有灾

银川的付女士特地赶到北京找我测婚姻，摇卦得：

	己丑年	辰月	丙戌日	（午未空）
	《天山遁》		《火山旅》	六神
	父母戌土、		官鬼巳火、	青龙
	兄弟申金○应		父母未土、、	玄武
	官鬼午火、		兄弟酉金、应	白虎
	兄弟申金、		兄弟申金、	腾蛇
妻财寅木	官鬼午火、、世		官鬼午火、、	勾陈
子孙子水	父母辰土、、		父母辰土、、世	朱雀

推断：据卦中信息，我对付女士讲："你从 2001 年到 2004 年期间，谈了两个男朋友均没成功。2005 年你认识了一个已婚的男人，你们一直同居到现在。2006 年此男帮你做生意，2007 年男的给你投资一笔钱做生意，从此，你的生意开始从小到大，还是非常好的。2009 年你和男朋友开始有矛盾，关系不太好，为此事你才来找我，想问以后如何办好，后半生还能否结婚？"

反馈：付女士说："是的。"

我问付女士："2006 年你这位男朋友发生过车祸吗？"

"发生过。"付女士答。

我说："是撞死过一个女同志吧？"

付女士说："是的。"

我继续说："2008年你这位男朋友连续不顺，他可能是包土建工程的，此年工地出事死伤十多人，破了大财，这些灾祸他认为是你的命不好影响了他。2009年离开了你。"

　　付女士问："他父母知道吗？"

　　我说："他母亲知道，非常反对你们，让儿子早点离开你。他父亲应该在2002年得肺癌过世了，这事你应该知道的。"

　　反馈："我知道，听朋友说过。"

　　分析：《天山遁》卦是婚姻上的大忌之卦，卦中两鬼无财，切记！不可成婚，遇着不死则离。兄弟爻多，父母爻旺，均对求婚不利，再看世应相克，婚不成。子孙爻不上卦，官鬼无制，阳刚太盛，主婚姻不成。看来付女士不仅婚姻难成，就是以后结了婚也是无子女之命。一卦定乾坤，子孙爻伏在初爻辰土之下为入库也。

　　从2001年到2004年谈婚不成，是卦中官星太旺，父母爻太旺，官星旺极，财星处死地，子孙爻处绝地阳太盛，阴太衰，所以谈不成。2005年认识男友，是应爻代表男友临旺地。他是结过婚的男人，是五爻位，也是应爻申金动化未土回头生临玄武，未土坐离卦，离主中女，故断此男背后有女人，也就是说已有老婆。一直同居，是月令冲上六爻戌土动生五爻申金，戌土又是世爻午火之库，戌为桃花土生应与世同库之故。

　　2006年帮你做生意，是世爻午火与五爻未土相合之理。2007年是子孙爻亥水当令，财爻寅木得长生，与世爻寅午戌三合局也。2006年男友撞死一个中年妇女，是月令辰土冲戌土，戌土坐乾卦主车，父母爻也代表车，四爻官鬼午火化兄弟酉金，与上六爻巳火半合入戌库，此时的酉金被月令合起，随鬼入库，也为白虎发动，鬼巳火兄酉金同坐离宫，离为中女，故断撞死为中年妇女。

　　2008年男友工地死人，是申子辰三合局，子水旺是好事，但伏在墓库之下，只要水旺必入辰库。2008年子水临岁而旺，初爻辰土化辰土坐艮代表坟地。父母辰土在初爻也代表坟地，子孙爻也代表工地上的工人，工人入坟墓，不就是死人吗？五爻申金为应爻生子水入初爻辰库，实际上是盖房子，脚手架塌了，摔死、摔伤十多人，十多人者正是艮卦化艮卦相加之数也。

2009年与男友分手，是丑未戌三刑，2009年丑土为申金之库，应爻申金入丑库之故。

男朋友的父亲在2002年肺癌过世，正是乾卦为父，化离卦回头克金，2002年午火旺金死，金主肺，四爻官鬼午火与五爻未土合入戌库，申金动与巳火合入戌库，应爻坐乾卦，当然是男朋友之父得肺癌了。

77. 用神旺象 事必办成

郭先生测儿子工作调动成否：

癸未年　戊午月　辛亥日（寅卯空）

《乾为天》	六神
父母戌土、世	腾蛇
兄弟申金、	勾陈
官鬼午火、	朱雀
父母辰土、应	青龙
妻财寅木、	玄武
子孙子水、	白虎

析断：

1. 调动能否成功？

占得乾卦，乾代表政府部门；卦现两个父爻，代表现在的单位与政府外事办，应爻临辰土主今年三月份有想调动的意向；今年四月建巳，合五爻马星申兄，表示为调动工作之事在活动；入农历五月建午，午半合戌父生辰父，表示此意向比较明显；但因亥日为孙爻旺气克午官，所以五月份也调不成，过了五月可成事，因上爻戌父见月令官星午火来生合，坐乾卦之中，所以调动工作能成功。

2. 如果能成功，什么时间办成？

交入农历六月未土，未见戌有刑之象，为文书犯刑主办理调动不顺，出现麻烦；但因未合动午官，说明此月要去打通关系了。农历九月建戌，世爻逢值，成功的希望很大。

3. 如果不成功，还有补救办法没有？

万一到九月不成，需要从命理、风水上调理，届时再谈。

4. 如果调动不成，以后的前途如何？

你儿命卦中，日干辛贵在午，为官星带贵人生合世爻，乃食禄之人，只是戌土世爻为贵人不临之地，所以想要高升有一定的难度。

78. 阴盛阳衰 产育女孩

李女士测生子：

庚辰年	己丑月	乙亥日	（申酉空）
《水地比》	《泽地萃》		六神
妻财子水、、应	兄弟未土、、		玄武
兄弟戌土、	子孙酉金、应		白虎
子孙申金 ×	妻财亥水、		螣蛇
官鬼卯木、、世	官鬼卯木、、		勾陈
父母巳火、、	父母巳火、、世		朱雀
兄弟未土、、	兄弟未土、、		青龙

李女士预测的目的是想知道自己所怀是男还是女。

推断：李女士所怀的是女孩。

结果如所断。

卦理分析：问子孙子孙动，符合卦意。子孙申金居阴爻阴位动化阳爻妻财亥水，卦宫由坎化兑属于阳变阴。如果单纯地从卦爻转换的角度去理解，或者按照《增删卜易》："阳变阴男女有变"；《洞林秘诀》："阳爻变阴生女子，阴动变阳育男儿"。古法断卦规则法推断，那一定是男孩无疑。但如果从卦宫转换上去推断，那一定是女孩，事实上所生是女孩。那么，我们到底依据卦爻阴阳转换，还是卦宫的阴阳转换来推断呢。事实上卦宫转换定性别更准确，这其中最重要的一点就是八卦的推理，万不可拘泥于某一种固定的模式，要融会贯通，灵活多变，综合推断。其三，阴阳变化之理之主线，要准确把握阴阳的旺衰平衡，才能使推断结果更趋于准确。

本卦子孙申金为用神，居阴爻阴位转化后变阳爻。但是这个阳爻不得位，因为四爻为阴位，这是其一；其二子孙申金所居坎变爻妻财亥水所居兑，坎为男兑为女，卦宫由阳变成了阴；其三《水地比》变《泽地萃》总体上看也是阴盛阳衰；其四，按六亲飞宫而论，我生者为子孙，世爻卯木所生巳火本卦巳火居坤宫化巳火为坤宫，坤又有女人腹部之象，巳火阴化阴，巳火巳与子孙申金合，形象地说明此女怀孕之象。综合以上四点，以阴阳平衡的理论，应该是阴盛阳衰，阴为女其气旺盛，阳为男其气衰弱，那么就应该是女孩。所以才有所生女孩的准确推断。

79. 化官回头克 前程坎坷多

郭先生测身体和学业：

癸未年　甲子月　辛巳日　（申酉空）

《火地晋》	《天地否》	六神
官鬼巳火、	父母戌土、应	螣蛇
父母未土 ×	兄弟申金、	勾陈
兄弟酉金、世	官鬼午火、	朱雀
妻财卯木、、	妻财卯木、、世	青龙
妻财寅木　官鬼巳火、、	官鬼巳火、、	玄武
父母未土、、应	父母未土、、	白虎

推断1："世爻旬空，化官克世，你现在学业无成，压力很大。"

分析：世爻酉金为兄又空，说明卦主现在学业及事业都没有成功，空者为虚为无，酉金又处离宫，主卦巳未与变卦午火三会火局，火旺而克世，世爻为占卦人，火在卦中为官，官代表父母长辈，说明卦主现在压力很大，父母长辈对卦主恨铁不成钢。酉金处离宫又被火克，卦主不甘心失落，仍然坚持再搏一搏。因为唯一能解脱你现在的心理压力的只有学业。卦中未为父，父主文即学业，未也是化火泄官之神，卦主的希望仍然寄托在学业上。

推断2："你已三届连续落榜，从2001年起到今年，其中有身体不佳的原因，也有你发挥不当的原因而造成。明年申年，为你最后一次拼搏之年，希望你调节好自己的心理，不要紧张，明年你有希望能实现自己的理想。"

分析：连续三年落榜是卦中巳午未三合火局成功，从2001年巳火起，午未之年都是成功的三会火之年，故世爻酉金处离宫，受火克之因。明年申金当令，世爻临太岁为身旺喜官，又有父母未土通关，所以此年是拼搏之年。

推断3："你曾有过肝胆之疾，现在肺部也有不适，另有关节炎，希望注意调理。你现在最严重的病是心理压力造成的，由于学习造成了心律不齐，心血供氧不足，而使大脑出现恐幻症，出现了失眠做怪梦的现象。"

分析：有肝胆之疾是因卦中官鬼为病，卯木贴近而生，木主肝，故肝不好，另《火地晋》是乾宫之卦，寅木也伏二爻官鬼巳火之下，也是病因，寅木主头胆；主卦水不上卦，水主血液，说明心脏不好；肺部不适，因酉金处火宫，又化火回头克，金主肺，故肺部和呼吸道有疾。头上之疾为四五六爻会火成功，火旺主失眠烦躁，临螣蛇，有怪梦之象。

望命主注意调节心理状态，适当合理安排一下饮食，多食补血和凉性食物，并安排好学习生活时间，养成有规律的学习生活习惯，多在室外活动，适当增加一些体能锻炼，做到劳逸相结合，这样有益于对命主的学习事业起到提高和促进的积极作用。

80. 阳盛阴衰必生男

刘女士测生子：

庚辰年　癸卯月　壬辰日	（午未空）	
《乾为天》	《天风姤》	六神
父母戌土、世	父母戌土、	白虎
兄弟申金、	兄弟申金、	螣蛇
官鬼午火、	官鬼午火、应	勾陈
父母辰土、应	兄弟酉金、	朱雀
妻财寅木、	子孙亥水、	青龙
子孙子水〇	父母丑土、、世	玄武

推断： 刘女士所怀是男孩。

其结果正如所断，刘女士生了一个胖小子。

卦理分析： 子孙子水动化父母丑土，由阳变阴，按卦爻转换和古卦书的规则，应该是女孩无疑。按卦宫推断由乾变巽，也就是女孩。但结果却是男孩。这其中是何玄机。我认为断生育定性别，不能仅凭几句断语和简单的卦爻卦宫转换来确定。如果这样的话，十有八九是错误的。本卦子孙子水动化父母居巽宫，正说明其女有怀孕之象，而性别问题还要从阴阳平衡的角度来分析确定，这个卦很明显《乾》变《姤》阳盛阴衰。另外，按飞宫而论，我生者为子孙。世所生者为兄弟申金，居乾在五爻，阳气旺而得位，那就是男孩无疑。具体分析我在以上的卦例中讲解的比较清楚，这里就不再赘述，望学者多加领悟。

提示： 测定生育性别，不能简单地看卦爻转换，也不能只看卦宫转换，要整体综合分析，看阴阳平衡以旺衰来推定性别。

81. 世逢三合　虽好也忧

某女测准备与别人合股投资办企业前景如何：

癸未年	辛酉月	乙酉日	（午未空）
《山风蛊》	《山泽损》	六神	

	《山风蛊》	《山泽损》	六神
	兄弟寅木、应	兄弟寅木、应	玄武
子孙巳火	父母子水、、	父母子水、、	白虎
	妻财戌土、、	妻财戌土、、	螣蛇
	官鬼酉金〇世	妻财丑土、、世	勾陈
	父母亥水、	兄弟卯木、	朱雀
	妻财丑土 ×	子孙巳火、	青龙

推断1：你不是准备合股投资，而是已经合股投资了，是更进一步地创业投资而已。

分析：世爻临日、月旺动，阳动主过去，巳酉丑三合金局，已经合股；世动逢值化财，再创业投资。

推断2：你是公司董事，任财务管理等职，里外兼顾。

分析：世爻旺气带官星酉金，酉为正职，与丑财相合，又化财，财即财务，官即管理，在内卦主内，透于日、月主外，有此象。

推断3：你为人诚实，有工作能力，为企业付出的精力和财力不少。

分析：世为本人，临勾陈主诚实，带官星旺动有工作能力，动而入墓主付出。

推断4：公司的大门是比较宽的铁门，大车能出入；门前是一条大路，不远处有三合路，即三叉路口；看过去，路不冲门，转弯而进。

分析：三爻为门，临酉金为铁，旺气主宽，即大门是比较宽的铁制门；三爻坐巽卦为风为车，巽主高，为大车；巳酉丑三合，巳为马星带青龙，是大道，门爻逢三合临勾陈，为三叉路口；路不冲门者，三合之象，临勾陈为转弯。

推断5：企业的东南方有空地，是停车、放货物的地方。企业为楼房，有围墙。

分析：内卦为宅，动化兑，兑为空地，兑卦旺，空地占地面积不小；艮象宅，下坐巽为车，艮卦下伏巳孙为产品，兑卦中的巳孙亦为产品。巽、艮为高为楼宅，上爻寅木临玄武是围墙。

推断6：目前产品货物积压，经济效益不好，耗财大，忧心忡忡。

分析：巳孙为产品货物，伏于五爻之下受克，销路不好，积压之象；应爻为顾客，日、月之克临玄武，且与巳孙构成巳寅相刑，客源不多而且难待候，甚至有欠账之事。鬼临世动耗财，临勾陈为忧心。

推断7：你目前的状况是，左右为难，进退维谷，不知如何是好。

分析：世爻旺动，动逢三合，矛盾之象，即是左右为难。

推断8：将来企业是否有发展前途？

（1）把握产品的质量关；

卦中显示应爻寅与巳相刑有不利的因素。

（2）加强财务管理，节俭开支；

卦中鬼财同动，资金流散之象。

（3）销售范围扩大，加大宣传力度；

巳孙为产品，月、日来合，合则出伏，日、月主外；二爻亥父为宣传广告之类，自刑又化破不宜。

（4）今年交至亥、子月以后，至明、后年之后，企业有发展，不用担心。

二爻亥父为单位、公司或企业，于酉月、日为败地，行至今年亥、子月则生旺，父旺主企业有活力，如亥月（十月），亥冲巳孙，亥合应爻，销路能好。明年甲申、后年乙酉，为世旺生父，父爻临长生之地，故企业经济有好转。

（5）加强内部管理。

占得《山风蛊》，主内乱生虫之象；变《山泽损》，主损失之象，大象不吉也，所以加强内部管理，协调运作，非常重要。

内卦为宅为企业，外卦为人，内克外，为宅克人，风水碍事，人事不兴；变卦为兑，人生宅，多泄气。

82. 世应相克婚不顺 财临旺地妻有变

杭州的赵先生特地赶到上海测婚，得：

戊子年　　庚申月　　辛巳日　　（申酉空）

	《山泽损》	《山天大畜》	六神
	官鬼寅木、 应	官鬼寅木、	螣蛇
	妻财子水、、	妻财子水、、应	勾陈
	兄弟戌土、、	兄弟戌土、、	朱雀
子孙申金	兄弟丑土 × 世	兄弟辰土、、	青龙
	官鬼卯木、	官鬼寅木、 世	玄武
	父母巳火、	妻财子水、	白虎

推断： 我看完卦象，对赵先生讲："你1997年就开始谈恋爱，1999年结婚，2002年离婚。2004年、2005年谈婚不成功，2006年又谈，2007年结婚。2008年你妻子跟一个老头子，也就是岁数大的男人跑到西方国家去了。"

反馈： 赵先生讲："我是2002年离过一次婚，2007年我第二次结婚的这个女的，我对她很好，从没打过架，可2008年她跟一个法国老头跑到法国去了。我对她感情很深，李老师，你看她还会回来吗？"

我说："能回来，到年底。"

后反馈信息，确实立冬后回到了杭州。

分析： 1997年谈婚，是世爻兄弟丑土发动与子水相合，又世化兄弟辰土与月令申金，三合财局，申子辰三全局，见财如见妻也。1999年结婚是应爻代表配偶，二爻代表老婆，应爻是寅木化寅木，本应1998年结婚，但卦中寅木与月令日令三刑，刑者婚不成。1999年为卯木临旺，生巳火，初爻巳火化财爻子水，子水与世爻丑土相合，故断此年结婚。

2002年离婚是二爻卯木化寅木为化退，说明此女在与赵先生谈恋爱结婚时，外边已经有情人了。2002年为马年，寅午戌三合桃花局，说明此女跟别的男人好上了，午火与财爻子水相冲，故断此年离婚。

2004年为申金年，犯申巳寅三刑，2005年酉金冲二爻卯木，故断此两年谈婚不成功。2006年谈成是世爻临旺，卯戌相合之故，2007年结婚是亥水之年，财爻子水临旺地合丑之故。2008年跟老头跑到法国是子水临太岁旺入辰库，子辰同坐乾卦，乾主老头，也主西方国家，年底回是丑土合子水之故。

83. 子空化死 有子难成

李女士测生育：

	壬午年　　癸丑月　　壬辰日		（午未空）
	《雷水解》	《雷风恒》	六神
	妻财戌土、、	妻财戌土、、应	白虎
	官鬼申金、应	官鬼申金、、	螣蛇
	子孙午火、	子孙午火、	勾陈
	子孙午火×	官鬼酉金、世	朱雀
	妻财辰土、世	父母亥水、	青龙
父母子水	兄弟寅木、、	妻财丑土、、	玄武

李女士自述结婚已七年，就是没有孩子。

推断："你曾有过孩子，但没落住。"

反馈："结婚第二年怀孕因工作需要把他做掉了，以后就没在怀孕，不知啥因？"

推断："是你自身毛病，应该是经血不调。"

反馈："是这样，大夫也说是我的毛病。"

卦理分析： 测生育，子孙为用神。本卦子孙午火动于卦中，说明命中有子。但子孙午火化官鬼酉金，为死为凶，又子孙正值旬空化官鬼，所以是有子也站不住。正应结婚第二年怀孕因工作需要做掉。此女是1995年结婚，1996年伤子。

世居二爻辰土化亥水，二爻正是坎宫之阳爻有腹满之象，又有女性妇科之象，化亥水为子孙之忌神。本来子宫是育儿之地，化火化木为吉为喜，却化出个亥水，而且是从世爻辰土中化出之亥水又入日辰之库受月克，亥水为活血，二爻为阴位，卦中是阳变阴，阴阳不调，所断活血不正常。医学术语就是经血不调。

84. 一生风光婚坎坷 卦遇三刑灾难多

青海的姚女士测运气，得《雷泽归妹》之《震》卦：

戊子年　　己未月　　辛未日　　（戌亥空）

《雷泽归妹》	《震为雷》	六神
父母戌土、、应	父母戌土、、世	螣蛇
兄弟申金、、	兄弟申金、、	勾陈
子孙亥水　官鬼午火、	官鬼午火、	朱雀
父母丑土、、世	父母辰土、、应	青龙
妻财卯木○	妻财寅木、、	玄武
官鬼巳火、	子孙子水、	白虎

推断： 我看了卦象爻象，对姚女士说："你一生风光，在单位是个领导，工作能力强，能与市领导打成一片，可称得上是个女强人。

你丈夫死在1994年多为肺癌，1996年你又找了一个老伴。2002

年你第二个老公必有死灾，多为肝癌。

你本人左腿摔伤过，另外你有血压高、糖尿病、经常头痛。

你 1998 年、1999 年发财。

2004 年你本人有大的手术之灾，多指心脏问题。

你 2005 年又找一个老伴，至今还过得非常好，他对你也非常好，疼爱你，看来能白头偕老。"

反馈： 姚女士说："我是在妇联上班，是个积极分子，在妇联当主任是市委委员，和市长书记常在一块开会，的确风光得很。我第一个丈夫是肺癌死在 1994 年，1996 年经人介绍，又找了一个老伴，没办结婚手续就到一块生活了，可到了 2002 年他又得了肝癌，时间不长就死了。我的左腿摔伤是走进一个水坑滑倒跪下导致小腿骨折，我糖尿病、血压高、头痛全都有。1998 年、1999 年做生意是挣了不少钱，2004 年我做了个手术是心脏塔桥。2005 年又找了一个老伴，到现在一直还挺好，不知以后平安吗？"

分析： 姚女士摇的此卦是有些复杂，卦中世应与月令构成三刑，主此女是克夫之命。以应爻为丈夫是丑戌相刑，应爻戌化戌临腾蛇，都是主夭折命或凶死。再看五爻为老公是申金化申金，月令冲丑土，世爻丑墓大开，五爻申金入丑库，再看官星午火巳火，入应爻戌土之库，卦上丑戌未三刑，说明此女会克死三夫之命。

姚女士一生风光，在单位是领导，工作能力强，是世爻丑土暗动化辰土为进，又临青龙，说明姚女士风光有贵气是领导，能力强是因父母爻也。与市领导打成一片，是五君爻坐震卦代表大城市，五爻为君位，代表市领导，五爻是申金入世爻丑土之库，说明此女与领导不是一般关系。

此女多婚，卦变六冲入库，不死则离。此卦是财星入库官星入库，说明此女把钱存到外地银行，因妻财卯木寅木入日库月库，月、日代表外地，说明此女为强人也。第一个丈夫肺癌死在 1994 年，是应爻戌土临太岁旺，应爻为结发之夫，此年土犯三刑而旺，主丈夫有生死之灾，土多金埋，申金在五爻也代表肺，申金又坐震卦金弱极，金也代表肺，故断此年死于肺癌。1996年又找一个老伴，是初爻官星巳火化子水，子水临太岁而旺与世爻相合，世合太岁主有喜事，故断姚女士此年结婚。

左腿摔伤，是初爻二爻代表腿，初爻官鬼化子孙爻子水临白虎，子水受月克日克，白虎主伤，二爻卯动化寅犯三刑，寅申巳三刑，刑者伤也，下卦兑为金，二爻动，变震为木，金克木，故断伤在左腿。

血压高，是卦中火土旺之故。头经常痛，上六爻戌土与日上月上相刑之故。1998年、1999年发大财，是财临太岁而旺之故。第二个老公2002年死于肝癌，是官星午火化官鬼午火，鬼化为鬼更不祥，午火与月令日令未土相合，未土是卯木之库也，木者肝胆也，故断此年老公死于肝癌。

2004年卦主心脏手术，是五爻申金化申金，临太岁旺，申金代表手术刀，与官鬼巳火合，巳火也代表手术刀，故断此年心脏手术。2005年结婚，正是卦中巳丑半合，到2005年酉金出现，成巳酉丑三合局之故。

85. 兄鬼卦中动 劫财又招灾

黄先生测儿子生意如何：

	癸未年 庚申月	癸酉日	（戌亥空）
	《风泽中孚》	**《水火既济》**	**六神**
	官鬼卯木〇	妻财子水、、应	白虎
妻财子水	父母巳火、	兄弟戌土、	螣蛇
	兄弟未土、、世	子孙申金、、	勾陈
子孙申金	兄弟丑土 ×	妻财亥水、世	朱雀
	官鬼卯木〇	兄弟丑土、、	青龙
	父母巳火、应	官鬼卯木、	玄武
	（艮宫游魂卦）		

推断 1：儿子餐馆的邻近一带，还有同类的餐馆，存在竞争力。

分析：三、四爻为人爻之位，两兄值之，相冲，兄主竞争。

推断 2：餐馆是租用的，甚至是转让下来的，以儿子的名义要下来经营。

分析：内、外之卦均为他宫卦，二爻为宅临官鬼化兄弟，租用之馆，化丑兄冲世未，转让之象。父爻为馆为文书，临巳火与透出月建的孙爻申合，孙爻为儿子，孙合馆，小孩的名义。

推断 3：餐馆在大酒店，原有两个厅，经装修后改成了一个餐厅，火房靠东南方。

分析：二爻为宅，初爻巳火的餐馆，坐于兑卦中，兑为酒店，旺气，表示是大酒店。官为厅，卦见两官，均动，一动化子水之财为餐厅，一动化丑兄为邻厅；巳火临父为火房，巳主东南方。

推断 4：餐馆外是一条大道，车水马龙，非常热闹，应该是东西向的大道。

分析：二爻为宅，冲二爻为路，日建酉冲卯，卯酉为东西方向；二爻临青龙主大路，三爻门户临朱雀热闹；孙值申马旺气为车，车水马龙之象。

推断 5： 餐馆的向方有一座大楼，写字楼之类，出入都是白领阶层的人。

分析：应爻为向，临父巳火化官卯木，木火通明，文明之象。

推断 6： 左右边楼房比较对称，新建不久，有娱乐行业；后方稍远处，亦是一条大路；东南方有一条大河，桥梁横渡。

分析：世爻为坐宅，龙、虎同类爻动合克之，合处逢冲，对称之象；玄武为后，初爻为后方，临巳父马星，化卯木，后有大路；世坐巽卦主东南，巽化坎为水，水旺于月、日，大河；上爻虎临卯木动为大桥。

推断 7： 与外籍人合作经营，目前生意不佳，事业有阻，麻烦较多，有口舌是非。

分析：孙申伏丑下动与日建酉、应爻巳成巳酉丑三合金局生财，酉为西临日建主外籍人。

目前占得此卦，兄鬼在卦中动，兄动劫财，鬼动招非，所以生意不会怎样好，还有麻烦之事。

推断 8. 幸孙爻旺气克鬼泄兄，不会出现太大的乱子；且交入冬季水旺财旺之时，生意好转；明后两年金旺生财，方见佳兆；变卦《水火既济》，有利将来的发展。

推断 9. 应爻为顾客临巳火，化卯鬼，你的餐馆主要面向东南亚一带的客人；若能扩大经营，多一些面向西方外国人就餐，更好，因应化卯鬼，与酉相冲，西方人也。

推断 10. 儿子是自费留学，虽起步维艰，但有此志向甚好。

分析：申孙入兄库，兄主劫财，未世乃官库值兄，申与父合，自费留学。间爻兄鬼同动，起步维艰；申孙旺气，主有能力，志气大。

推断 11. 兄动主资金不足，鬼动主创业艰难。故只要能闯过此关，将来还是有发展前途的。

86. 子孙持世 当令财旺

闫先生测终身运气如何：

<pre>
        癸未年   壬戌月   丁丑日   （申酉空）
     《火泽睽》   《火水未济》   六神
        父母巳火、   父母巳火、应   青龙
妻财子水 兄弟未土、、   兄弟未土、、   玄武
        子孙酉金、世   子孙酉金、   白虎
子孙申金 兄弟丑土、、   父母午火、、世   腾蛇
        官鬼卯木、   兄弟辰土、、   勾陈
        父母巳火○应   官鬼寅木、、   朱雀
</pre>

问： 终身财运如何？

析断： 财爻子水为用，伏于太岁未兄之下受克，而未是官爻之库，官爻主工作，世爻酉孙空亡不制卯官，你目前的经济来源从上班工作求得。子水伏于五爻之下，未为太岁，工资收入不低。子水之财伏藏，世爻酉孙原神逢空，表示好财运没得到，但将来有发财之机会。

流年癸未，太岁临兄伤财，世空不受生，今年财气不佳，破耗多端。明年甲申，世爻出空，子水之财逢长生之岁，此年财运有好转；后年乙酉，世爻逢值，巳丑酉三合世爻孙局，此年财上大进。往后几年为水、木当旺即财官旺气，应该行的是好财运。

41—50 岁行二爻卯官运限，原局戌月合动，卯化辰，辰临兄为财之库，表示此运事业有发展，有投资合作生意之象；官为运限为工

周易·八卦健康案例精典

作，能发财之运。

51—60岁行三爻丑兄运限，卦中丑酉巳三合孙局，此为运合世局，此运限财运亦佳，只是多破耗。

总之，此命一生经济生活比较好，行中晚年之财运。

问：我喜欢周易算卦等神秘文化，请问我能学有所成吗？

析断：学习预测之类的看父爻，兼看官爻。卦中初爻巳父动，入库于戌月，化寅官，临阳爻在初爻之位，此人学易多年，但久学不进，虽有悟性，可惜无名师指点引路。

应爻为别人，顾客，临巳父发动克合世爻，有人叫您预测；巳化寅相刑，你有时测得很准，有时心中无底。世爻孙酉空亡，表示对此易学文化有退悔学习之象。

二爻卯官主易学卦技之类，月令戌为父库合动，此人为学好易学购买了很多书籍。卯化辰，辰为兄为财之库，此人家中存有古籍之书。

巳化寅，寅为官临朱雀为将来，行至流年丁亥岁之后，水旺、木旺，木旺即寅官旺气，即2007年以后必学有所成。

问：我的住宅情况？

析断：二爻卯官为宅，卯化辰临勾陈，辰为兄，卦主花钱买了楼房居住。世为坐宅，在离卦中，应爻为外屋，坐兑为西方，表示宅外之西边有一条大路；宅之南边有空缺之地。初爻地基临应爻，父化官，此地皮是别人的即单位的。巳父临朱雀克合世爻，你有房产证。初爻为房后，巳父动临朱雀，此楼的后面有楼房。五爻为路，三爻为门，未丑相冲，大门近楼梯口，但不直冲门。内卦兑化坎，金水相生，此楼的西或北面有水沟河流池塘之类。三爻为门化午父为房，房子紧贴邻居，午克酉世，表示平时少来往。外卦离为人，内卦兑为宅，火克金即人克宅，房子建造整齐。

二爻为宅，五爻为人，二爻卯官五爻未兄，二克五为宅克人，宅之风水一般；辛二爻化辰，辰与未相扶，否则疾病伤灾应有之。

五爻人口，未与月日戌丑构成丑未戌三刑，主家中人口欠安，多破耗钱财。

问： 我的六亲情况？

析断： 卦占两个巳父，巳父入戌库中，你父母年迈；一父在初爻临应方，一父在上爻，与世爻、日建构成巳酉丑三合世爻局，卦主孝敬父母，但父母不与自己同住。

本宫亲爻申孙伏于丑库之下，土旺生金，子女已成长；丑化午父，父主文，卦主的子女有文化；午父在他宫内卦，午克酉世，表示子女不利在身边发展。

子水之财爻为妻，应爻为巳父为夫妻宫，子水伏而受克，是鬼库临太岁克，应化相刑，卦主妻子身体不好，有妇科病、常有头痛之症、心血不佳。应化相刑，夫妻关系不太好。

问： 我的官运如何？

析断： 卯官坐二爻次尊之位，有月令戌合，表示在单位有官职，能担任正职。卯化辰，辰与世合临勾陈，此职位担任已久。2006年丙戌，戌冲辰，官职有不利的变动。但2007年有升职之象，行至2010年、2011年为官旺之时，此两年官运亨通。

问： 其他情况？

析断： 要注意有关节痛之疾，因初爻巳化寅相刑；巳寅相刑为马星，在应爻之上，巳坐兑为西，寅坐坎为北，不利西、北方位出行，防有车祸。明年甲申，申巳寅三刑，七月建申，即明年七月为病伤灾，须注意提防。

内卦初爻巳化寅，二爻卯化辰，三爻丑化午，为化刑害，又鬼化兄，注意手脚之伤，否则有残疾，特别是流年行金、水旺运之时。

卦主小时候，热水烫伤，因初爻巳化寅相刑；五爻未土，三爻丑土，四爻酉金持世逢空，酉为西方，表示住宅西边有干坑，又土埋金，防有从高处掉下受伤之咎。卦主不宜行至有深坑之处，2005 年为酉岁，此年当防不测。

世爻空亡，财爻无气，父动化刑临朱雀，命中多犯口舌是非，财气欠佳。

87. 鬼化鬼临虎 官非又伤灾

一位姓胡的中年男子，到上海找我测财运，得：

戊子年	庚申月	癸未日	（申酉空）
《火地晋》		《火水未济》	六神

《火地晋》		《火水未济》		六神
官鬼巳火、		官鬼巳火、 应		白虎
父母未土、、		父母未土、、		腾蛇
兄弟酉金、 世		兄弟酉金、		勾陈
妻财卯木、、		官鬼午火、、 世		朱雀
官鬼巳火 ×		父母辰土、		青龙
子孙子水 父母未土、、 应		妻财寅木、、		玄武

推断： 据卦中信息，我对胡先生说："你所干的是放贷款公司，也就是放高利贷的。"胡先生点头称是。"2003 年你被人骗走一笔款，至今都没有追回来，你几乎破产。2004 年遇贵人东山再起，现在生意干的很大。"

反馈： 胡先生说："不错，我 2003 年被人骗走七百多万，至今找不到人。2004 年碰到一大哥帮了我，生意做得很红火。"

推断： "2005 年你挣大钱，2006 年赌博输了上千万，但 2007 年你不但把钱捞回来，另外又挣了两千多万，你上边认识人，有贵人助你，银行的钱你能贷出来，再放高利贷。"

反馈： 胡先生点头称是。

推断："今年你的运气特别差，四月份被人偷盗有上百万，六月份又被盗走十几万，六月你又有官非口舌还破财。"

反馈：胡先生说："2005年挣大钱，2006年上澳门输了上千万，但2007年把输的钱挣回来又赚了几千万。可今年特别不顺，四月份我把一笔钱放在办公室的，结果门被撬开，一百万现金被偷走。到了六月份我把十几万现金放在办公室，又被别人撬开窗户偷跑了。晚上在酒吧喝酒，跟别人打架，把酒吧给砸了，把人打伤了，拘留了三天又罚了几十万，后来有领导出面担保，要不就坐牢了。"

分析：按八卦古本的断法，兄弟爻持世无财可求，我的经验是只要兄弟爻旺，世应相合相生，具有大财可得，如兄弟爻与财爻合，与父母爻生合，都有财可得。

胡先生摇此卦是兄弟爻酉金持世临月而旺，得日令之生，又得应爻和五君爻相生，卦中官鬼巳火动，生应爻未土，此未土为财之库临日而旺，说明胡先生曾有过大财，上六爻官鬼巳火化官鬼巳火，生五爻未土化未土，同样未土为大财库，可说是国家银行，因五爻代表君位，代表大财库，大财库生世爻，说明卦主从银行能借出钱来。世爻又与官星巳火半合，卦中官鬼午火合财库未土，财官合库是寅午半合又入未库，财卯与未半合均生世爻，可见卦主上下通天，有大贵人相助，来人不凡。

放高利贷公司，是卦中兄弟旺相与官鬼相合，多半是黑白两道，财库临日生世，我的经验是诸如此类卦例大多数是高利贷公司。

2003年被人骗走七百多万，是应爻财库未土，2003年临太岁旺，应为世爻所为之事，应爻未土化财爻寅木坐在坎卦，寅木为月破，坎是别人设好的陷阱，临玄武是代表被人欺骗之意，七百多万是坤卦之数。

2004年遇贵人，是太岁申金与卦中官鬼巳火相合，又巳酉半合，故断此年遇贵人。2005年你挣大钱，是世爻酉金临太岁，得未土之生，又得官鬼生合，二爻巳火发动化辰土临青龙生合世爻之故，故断此年大发，也是世旺之理。

2006年赌博输上千万，是戌土临太岁与财库未土相刑，未库刑开放出财爻，寅午戌三合，卯戌相合，财被人合走，故断此年输钱，世爻兄弟化兄弟与官鬼相合，为十人九赌之象。

2007年挣大钱，是财爻得长生，生巳火，巳火生未土，未土生酉金之理。

2008年四月份钱被盗，是官鬼临旺地，寅申巳三刑，鬼在二爻动，说明是家鬼所为，是胡先生身边一个很胖的中年人所为。六月份破盗，是应爻临玄武之故。

打架拘留又破财，是卦中官鬼化官鬼临白虎，兄弟化兄弟，均主伤灾，月令申金合巳火冲寅木又相刑，是表示破财又被拘留。

88. 五君相生 做事亨通

黄先生的外孙女婿摇卦测投标能否中：

癸未年 辛酉月 己丑日 （午未空）

《风雷益》		六神
	兄弟卯木、应	勾陈
	子孙巳火、	朱雀
	妻财未土、、	青龙
官鬼酉金	妻财辰土、、世	玄武
	兄弟寅木、、	白虎
	父母子水、	螣蛇

推断1：外孙女婿有工作，财气大；有贵人，当官的。

分析：世爻为本人，临父库持世，下伏酉官相合；辰为水库，辰库为大库，临财；月令临官星合世，日辰官库扶世，是贵人，官星即为当官的。

推断2： 煤气公司通过招标投资扩建工程，比如搞煤气管道之类，应该是市政府规划的项目之一。

分析： 卦中初爻子水父母为公司，临月生旺，日建合动，父旺主工程不小；内、外为震、巽属木，木为管道之类；五爻巳孙为煤气，在五爻的路上，又是风水上的人口之爻，民用之象；月令为市政府，合世，合五爻巳孙，合则动，因合的是父库，父主规划。

推断3： 此次投标竞争激烈，他本人中标的希望大，若在投标时随行带一位属猴的人同去更好。

分析： 明日庚寅，寅为兄弟爻，兄主竞争，与世相克；月令冲破应爻别人，过关斩将，官临月合世爻，中标的希望大。为什么要带个属猴的人同去呢？因属猴为申，能冲竞争对手寅兄，与世爻构成申子辰三合父局，父主投标。

推断4： 告知底标120万元起价，那么中标价在150—170万元之间。

分析： 因卦中辰财为5数，即150万元，放宽一点就是170万元，即150—170万元之间。最低数为140万元，因酉官泄财，酉为4，即140万元。

推断5： 这是个好机会，将来有发展前途，会带来较大的财运。

分析： 卦中世爻本身临财，又是父之库，父主工程，明年申子辰三合，财运好，事业顺利。再往下几年都是财、官、父当旺之年，所以有发展前途。

占得《风雷益》静卦，是个好卦，益者吉也。

89. 夫爻退入库 婚姻不到头

一女士占测运气：

	戊子年　己未月　辛未日　（戌亥空）		
	《雷泽归妹》	《震为雷》	六神
	父母戌土、、应	父母戌土、、世	螣蛇
	兄弟申金、、	兄弟申金、、	勾陈
子孙亥水	官鬼午火、	官鬼午火、	朱雀
	父母丑土、、世	父母辰土、、应	青龙
	妻财卯木○	妻财寅木、、	玄武
	官鬼巳火、	子孙子水、	白虎

推断1："你是女中强人，能言善辩，事业非常好，拿得起放得下，说一不二。"

推断2："仕途顺畅，贵人多。能与领导处好关系，能量大，实干性强，财运好。"

实际：现已退休，有实体，生意做得大，财运一直不错。

推断3："你有二子一女。"

推断4："事业风光婚不顺，夫君举案难齐眉。你的原配夫君应在1994年有生死之灾，多为肺病。"

推断5："1996年，有再婚之喜，此人有工作，当过兵，岁数比你大。此人的妻子死于癌症。病在胸部。此人有二子一女，大儿子是个大学生，小儿子和女儿与你们相处和谐，有孝心。"

推断6："2001年，你有跌伤之灾，应摔伤右腿。"

推断7："你有糖尿病和偏头痛的毛病。"

反馈："李老师测的全对，令我大开眼界，我丈夫死于肺癌，1996年二次结婚，他确有二子一女，大儿子不孝敬。我原是电视台记者，后提到副台长，现做点房产生意……"

分析：

1、父母爻丑土持世临青龙，坐兑卦，说明此女有文化素质，很注重仪表，能说会道。世爻丑土化辰土坐震卦，当然是事业好，干大事业，说一不二。临青龙，龙气十足，一言九鼎，说一不二。辰为大库，临日、月旺相，为人必大气豪爽，能干有为，世爻丑土身居兑卦，主能言善辩口才好。拿得起，放得下。

2、父母爻旺主事业、权力，临世爻众官相生，必身居公职，贵人多，有权力。五爻为领导，入世爻之库，故能与领导友好相处。辰土为万物之库，必然能力强大，事业顺遂风光，财运必然滚滚而来。

3、我生者为子孙，五爻兄弟申金居震卦为长子，五爻也为长子，兄弟申金化兄弟申金为二子，下卦为兑为女，故二子一女。

4、克我者为夫，二爻卯木化退，入日月之墓，是克夫之命；应爻戌土为夫，空化空；五爻为丈夫，兄弟申金临勾陈。1994年甲戌，卦中丑未戌三刑，官星巳火入戌库，所以丈夫有生死之灾。五爻为呼吸器官，金主肺，官鬼午火克金，土多金埋，故断多为肺病。肺癌者，是戌土未上相刑，埋金之故。

5、内卦的官鬼巳火与世爻半合，为第二任丈夫。化出子孙子水坐震卦临白虎，震卦、乾卦多指军队、公检司法，临白虎指威武刚强，所以断此人当过兵，且有工作。1996年丙子太岁合世，故断有成婚之喜。兑为少女，震为长男，中间隔了一个年龄段，所以断此男岁数大。二爻妻财卯木为官鬼巳火的前妻，化退入日月之墓，为不祥之兆。寅午戌三合火局，四爻主胸部，病在胸部。

官巳所生为其子，六爻戌土坐震宫代表长子，临腾蛇，逢空，有如无，不孝敬；父丑坐兑为女儿，与用神同爻同位，与官巳半合，故女儿好，与其相处较近，初爻子水为小儿子，子水与丑土合，故小儿子也不错。

6、卯木在二爻为腿，化退临玄武主流血，寅巳申三刑，卦变六冲主损伤，有手术之象。2001年官鬼巳火临太岁，巳火为手术刀，白虎主血光，刑二爻寅木，此年腿有手术之灾。

7、四爻为脾，临鬼主病，卦中辰戌丑未四刑，脾不好。下伏子孙亥水，亥水主肾，旺土克水为患糖尿病之象。六爻为头临戌土，戌为火库，火主神经，日月双刑，脑神经有问题。

90. 父母坎坤皆车象 路向西南奔财乡

东北某男测事：

	丙辰月	甲戌日	（申酉空）
	《风地观》	《水地比》	六神
	妻财卯木○	子孙子水 、、应	玄武
兄弟申金	官鬼巳火 、	父母戌土 、	白虎
	父母未土 、、世	兄弟申金 、、	螣蛇
	妻财卯木 、、	妻财卯木 、、世	勾陈
	官鬼巳火 、、	官鬼巳火 、、	朱雀
子孙子水	父母未土 、、应	父母未土 、、	青龙

推断1："你想买条线路跑车，你的来意是看能不能买下来，跑这条线能不能发财。"

反馈："今天真遇上高人了，没等我说话就知道我的来意。"

分析：卦中父母爻持世，职业与开车有关，坎卦，坤卦、也都有车象，世爻父母未土化出兄弟申金，有通过开车赚钱之意。兄弟爻又暗伏在五爻道路上，窥视父母戌土也是车象，临白虎为虎视眈眈，志在必得，想在这条路上跑车赚钱。

推断2："事可成，线能买下来，手续也能批下来。"

分析：首先看卦宫：上卦是风，下卦是地。二五生世旺，世应同旺，说明事能办成。路线能否买下来，取应爻未土为用，在坤宫阴位，顺通，能买下来。

推断3："但这个线路已经有人在跑了。"

分析：因初爻未土化未土。

推断4："手续能批下来，但要费些周折，起码要找二个到三个人。需要找省、市，甚至北京的人。有女同志在张罗此事。"

反馈："找省内交通厅的两、三个人。"

分析：五爻巳火临白虎旺相生未土，巳火居五君位，二个巳火。因卯木生巳火之故。

推断5："你为买这个路线花钱多，花得有点不明不白，你现在已经花了3、8之数。"

反馈："拿出三十万，已花八万元。因为领导要换届，不知钱花的是不是地方。不是三万就是八万。"

分析：财在内爻，卯未半合，卯动主花钱，未是财库，在内卦，说明花的是自己的钱，临玄武，主花的不明。财爻卯木在内卦，五行木主3、8，所以断花了3、8数。

推断6："这个路线是往西南方向去的，能挣钱。虽然钱花了直到现在没消息，但请放心吧，你花钱花得值，能办成也能发财。"

分析：父母爻未土坐坤为西南，西南方正是财库，坐坤主顺，不但能成功，非常顺利，能挣钱。五爻巳火化父母爻戌土入库，巳火不能生世爻未土，说明办事的人不认识。因现在新任交通厅长之故。这个路线能走通。到五月辰日就行了，五月批，六月通车。到了辰日，辰戌冲，巳火出库，五爻代表厅长，到了五月火旺，巳火出库，五爻可点头办此事了。因巳火生世爻之故。按说四月火旺能办成，但东北最热的天得到五月。午未合世，有情之合，肯定成功。

推断7："看你的卦象，你开店搞服装最好。"

分析：卦中卯木是财，服装是木的行业，所以搞服装能挣钱。

推断8："开店只能开二个，最多不能超过三个。"

分析：因卯主二，木数三，所以开二个最好，三个也行。

推断9："开店在你们住的东南方最好。"

分析：在东南方开店是因与世爻同宫，又是巽宫，主旺象之故。

最后卦主问我："我也能学易经吗？"我回答："己丑年问事，父母土爻持世，又临螣蛇肯定行。"

91. 卦逢六合病缠绵　欲得男嗣孝为先

某男测事：

酉月	乙亥日	（申酉空）
《天地否》	《天山遁》	六神
父母戌土、应	父母戌土、	玄武
兄弟申金、	兄弟申金、应	白虎
官鬼午火、	官鬼午火、	螣蛇
妻财卯木 × 世	兄弟申金、	勾陈
官鬼巳火、、	官鬼午火、、世	朱雀
子孙子水　父母未土、、	父母辰土、、	青龙

推断1："你有两个女儿。"

反馈："确实有两个女儿。"

分析：我生者为子孙，世爻卯木生巳火在坤宫阴爻，火主二，所以断二个女儿。

推断2："你老婆怀过五胎，但却至今没男孩。"

反馈: "确实怀过五、六胎,就是没落下男孩。"

分析: 二爻巳午火为妻、火生之土为子,土主五,故断其老婆怀过五胎。

推断3: "你命中本有二子,但就是养不活。"

反馈: "老师能否讲一下为什么男孩养不活。"

分析: 水为子孙,旺为二,子孙伏父母未土之下受克,坐坤宫,男孩活不成;五爻为长子,虽旺,但空,又临白虎,白虎旺,白虎抬头伤人丁。

推断4: "你对你老婆很好。"

反馈: "我对她可以说是百依百顺。"

分析: 财爻持世,夫妻同心。

推断5: "也正因为如此,你对父母应尽的孝道,也就做得差一些了。"

反馈: (欲言又止)。

分析: 财爻持世有许多的象,有财爻持世主财荣之象,有求财易得之象,有夫妻同心之象,也有妻夺夫位之象。财爻弱时,就是偏听妻言、不敬父母之象。

推断6: "古人云:不孝有三,无后为大。反过来讲,不孝之人,往往绝后,有也难以成人。子嗣的有无,并非人心可以所欲的,那是乐善好施积福德的结果。也许你会说自己是很孝顺的人,那你就回家去看看祖坟,已经年久失修了,尸骨已经浸水了,还说自己有孝心。不重孝道这也是没男孩的原因之一。"

反馈: (惊惧、沉默、不语)。

分析: 初爻父母临土持龙是祖坟,辰为子库,为湿土,墓穴进水,艮为山为坟地,祖坟在山脚下,土克水,三午冲子,故断不会有男孩了。

推断7: "也许你在想:反正我也结扎了,孝不孝也无所谓了,岂知天心公道，如果你能劝教妻子，恪尽孝道，行善积德，没准儿老天会送你一个比亲生儿子还孝顺的螟蛉义子呢。"

反馈："老师真是神目如电，连我结扎了也能看得出来。"

分析：三爻卯木动化申金回头克为手术。卯木月破，已无生的能力。

推断8："你老婆的病已经缠身许多时日了，始终不知病因。"

反馈："是的，医院查不出。"

分析：二爻巳火也代表老婆，月令死地，日令暗动，官鬼双夹用神，不死也得病。卦逢六合是久病缠身难治愈，子孙爻不上卦，初爻没定位，病无头绪。

推断9："你老婆胃不好，经常心口痛，是十二指肠溃疡。"

反馈："对，是心口痛。"

分析：内卦坤化艮，印在下三爻坐坤宫，不是肝胆病，卯是小肠，寅为大肠，鬼在四爻，在胃和小肠之间，是十二指肠有病，在肠与胃之间有炎症。所以消化不好，有胃病，巳火也代表肠子，水火冲也说明有炎症。日、月冲二三爻，肚子痛。

推断10："你老婆妇科上也有病，子宫里长瘤子，黄豆大。"

反馈："最近检查是长东西了。"

分析：内卦坤为平野之土，化出艮为山坡小丘，鬼在二爻病在子宫，艮土中有午火是炎症，艮土中有申金不是带环即是生瘤。

推断11："你老婆还经常头晕迷糊，血压有问题，脑供血不足，休息不好，常头痛，睡眠不好。还时常右肩痛，有肩周炎。"

反馈："对，这些毛病都有。"

分析：父母戌土为燥土，在上爻为头，卦中无水相济，水为血液，故脑供血不足，并发诸症。又因五爻申金临白虎，故断右肩有肩周炎。

推断12："你家厨房有问题，厨房在东南，灶台冲西北，影响妻子健康，也影响家运。"

反馈："灶台是对着西北。"

分析：巳火代表厨房在东南，灶口对北偏西，不利乾宫，为火烧天门。厨房也表家庭主妇运气，巳火受月冲，故主妇多病。

推断 13："你老婆看起来全身是病，但近期没什么危险，吃吃中药汤剂过夏天就没事了，但越明年，就要引起注意。"

分析：卦中鬼爻虽多，但不旺，且原神受制。越明年为寅卯旺，鬼爻必然肆虐。

92. 三刑加四库　灾难挡不住

齐女士测丈夫的身体如何？摇卦得：

辰月	壬午日	（申酉空）
《水天需》	《风泽中孚》	六神
妻财子水 ×	官鬼卯木、	白虎
兄弟戌土、	父母巳火、	螣蛇
子孙申金、、世	兄弟未土、、世	勾陈
兄弟辰土○	兄弟丑土、、	朱雀
官鬼寅木、	官鬼卯木、	青龙
妻财子水、应	父母巳火、应	玄武

推断：我看了卦象，对齐女士讲："你丈夫 2001 年做过直肠手术，2003 年做过肝胆手术，2006 年做过肺部手术，多为肺癌。"

反馈：齐女士说："李老师说的都对，你看看我丈夫还有多长的寿命。"

我告诉齐女士："近五年内没事，现在你老公各方面很好，身体正常，精神很好。"

分析：2001 年做直肠手术是二爻官鬼寅木化卯木为老公，寅坐乾卦也主老公，官鬼寅木化卯木为化进神，但是鬼化为鬼，为不祥之兆，三爻辰土动化丑土坐兑卦代表手术，乾在下卦在人体上代表大肠也就是直肠，二爻临青龙也代表肠，初爻子水化巳火也代表手术。

2003 年是未土之年，卦中丑未戌三刑，六爻子水动化官鬼卯木，代表病的五行，卯坐巽卦，卯木代表肝胆，巽也代表肝胆，又五爻巳火在巽卦，又有卯木照头，巳火代表手术一把刀，当然是肝胆手术了，实际是胆切除，肝也切割掉一点。

2006 年做肺部手术，是月令冲五爻戌土，化巳火与申金合，金主肺，申金代表手术刀，故断 2006 年肺部做过手术，卦中四土库齐全，五爻戌土为火之库，又有巳火与日令午火，于卦中寅木戌土三合寅午戌火局，戌土又动，故断是肺癌。

93. 卦中母女同爻位 婚姻际遇也相随

某女测运：

戊子年　　己未月　　己未日　　（子丑空）

《雷天大壮》	《雷泽归妹》	六神
兄弟戌土、、	兄弟戌土、、应	勾陈
子孙申金、、	子孙申金、、	朱雀
父母午火、世	父母午火、	青龙
兄弟辰土○	兄弟丑土、、世	玄武
官鬼寅木、	官鬼卯木、	白虎
妻财子水、应	父母巳火、	螣蛇

推断1："你为人正直、善良、有爱心。性格急躁，做事风风火火，劳心且劳力，里里外外一把手。"

推断2："2004、2005两年财运佳；2007年财运更好；2008年财上有损，防偷、防骗、防外借。六月份家中有口舌、争斗。多是与兄妹、母亲打架。"

推断3："你一生风风雨雨，历尽坎坷，几度沉浮，六亲无靠，正所谓：白手起家，自己的梦自己圆。"

推断4："接二连三的婚灾，贯穿了你的生活，也是挥之不去的阴影。在你的人生旅途中，将先后有三位夫君与你同行，但都不理想。

第一个夫君离开你，伤透了你的心。

第二个夫君，有刑狱之灾。

第三个夫君，是1998年与前妻离婚的。2001年经人介绍相识，2002年结婚，2003年与你生了一个男孩。"

推断5："你母亲的婚姻和你极其相似，也同样有三次婚姻。

第一个父亲应该英年早逝，和你母亲没生过小孩。

第二个父亲命犯驿马，是一个留不住的人。

第三个父亲，现在身患不治之症，应为肝癌，生命已经快走到尽头了。在今年的酉月和戌月，恐有生命危险。"

反馈："老师您是不是开天眼了，所说的就像亲眼所见，太不可思议了！"

此女说话的语速很快，劲道而有力，精明中又透露出几许沧桑。

总体断卦思路：卦打六冲，生死难与共，应爻为夫宫，应空，在日月处死地，化绝地，此女婚姻多波折，与配偶必有生离死别之患。再看二爻官鬼夫星，临白虎坐家中，日月之墓洞开，寅卯木坐在乾兑卦中，白虎金神得场态之气相助，克伐寅、卯弱木有力。众兄仇神旺动，反克官鬼。综观此象：家中男人，犹如坐在刀山被截脚，上面有盖头之灾，中间还要对付仇人的打击报复，境况可想而知。不幸的婚姻将是此卦的主线，逐爻分析，层层剥皮，方见一个个故事跃然卦中。二爻官鬼化官鬼，就是不祥之兆，主丈夫不死则离。为什么没死丈夫呢？因官鬼化进神，主牢狱之灾。六爻也为丈夫，是兄弟戌土化戌土临勾陈，与月日相刑，兄弟者无能，刑者，狱灾也。

分析：

1.《雷天大壮》，刚强也。四阳二阴，世爻为阳爻阳支居阳卦，阳刚之气浓，具有男人风范，实为女中强人，火主热烈，震主动，又为雷霆，故此人做事风风火火，爽身麻溜快。

父母为辛苦劳碌之神，四爻午火为心、为马，兄爻旺动泄世爻，驿马星旺，火生众土，故卦主为家计劳心劳力，辛苦奔波，有爱心，具奉献精神。

临青龙主为人善良，正直。父母为印为权柄，震主思想，所以说她掌家权持家有方。

2. 2004年、2005年，子孙申酉金临值太岁，财源旺故财丰；2007年财爻临太岁，此年发财；2008戊子年财爻出空，世爻逢岁冲，身弱不胜财，运气差，财入兄库，化退，有兄弟、朋友、姐妹借款不还之象。玄武为盗贼，财落贼人之手。玄武主不实在，耍花招，也主有诈骗之意；戌为世爻之库，六月未土当令，刑世爻之库戌土，兄弟爻相刑冲，兄弟戌土为母，初爻巳火为妹妹，临腾蛇，所以妹妹合动母亲午火刑戌土，母亲、妹妹打架。

3.《雷天大壮》六冲卦，冲突激烈，且多伤残疾病，世应相冲同性又相斥，卦中世爻泄多无生，贵人无力，身陷困境时只能自己独自去面对，也是官鬼寅卯木入库不生世爻之故。

4. 动爻为"神机所现"，财官休囚，婚姻难到头，应休主断头婚，故定位初爻子水为第一任丈夫。化绝地，受日、月之克主婚姻散离。日、月冲为冲散，故断离婚。

因六爻兄戌土为火之库，故定位兄戌为第二任丈夫。戌土临勾陈主牢狱。日月双未刑戌，辰戌丑未四刑，群魔乱舞之地杂气大，饱受牢狱之苦。

五爻为老公，申金化申金与二爻位寅木相冲克，所以断现在的老公1998年离过婚。断2002年结婚是寅午戌三合官鬼局。

2002年，世临太岁喜事多，父爻临青龙，为喜事文书，主结婚证，午为桃花之年冲动冲实夫妻宫，婚期已到。且夫宫子水与用神申金半合，故此年成婚。

2003年 未土冲丑土，放出子孙申金，申金临五爻，居阳卦为男孩。子孙坐震卦也主男孩。

5. 母亲第一任丈夫早逝，是二爻官鬼寅木化进神临白虎，白虎主孝服。第二任丈夫与母离婚是寅申逢冲之故。现在的丈夫是五爻申金化申金，肝病者，是申金冲克寅卯木之故。同时，申金与初爻变卦巳火相合，卦中寅申巳三刑，也说明其父是肝病。

断易天机：

1. 墓库观卦：墓库限制爻的生克权，休囚之爻逢墓库为入墓，叫死墓。监狱、收容所、医院一类场所，收容限制人，也有墓库性质。旺相之爻入墓叫入库，有收藏收留作用。以得令旺相有气为库，库乃仓库、车库、财库，甚至还是大本营，避难所，"金屋藏娇"的小别墅；而失令无气为坟墓，牢狱、病房。逃犯在墓，难逃地网天罗；逃犯在库则藏形匿影，难访其踪；钱财在墓，有亦不多，若为古董文物则吉，在库则为已存入银行。

2. 场态观卦：场是各种爻的生存环境，活动场所，场具有能量，故对爻的能量有极大影响。任何人、任何事，都不可能脱离一定的状态的场而孤立地存在。所以分析一个爻的状态时，必须看它的生存背景是怎样的。场的能量和爻的能量相比较后，这个爻的状态便十分清楚了。所谓场态，就是看爻在何卦何宫，宫对爻是生是克还是比和。

94. 卦遇三刑 破财招灾

某女测年运卦：

辛巳年　寅月　丁未日　（寅卯空）

《山泽损》　　　　　　　六神

官鬼寅木、应　　　　　　青龙

妻财子水、、　　　　　　玄武

兄弟戌土、、　　　　　　白虎

兄弟丑土、、世　　　　　腾蛇

官鬼卯木、　　　　　　　勾陈

父母巳火、　　　　　　　朱雀

推断： 本年辰月父亲死亡。

分析：《损》损伤之意，此卦中，最旺为官，最弱为财，官生父，父生兄，子孙爻不上卦，财无原神，一年不顺，损财有灾。

此卦丑未戌三刑克水必破财。

官鬼在二爻临宅，临勾陈，卯木为棺木，腾蛇白虎暗动，家中要死人。

父母爻旺，子孙不上卦，测年运，子孙不上卦为大凶，鬼旺无制，兄弟无泄必劫财。因子孙可起制官泄兄作用，不上卦，不吉！

五爻子水被克，父母巳火临寅月，相刑，丑未戌三刑，土为干土，刑伤力大，戌土动，收巳火入库。

五爻为父位，官泄，重重土克，父位有损，由此定父死。

为何不是正月、二月死，因木旺制土。三月辰土旺，四库俱全，必死无疑。

巳火入戌墓，戌土在艮宫，为坟，也是死象。

95. 太过不及都是病 阴阳失衡总关命

杨女士测运：

戊子年　　己未月　　甲戌日　　（申酉空）

《水山蹇》	《山天大畜》	六神
子孙子水 ×	妻财寅木、	玄武
父母戌土〇	子孙子水、、应	白虎
兄弟申金、、世	父母戌土、、	螣蛇
兄弟申金、	父母辰土、	勾陈
官鬼午火 ×	妻财寅木、世	朱雀
父母辰土 × 应	子孙子水、	青龙

推断 1："1990 年你父亲病逝，是血液之病。"

反馈："得的是血癌。"

分析：1990 年庚午，官鬼午火临太岁而旺冲破子水，父亲难逃此劫，命丧黄泉。《水山蹇》上卦坎水为险、为血液、为病。下卦艮为止为克水，主血液不通有阻，卦中辰土戌土动相冲克水，辰土动，克子水，戌土动克子水，白虎克玄武为血液病，五爻为父临白虎主丧。

主卦变卦土多克水，原神申金空亡，生水无力，所以血液必有病。

推断 2："1992 年随母改嫁。"

反馈：点头未语。

分析：1992 年壬申，世爻兄弟申金出空，初爻父母辰土动化子孙爻子水，形成申子辰三合局，辰土为现在的父亲，也就是继父。父克水为母，申子辰合为一体，所以说此年卦主随母改嫁。

推断 3："1993 年母亲给你生了一个弟弟，你这个弟弟体弱多病，学业未成。"

反馈："现在家，初中没读完。"

分析：以初爻父母辰土为父，那么初爻子水可看成母亲。1993年癸酉，太岁酉金与父母辰土相合，金旺生子孙爻子水，所断此年母亲生个弟弟，弟弟多病是子水入辰库之故，鬼动冲子水也为病。学业没上完，是父母爻刑冲之故。

推断4："你母亲有偏头痛的毛病。"

分析：子水为母为毛细血管，受日、月动爻克害，头部血流不畅通，脑供血不足，有瘀阻现象，故断母亲有偏头痛的毛病。

推断5："你现在正与一有妇之夫同居。尽管此男家中的老婆很讨厌你这个第三者，可拿你没办法。"

分析：克我者为官，二爻官鬼午火化妻财寅木，此男为有妇之夫。二爻妻财寅木动冲世爻兄弟申金，兄弟申金旬空，逢冲为充实。寅木冲申金为只冲不克，威力不大，冲她的结果反而使兄弟申金这个第三者，与官鬼午火的关系更加牢固。

推断6："去年和今年财运非常好。"

反馈："确实。"

分析：2007年丁亥年，孙爻临太岁生合妻财寅木，子孙爻代表财路，表示财源广而且财来得快，源源不断。旺财冲实世爻，此年卦主得财。

2008年戊子年，太岁与世爻三合孙局，生财，财源滚滚。

96. 官鬼旺无制 白虎动有灾

温州陈女士找我来测今年的运气如何？摇卦得《节》之《蹇》卦：

庚寅年　　辰月　　乙未日　　（辰巳空）

《水泽节》	《水山蹇》	六神
兄弟子水、、	兄弟子水、、	玄武
官鬼戌土、	官鬼戌土、	白虎
父母申金、、应	父母申金、、世	腾蛇
官鬼丑土 ×	父母申金、	勾陈
子孙卯木○	妻财午火、、	朱雀
妻财巳火○世	官鬼辰土、、应	青龙

推断： 据卦中信息所示，我向陈女士讲了四点：

1. 其老公今年农历二月开车撞伤了一个女孩，伤势很重，女孩至今未出院，到目前为止已花费二十多万。

2. 其厨房在西北位，你从2006年就有子宫瘤，至今没有手术，我看今年四月份非做手术不可了，再不做会转化成恶性的。

3. 其乳房相应也长有瘤性的病变，应及时治疗，还有肛门有严重的痔疮。

4. 其目前正在打一场经济官司。

反馈： 陈女士听我断完卦惊呆了说："李老师你断的真神。我丈夫上月开车时因一个女孩跑过马路，被我丈夫的车子给撞上了，当时女孩被撞出几米远，因抢救及时，保住了生命，但女孩的一个胳膊和一条腿粉碎性骨折，肋骨也断了三根，已花了二十多万，现还在医院治疗。

我家的灶房是在住房的西北角上，这和运气有关系吗？我是有子宫肌瘤，一个像鸡蛋这么大，还有两个小的，从2006年检查就有了，每年检查一次，这瘤是每年都在长，越长越大，听你这么说，我下个月就得做手术。我乳房去年痛得厉害，到医院检查是乳腺增生，痔疮也很严重。

我开个印刷厂，给一个单位印制商标，这个单位拖欠我的款有二百多万，两年了还没要回来，正在起诉打官司。"

分析：卦象成立，玄机在其中。官鬼土神临月临日旺相无制，从上至下盘根而旺，子孙爻虽然发动但不制官鬼，子孙爻卯木动化死地，入日墓，又与官鬼戌土相合，何况又被财爻巳火发动盗泄卯木，可见卯木处死绝之地，无力克制官鬼。卦中另一个信号是卦中无水，上六爻虽有子水但入月库，并受旺土之克，又有月令辰土发动，冲起五爻戌土，为白虎动，看来定有大的灾情，卦中丑土发动，丑未戌三刑，初爻财动，破财信号已定，卦中鬼爻乱动，财动必破大财。

切记！测运气之卦，财爻不宜动，动者必破财，或主女人有大的灾祸，财爻入鬼库，也是破大财之兆。卦中兄弟化兄弟，官鬼化官鬼，必有大的伤亡事故，白虎在五爻暗动，父母申金化申金临螣蛇，巳火同动，看来不但有病伤灾，更有大的血光之灾。

五爻为道路也为老公，今五爻官鬼戌土化官鬼戌土，是不吉祥之兆，临白虎者凶。月令辰土冲五爻戌土，表明是有车祸之象。二爻子孙卯木代表女孩发动与五爻戌土相合，表明女孩跑着过马路之象。又初爻财巳火动入五爻戌土之库，巳火动化辰土临月旺冲五爻戌土，也说明女孩跑过马路撞车，因卯木巳火坐在兑卦，兑主少女，初爻动足下动，二爻动本身动，具说明此理。腿断，是卯动化午火入库。胳膊断，是日令未土冲丑土。胸肋骨断，是辰戌冲之理。花二十多万，是卦数相加之数。还在医院，是卯木入日库之理。

灶房在西北位，是二爻代表灶房，午火入戌库，戌西北也。子宫长瘤，是二爻代表子宫，卯戌合化土，卯木化午火坐艮卦，艮为土又代表疙瘩，午火入戌库，故断子宫长瘤。五爻代表前胸戌土代表乳房，辰戌相冲土旺，故断乳房长东西。长痔疮，是初爻巳火化辰土。打经济官司，是官鬼动化父母，子孙动化财爻临朱雀也。

97. 阴阳颠倒婚不顺 父坐白虎灾难临

张先生测家运，摇卦得：

	未月	乙亥日	（申酉空）
	《火风鼎》	《火山旅》	六神
	兄弟巳火、	兄弟巳火、	玄武
	子孙未土、、应	子孙未土、、	白虎
	妻财酉金、	妻财酉金、应	腾蛇
	妻财酉金、	妻财申金、	勾陈
	官鬼亥水○世	兄弟午火、、·	朱雀
父母卯木	子孙丑土、、	子孙辰土、、世	青龙

推断：我看了卦象，对张先生讲了四件事："第一件事是2001年你父亲有生死大灾，得的是脑充血病，抢救无效。第二件事是2003年你母亲得了肝癌无治，此年你穿母孝。第三件事2005年你和妻子离婚。第四件事是2006年你破财又犯官灾。"

反馈：张先生说："你说得非常对，李老师看看我还能结婚吗？以后还有灾气吗？"

我对他说："2009年能结婚，以后没有什么灾气了。"

分析：2001年父亲脑充血死亡，是五爻为父，未土化未土临月令而旺临白虎，未坐离卦火旺土旺，卦中官鬼爻亥水独发临日令旺，冲上六爻巳火，水火相战，当然火旺水干又有未土旺，说明血管受阻，血不流通，血管破裂，当然是父亲血管破裂了。

2003年母亲得肝癌，是未土冲初爻丑土，亥卯未三合局，卯木入库，卯为肝也，未为燥土，故断母亲得肝癌。

2005 年与妻子离婚，是酉金出空而旺，巳酉丑三合局之故。2006 年破财有官灾，是子孙爻丑未戌三刑，2006 年为丙戌之年，土旺，水库与四季之土，世爻入库犯刑，当然破财又有官灾了。

98. 卦打六冲 不利婚姻

我在新加坡讲学期间，有位黄女士找我测婚：

己丑年	申月	癸卯日	（辰巳空）
《坤为地》		《地水师》	六神
子孙酉金、、世		子孙酉金、、应	白虎
妻财亥水、、		妻财亥水、、	螣蛇
兄弟丑土、、		兄弟丑土、、	勾陈
官鬼卯木、、应		父母午火、、世	朱雀
父母巳火 ×		兄弟辰土、、	青龙
兄弟未土、、		官鬼寅木、、	玄武

推断： 我看了卦象爻象，向黄女士说："你的性格太倔强，好冲动，经常与你丈夫发生冲突，你老公脾气也非常急躁，你们经常吵架，有时吵得不可开交。你先生是公务员，你俩 2004 年、2005 年闹的最凶。2007 年你先生有外遇，应是你先生单位的领导，此女虽是副职，但行使正职之权。明年庚寅年你先生要与你离婚，你要有思想准备，你命中是两次婚姻。"

反馈： "我丈夫在某局上班，在一个科室任科长，这几年我们吵得厉害，好几天谁都不理谁，2004 年、2005 年我们闹得最厉害，差一点离婚。我从 2006 年，就知道他外边有情人，2007 年我弄清楚了，是他单位的副局长，现没有正局长，可不就是副局长说了算，明年离婚，我开心，反正这日子没法过了。"

分析： 此卦是六冲，主婚姻不利，此女世爻临月而旺冲克应爻卯木，而卯木临日而旺，谁都不服谁，女测婚怕子孙爻持世，今不但子孙爻持世，又临白虎，可见此女性格脾气刚烈无制。老公脾气性格暴躁，是卯木化午火之故。老公是公务员，是应爻官星卯木临日而旺，卦中又亥卯未三合财官局。

2004 年、2005 年闹得最凶，是子孙爻酉金临太岁而旺，冲克应爻卯木之故，2007 年有外遇，2007 年为丁亥，财爻亥水临太岁临月生旺相，亥水在五爻主领导，寅申巳亥主副职，五爻为正位，妻财爻主女人，桃花者，因亥卯未三合财官局，也叫桃花局，故断此男与单位领导有关系，此女为副职亥水也。行使权为正职者，是在五爻也。寅年离婚，是官星旺，子孙爻处绝地，官无制与五爻亥水合。世爻休囚应有灾祸，这次灾祸应在了婚姻之上。

99. 世鬼临蛇 五毒临身

某男测运：

	庚申月	丙戌日	（午未空）
	《山风蛊》	《地山谦》	六神
	兄弟寅木○应	官鬼酉金、、	青龙
子孙巳火	父母子水、、	父母亥水、、世	玄武
	妻财戌土、、	妻财丑土、、	白虎
	官鬼酉金、世	官鬼申金、、	螣蛇
	父母亥水○	子孙午火、、应	勾陈
	妻财丑土、、	妻财辰土、、	朱雀

推断 1： "你没有正式工作。"

反馈："人在江湖，逍遥自在。"

分析：父母看职业，子孙爻伏藏不上卦，没有发工资的单位，财临辰戌丑未气杂不专。

推断2："你是个大赌神。"

反馈："多谢夸奖，愧不敢当。"

分析：五爻父母子水化退临玄武代表赌博，世爻鬼化鬼临蛇旺，不是一般人物。艮化坤代表山洞，山寺等，经常到山上寺庙里赌。四爻戌土化丑土相刑，世爻酉金化退，不是老板，子水化退，不生寅木，其人必是黑社会赌徒之类的人物。

推断3："你吃喝嫖赌全占。"

反馈："孟子曰：食色，性也。"

分析：世爻官鬼酉化申金临腾蛇，吃喝嫖赌全占。子孙伏藏，财无根，钱不是自己的，世爻鬼化鬼不吉之兆，不能求财，财越旺越坏，应爻五爻不生世，子孙不生财，做生意亏血本，子孙伏被克，说明要改行，否则越干越败。

推断4："你父亲已经过世了，儿子又没出世，你在家就是老大，没人管得了你。"

反馈："我不作公职，就是不想让人管。"

推断5："你母亲虽然再嫁了，她还在为你操心，母亲的话还是要听的。"

反馈："老师高明，连我母亲改嫁也算得出来。老师能不能看出父亲死后，妈妈跟了叔叔？"

分析：五爻为父，子水化退入库在艮宫，说明父亲不在了。生我者为父，初爻丑土与父母爻合在内卦，应是自己家的人相结合，所以说妈跟了叔叔。

推断6："你还有一个女儿，要多为女儿着想。"

反馈："女儿尚小，是我的心肝宝贝。"

分析： 五爻为长子，子孙巳火伏在父母子水下受克，没有儿子。二爻化出午火在艮宫，也主没儿子。亥水化午火受克在阴爻，故断有个女孩。

推断7： "你交往的女人太多，别因此忘了对女儿和父母应尽的责任。"

反馈： "女人多麻烦也多。"

分析： 卦中财多，世又坐桃花，风流成性。

推断8： "做人还是收敛一点好，否则，你明年就有牢狱之灾。"

分析： 寅巳申三刑要犯法，子孙旺时要倒霉。明年辰巳午月子孙出现，未月丑未戌三刑，有牢狱之灾。

100. 五爻空退刑 女测婚灾重

刘女士摇卦测运：

戊子年	己未月	甲戌日	（申酉空）

《泽地萃》	《天地否》	六神
父母未土　×	父母戌土、应	玄武
兄弟酉金、应	兄弟申金、	白虎
子孙亥水、	官鬼午火、	螣蛇
妻财卯木、、	妻财卯木、、世	勾陈
官鬼巳火、、世	官鬼巳火、、	朱雀
父母未土、、	父母未土、、	青龙

推断1： "你是属蛇的。"

反馈： "是的，我1989年出生。"

推断2： "你人虽长得漂亮，但性格不好，你争强好胜，为人霸气，经常打架，十足的大姐大。"

反馈：（嫣然一笑）。

推断3："2004年你父亲得肺癌，2005年病逝。"

反馈："正确。"

推断4："你父亲和你妈妈是二婚，大妈是个女强人，有钱。"

反馈："是吧！"

推断5："你和弟弟是同父同母所生，同父异母上有2个哥哥和1个姐姐。"

反馈："是的。"

推断6："2007年你交了一个男朋友是当兵的，此年你学业不成功。"

反馈："因打架而中途停学，中专没念完。"

推断7："你一生得有两次婚姻。"

分析：

1. 持世之爻官鬼巳火化巳火，官鬼巳火蛇也，故断此女属蛇。五爻临酉金，面似桃花，申酉主白，白虎主白，乾兑主白，均主长相漂亮。

2. 官鬼临巳火之人易冲动，遇事情绪化，好勇斗狠，杀伤力大。白虎乃强暴之神，与世爻相合，妇人见之必然凶悍。

3. 五爻为父，兄酉化兄申，化退化空，临白虎不祥之兆，空就是没有，申酉主丧，所以断其父亲已不在人世了。

五爻金主肺，白虎主丧，土多埋金，断父亲肺疾而终。同时，生我者为父，三爻卯木化卯木，在月日处墓地，临勾陈，也主父已不在人世了。

4. 初爻为父母，未土化未土，坐坤卦，坤为大，是大妈，又临青龙，主贵气，同时父母未土是财爻卯木之库，也为财库，所断大妈有事业，有钱。生身之母，当然是六爻未土化戌土，谓之戌未相刑，卯戌合桃花合，结论不同，坐坤卦的为大妈，未土坐兑卦为小，是生身之母，所以断父亲两次婚姻。

5. 命主有一个同母所生弟弟，是世爻与五爻酉金半合之故，大妈所生两个，哥哥是外卦，五爻申金相合为二数，故断有两个哥哥，姐姐是亥卯未三合局之故。

6. 克我者为官，子孙亥水为世爻的男朋友。2007丁亥年，亥水生合卯木，卯木生巳火，是桃花运年，两人相恋。断男友当过兵，是根据子孙亥水临螣蛇之故。子水亥水化官鬼午火，午火在乾卦临马星，主从军之象。

此年太岁把入库的官巳冲了出来，父母爻旺而逢刑（未戌相刑）为中等专业学校，脱离了学校，那就是太岁子孙亥水冲世爻官鬼巳火之故，冲就是冲突打架。又巳申刑合白虎加朱雀，有打架斗殴之象。过错主要在世爻，因其暗动克兄弟，主动去侵犯别人。

7. 五爻为丈夫之位，兄酉化兄申，二位官人，与世爻巳酉半合，巳申刑合，所以断卦主有二次婚姻。我的经验，女同志测卦，五爻空亡化退化刑冲，均为多次婚姻之象。

101. 细察一卦象数理 可知家人运如何

东北一位先生电话求测运气：

	戊子年　己未月　壬子日　（寅卯空）		
	《风地观》	《风雷益》	六神
	妻财卯木、	妻财卯木、 应	白虎
兄弟申金	官鬼巳火、	官鬼巳火、	螣蛇
	父母未土、、世	父母未土、、	勾陈
	妻财卯木、、	父母辰土、、世	朱雀
	官鬼巳火、、	妻财寅木、、	青龙
子孙子水	父母未土 ╳ 应	子孙子水、	玄武

推断1："你现在所从事的行业和建筑有关，自己在当老板。"

反馈："正确，我是搞基建的，有自己的厂子。"

分析：世爻为卦主，临月而旺，卦主的能动性强，状态佳。世临父母未土，父母爻为房子、事业、工厂、权力……未土临勾陈，为田土，房产，建筑。五爻官鬼巳火生父母爻未土，火土之旺，所以断其所从事的行业为土建。上下卦财官父顺生，综合而论卦主是搞基建工程的老板。

推断2："你的工厂占地不规则。呈三角形，东面、东北有坟，厂区阴气重，应该调理一下风水。"

反馈："建厂的时候，把附近的坟都推平了，未处理。"

分析：《风地观》上卦巽主细小狭长，下卦坤主方，主宽，厂区的形状大象为三角形。父母未土临勾陈，有坟墓之意，初爻临父母未土厂基必有坟地，父母未土动化子水，官鬼巳火化寅木，故断东北方有坟。

推断3："你在2003、2004、2005年财运最好，但所干的行业有点不对路。如干与水木有关的行业就更会锦上添花。"

反馈："对，那几年的确发了财，效益很好。"

分析：2003癸未年，世爻父母未土临太岁。鸿运当头。父旺，事业辉煌，如日中天。2004年甲申，2005年乙酉，没破财，反而挣钱，原因有二：一、财爻旬空，逢冲则起，为冲实。二、卦中木为财，水为财源，金为水的源头，所以断与水木有关的行业，财利会更加丰盈。

推断4："你有两个孩子。大的为女儿，精明能干，聪明智慧，文采出众，学业优良，有理想，有抱负，责任心强，是个孝顺的孩子。现应定居西方国家，是父母的骄傲。你儿子在各方面都不如姐姐，相比之下，逊色许多，运气背。"

反馈："是的，我女儿很早就出国了，现在定居美国。老师果然名不虚传。儿子的确让我头痛，和他姐姐没法比。"

分析：兄弟申金不上卦，居五爻官鬼巳火之下。按飞宫飞爻我生者为子女，则五爻兄弟申金为子女，居巽化巽为长女，居五爻为大。官鬼主智慧、名气。巳火为十二生肖中最聪明的属相，腾蛇主为人精明，应变能力强，工作效率高。官鬼巳火坐在巽卦为文昌星，所以断女儿一定是一个文采出众、满腹经纶、出类拔萃的高才生。巳火为马星，五爻为天爻，居巽卦为飞马。驿马逢冲之年，定会跨越千山万水，飞抵异国他乡。申金主西方——美国。

初爻为儿子，子孙子水坐坤卦，受克为休囚，子水无原神，伏在父母未土之下受克，临玄武故其子能力运气差。无论生存环境，活动场所，还是职业，均不利于其子发展。

推断5："你爱人应在腹部动过手术。"

反馈："正确。"

分析：二爻为老婆，临官鬼为病，巳火为手术刀。坤为腹，二爻为小腹，巳火与寅木相刑，所以断爱人腹部动过手术。

推断6："2006丙戌年，财气一般，身体多病，有腰疼、颈椎痛、脑供血不足、血稠、头晕等症状。"

反馈："此年没破财，也没挣多少钱，身体不好倒是真的，这些病都有。"

分析：2006丙戌年，太岁戌土与世爻相刑，刑者为病。五爻官鬼巳火为心脏，入太岁戌库，为心脏血液之库，心血瘀滞。卯木在三爻为腰，旬空也为一种病态，不正常。变卦三爻辰戌冲，腰部空痛。五爻临鬼巳火，为颈椎痛，颈椎不好的人大多有头晕、脑供血不足之症状。六爻为头，白虎为病，卯木为神经，旬空为头脑不清，头晕之象。主卦无水，水为血液，戌土之年土性司权，水处死地，血流不畅通，所以会出现脑供血不足，血稠的现象。此年，财爻卯木

周易·八卦健康案例精典

随鬼入库，故工厂经济效益不佳，身体诸多不适，在疾病的诊治上花费较多。

推断 7："2007 丁亥年，运阻多难。不但破财，而且在冬月还会有车祸，但有惊无险。"

反馈："车掉进十几米的山下，幸运的是车的四个轮胎着地，车上四个人没受任何伤。不过，现在想起来还后怕。"

分析：2007 丁亥年。冲五爻官鬼巳火。

推断 8："2008 戊子年，是诸事不顺的一年，心情压抑，钱财破耗，事业受阻，运气不通。"

反馈："正因如此，我才找老师指点迷津。"

分析：2008 戊子年，太岁与世爻子未相害，与财爻子卯相刑，官鬼巳火原神处绝地，主卦卦爻均处在不利的状态，所以会破财，诸事不顺。

推断 9："2009 年还会有车祸，此年应提高警惕，注意行车安全。"

分析：2009 己丑年，太岁丑土冲世爻父母未土，父母为车，车逢冲有冲撞之象。

推断 10："2010 年，你儿子运气差，有血光之灾。但从 2010 年往后你的财运就会好起来。"

分析：2010 年庚寅，2011 年辛卯，这两年财爻寅卯木出空填实，财临太岁，卦主将会时来运转，财气丰隆，滚滚而来。但木旺之年水处休囚之地，土木相战，子水受苦，再遇子卯相刑，此年儿子必应灾。

推断 11："你家祖坟有三块，有两块风水不好，有一块好，旺女人。"

分析：勾陈代表祖坟。此卦中，以世为基准，巽卦未土一块，坤卦未土一块，震卦辰土一块。四爻父未化父未值月而旺，安静，未土为木库，居巽卦必发女人。一爻父未明动，亡灵不安。动而克子孙子水，此坟不利儿子。变卦三爻父辰居震卦，受克不吉。故建议对不利之祖坟加以调理化解。

102. 世应相克 婚姻不顺

王先生测婚姻：

壬午年　丁未月　丁亥日（午未空）

《雷天大壮》　　　　　　　六神

兄弟戌土、、　　　　　　青龙

子孙申金、、　　　　　　玄武

父母午火、世　　　　　　白虎

兄弟辰土、　　　　　　　腾蛇

官鬼寅木、　　　　　　　勾陈

妻财子水、应　　　　　　朱雀

推断： 1989年恋爱，1991年结婚。1999年妻子脑出血突然死亡。2000年结婚，第二个妻子脑神经衰弱。前妻生一个男孩。

分析： 六冲卦，大象乾克震木，震主头。卦中兄弟爻临月令而旺，必然克妻。

六冲卦，逢合之年必有喜事。

巳午年世爻旺，1989年（巳年），有婚姻之兆，太岁合动申金。二爻为宅，为妻位。巳年合申，有谈婚之象，但由于有寅申巳三刑，结不了婚。午年也不好，冲应爻子水。

1991年，未年合午，太岁合世有喜事，申金得未土生，生子水，所以此年有结婚之象。

1999年妻亡，为何不是1998年？因1998寅午戌合局，午火泄寅生土，土生金，金生水，所以没事。

六冲卦，所有爻都为动，二爻鬼旺临勾陈，家中有鬼。

卯年，卯戌合动，冲辰，辰收子水，木旺泄水，木为神经，水主血液，脑血管问题。申金也主医药，卯年缝绝地，生不了妻财子水，无救而死。

日令亥水为二妻，辰年申金旺生子水，再娶。辰年冲戌，辰收亥水，二妻还是脑神经病。

103. 女世子持必克夫

澳洲的谢女士找我测婚姻运如何：

	己丑年	申月	甲辰日	（寅卯空）
	《地山谦》		《艮为山》	六神
	兄弟酉金 ×		妻财寅木、世	玄武
	子孙亥水、、世		子孙子水、、	白虎
	父母丑土、、		父母戌土、、	腾蛇
	兄弟申金、		兄弟申金、应	勾陈
妻财卯木	官鬼午火、、应		官鬼午火、、	朱雀
	父母辰土、、		父母辰土、、	青龙

推断： 我对此女讲："你1990年结婚，1996年你丈夫有生死之灾。1998年有结婚之喜，到2000年离婚，2005年破财，2006年男朋友有病伤之灾，至今你都没有找到男朋友。"

反馈： "我是1990年结婚，1996年丈夫死于胃癌；1998年二次结婚，可到2000年我又认识一个年纪小的青年，我提出与第二个丈夫分手。2005年是破了一笔财，2006年男朋友从一个山坡上摔下来，头部受伤，2007年就分手了，你看我还能再结婚吗？"

分析： 卦象成立，此女摇的是一个克夫之卦，对测婚姻来讲是个大忌之凶卦，是克死三夫之卦。本卦一个特点是女测婚怕子孙持世，子孙持世克官鬼是多婚之象，今世应相克又相冲，世爻临月令生而旺，又得动爻酉金相生是旺上加旺，临白虎化进神，是一个标准的克夫命。应爻官星午火处死地，又无原神，财爻不上卦，变卦财爻寅木处绝地，也是月破，根本无力生助官星午火，卦中戌土暗动，午火有入墓之祸灾。变卦中兄旺克财，子孙旺克官鬼，世旺应衰，变卦六冲，均主婚姻有生死离别之灾。官鬼化官鬼坐艮宫，均主不祥之兆，艮卦主坟墓，官鬼化官鬼坐艮，说明此女在以往的婚姻中，丈夫有过死灾。

1990 年结婚，是官星临旺地之故。丈夫 1996 年死于胃癌，1996 年为丙子年，五爻子孙爻子水冲克官星午火，午火坐在艮宫，二爻代表胃，艮代表土代表癌瘤。1998 年二次结婚是卦中世爻亥水与太岁相合，合太岁者门前有喜事，又寅午戌三合官局，此为岁君来临合身生用，一神两用，此乃柳暗花明又一村呀！

可是好景不长，谢女士到 2005 年认识一个比自己小的青年，主动与第二个先生提出分手并离了婚，世爻亥水入初爻辰土之库，世化子水又合初爻辰土，也与日令辰土合，所以谢女士与第二个丈夫还没离婚就与辰土好上了。2000 年为庚辰年，辰土之日代表年轻，辰土坐下艮宫也主年轻，辰化辰临青龙，说明这个青年人还是有贵气的。2005 年破财，是上六爻兄弟酉金动化财爻寅木之故。2006 年男友从山坡上摔伤头部，是 2006 年为丙戌卦中戌土冲初爻之辰土，戌土坐艮卦艮主高。伤头部，是上六爻寅木与月令相冲，上六爻主头部。为什么断是男朋友的头部，不断谢女士头部呢？变卦艮为六冲卦，上六爻寅木为月破又为头部，又在艮卦中寅午戌合官局，戌土旺，定冲辰土，当然是这位年轻朋友头部有伤灾了。

2007 年分手，是卦中土旺克世爻之故，卦中兄弟酉金动，申金临月旺克财，世爻本身得月令生旺，官无原神，世应是水火不容，我断定此谢女士以后也无好的婚姻。

104. 官鬼克世必有定

新加坡的赖小姐测运气：

	申月	甲辰	（寅卯空）
	《山泽损》	《水泽节》	六神
	官鬼寅木〇 应	妻财子水、、	玄武
	妻财子水 ×	兄弟戌土、、	白虎
	兄弟戌土、、	子孙申金、、应	腾蛇
子孙申金	兄弟丑土、、世	兄弟丑土、、	勾陈
	官鬼卯木、	官鬼卯木、	朱雀
	父母巳火、	父母巳火、世	青龙

推断： 据卦中信息，我对赖小姐讲："2004 年你丈夫有大的伤灾，破大财。2005 年你妇科做手术又破财，最不幸的是 2007 年，你丈夫在外已与别的女人好，此年丈夫与你离婚又破财。父亲有生死之灾，此为鬼旺克世祸殃临。"

反馈： 说到此处赖小姐哭了，说："老师你所测的都对，2004 年我丈夫让自己的朋友给骗了十六万多，他咽不下这口气，钱又要不回来，和朋友打架，被人打伤了头部，成严重的脑震荡，住了半年医院，花费了十多万，捡回来一条命。

2005 年我妇科是做了两次手术，一次手术是切除子宫瘤，一次宫外孕，差点要了我的命，2007 年我与丈夫分手，他在外边已经有女人了，并生了个男孩，为此事我很伤心，没办法只有离婚。

祸不单行，离完婚不久，我父亲心脏病突发，没来得及治疗就去世了。这几年我的命运太差了，老师，你看我什么时候能转好运。"

分析： 赖小姐摇了一个损卦，其意有损伤之意，应爻克世运气不通，官鬼克世祸殃临，应爻空破临官鬼婚姻不祥，多婚之命，官鬼白虎同动必有血光之灾，兄化兄官化官必有多次伤灾和手术之灾，财爻动兄弟旺，必有破财之患。

2004年丈夫让朋友骗，是应爻官鬼寅木代表丈夫，寅木发动化财爻子水临玄武，财爻又坐在坎卦，鬼化财具有破财之意，临玄武主受人骗，坎卦是指别人早预谋好的圈套。被骗十六万者，指财爻为水临长生水是一数和六数也。打成脑震荡，是上六寅木代表头部，也代表脑神经，今寅木被月令申金冲破之理。2005年做手术，是二爻官鬼卯木化卯木，月令申金克官爻卯木之故，申金代表手术刀，2005年是酉金年，酉金之年冲克二爻卯木之理也。

2007年与丈夫离婚，是卦中寅木动与太岁亥水相合，同时，应爻化财爻子水旺，子为桃花，财为女人说明寅木背后有个女人，临玄武主暧昧，寅木见亥为长生，2007年为亥水，官鬼临长生旺而克世，鬼克世有大的灾祸，赖女士此灾难应在了婚姻上。亥年卦中巳火不生世爻，因巳火岁破，又五爻子水动也可看成丈夫，子水动入日库，说明丈夫已到外边的女人家去住了。赖女士的丈夫与外边的女人生个男孩，是变卦上六爻子水与四爻子孙申金同宫而旺，又坐在坎卦，坎也主是男孩。

2007年父亡，是初爻父母巳火化父母巳火与卦中寅木申金成三刑，卦中戌土暗动为巳火之墓，2007年是财爻旺，冲克父母爻巳火，故断2007年父亲有生死大灾。

105. 多爻发动 家运不稳

某先生占测运气：

丙戌年　　甲午月　　丁卯日　　（戌亥空）

《天山遁》	《泽雷随》	六神
父母戌土○	父母未土、、应	青龙
兄弟申金、应	兄弟酉金、	玄武
官鬼午火、	子孙亥水、	白虎
兄弟申金○	父母辰土、、世	螣蛇
妻财寅木 官鬼午火、、世	妻财寅木、、	勾陈
子孙子水 父母辰土 ×	子孙子水、	朱雀

推断 1： "你目前的心态不稳定，心浮气躁。"

反馈： "对！"

分析： 一卦打出，六亲不全。世爻临官鬼午火临月建旺，日令生扶。火主急躁。如此旺火，旺也为动。临着官鬼，官鬼持世，心身不安啊。所以说他目前的心态不稳定，心浮气躁。

推断 2： "你的人生路坎坷。母亲在你 10 岁内就已经早亡。父亲健在。你们家有兄弟 3 个。"

反馈： "真的是这样。我很小的时候，母亲就去世了，在我的记忆中对母亲没有印象。我们是兄弟 3 个。老师您说得真准！"

分析： 二爻为母亲之位；二爻官鬼午火临月令旺而动入六爻戌土之动墓。官鬼午火居艮宫，艮为坟，午火临鬼，所以说母亲已经不在人世。二爻官鬼午火持世，大限主世爻行 1—10 岁这个运限，所以说他很小的时候母亲就去世了。

初爻为父亲，父母爻辰土发动，动则为有气，临月令午火生旺，说明他父亲仍然健在人世间。

官鬼午火持世，午火代表兄弟，主、变卦及日月共有3个午火，皆为同性，说明你们家有兄弟3个。

推断3："你有双妻，而且双妻皆生有一个孩子，大妻子生儿子，小妻子生女儿。你对小妻子更好些。"

反馈：使劲一拍大腿，叫道："李老师，您真神！连我几个老婆您都能断出来了，生男生女算得一点儿不差。"

分析：二爻为妻位，持世，也为卦主本身。卦中妻财不现，伏藏在二爻之下，同时也化出了妻财寅木，与世爻同在二爻居妻位，为双妻之象。

世爻午火直接化出来的财爻寅木居震宫，震为大，出现在变卦中，为大妻子。伏藏在二爻午火之下的财爻寅木与世爻同宫同爻，不出现于主卦上为偏，居艮宫，艮为小，所以是小妻子。

初爻伏神子孙子水与伏神财爻寅木为同宫位，是伏神财爻所生的孩子，伏藏于初爻父辰土之下受克，再说不现卦中，终为弱势，断为小妻子的女儿。变卦初爻子孙子水为变卦二爻妻财寅木所生的孩子，此子孙爻占在变卦中为旺相，居震宫，断为大妻子所生的是儿子。

财爻寅木伏于世爻下，为小妻子，同宫位同爻位，世爻与伏神财爻寅木相生，对小妻子更好些。

推断4："你1994年投资做生意，与土方面行业有关。该年破费在投资方面的钱财较大。"

反馈："正是如此。那一年，我开始做建筑材料生意。事业刚开始，花耗较大。"

分析：1994年流年太岁为甲戌年，太岁入卦中六爻，父母戌土发动，父母主项目投资。所以说1994年投资做生意。

卦中火土旺，土为父母为项目，是与土方面行业有关的。

卦中寅木为财，官爻午火持世，太岁戌土入六爻发动，寅午戌三合火局入六爻父母戌土之库。在项目方面，火旺泄财，所以说该年破耗较大。

推断 5："1995 年下半年开始赚钱，直至 1999 年，一直做建筑材料生意都挣了大钱。"

反馈："太对了！就是在那些年我发财了。"

分析：从 1995 年开始至 1999 年，流年一路行水、木，卦中缺水木，水为子孙，木为财，水生木旺，木旺财旺，财旺生身，身旺挑万贯家财，所以 1995 年至 1999 年为发财年份。

推断 6："你 2000 年改行了。财运一般。行业由土性质的行业改为水性质的行业。"

反馈："是的。2000 年我由于生意财运不比往年，选择了改行了。改做促销生意，流动性较大，赚钱的难度也大。"

分析：2000 年太岁庚辰，太岁入初爻发动化子孙子水，子孙为挣钱的路子，父母辰土为项目，逢太岁是辰土，与世爻午火不能构成三合火局了。该年太岁耗身，化出子孙子水冲克午火世爻，为投资不对路。该年辛苦，财运一般。

推断 7："2001 年、2002 年为破财之年。求财艰难。"

反馈："是啊，那两年我吃尽了苦头，与前些年相比，就像是一天一地，差别很大啊！"

分析：2001 年、2002 年太岁为巳午火，世爻午火临官鬼，临太岁，官旺至极而灾祸起，破财。这两年实为身旺财弱不担财。

推断 8："2003 年你投资立项多而杂，别人总喜欢来找你立项投资，导致你劳而无功，为既辛苦又破财之年份。"

反馈："是的，该年想做的事情太多，但多败少成，亏了钱。"

分析：2003 年流年太岁未土，未土在卦中是父母爻，父母爻代表投资项目，太岁与主变卦组合，父母爻多重临太岁旺，构成辰戌未三刑。父母爻逢刑，则表明该年的许多立项投资不对路，父母也主辛苦，所以说该年投资立项多而杂，劳而无功，辛苦又破财。太岁未土合世爻午火，多数时候是别人找他做投资。

推断9："2004年、2005年仍然是破财不断。财运不顺啊。"

反馈："这两年可以说是有生以来运气走到最低谷。做什么都不顺。破财是肯定了。"

分析：2004年、2005年为申酉流年，太岁临兄弟旺，无子孙通关而劫财。所以说他这两年仍是破财年份。

推断10："你此行来求测，也是为了投资立项之事。该年上半年不利于投资，下半年，你可以大胆地做。"

反馈："听老师您一句话，就像吃了一颗定心丸。"

分析：2006年丙戌，太岁戌土为父母爻旺相，旺为动，有投资立项之意。上半年为火土旺，不利投资，下半年金水旺，利于投资。七、八月份就可以投资，立冬后，财运渐渐好转。

推断11："往后五六年的时间，又是你的财运高峰期，望你好好把握。"

反馈："一定谨遵老师您的点化！"

分析：往后的流年太岁为水木旺的年份，卦中五行齐全，流通有情，是发财的好时光。

106. 巳临白虎 手术之灾

韩女士来电话求测运程：

乙酉年　　庚辰月　　乙酉日　　（午未空）

《风泽中孚》　　　　《风水涣》　　　　六神

官鬼卯木、	官鬼卯木、	玄武
妻财子水　父母巳火、	父母巳火、世	白虎
兄弟未土、、世	兄弟未土、、	螣蛇
子孙申金　兄弟丑土、、	父母午火、、	勾陈
官鬼卯木、	兄弟辰土、应	朱雀
父母巳火○应	官鬼寅木、、	青龙

推断1："你的身体健康状况一直都很差，身体多处疾病，其中以子宫癌、脑神经衰弱、胆结石尤为突出。"

反馈："唉，您说的一点不错，我几乎全身都是病了。子宫癌、神经衰弱、胆结石三种病都有。老师能再说细一点儿吗？"

分析：卦中世爻逢空，且受多重木克，原神午火也逢空，巳火却贪合忘生，故卦主体弱多病。主卦为艮宫之卦，女人测疾病摇得艮宫之卦一般都有瘤或癌症。卦中官鬼为病，处在二爻及六爻，两重官鬼。二爻代表子宫的位置，因是女性求测，二爻卯木官鬼又在兑宫，兑为口，口在下卦，故主生殖器官之疾病。化出辰土持朱雀，辰土代表瘤或癌，朱雀代表生殖器官。二爻官鬼卯木在日、岁为破，在兑宫又逢卦气相克制，卦中水不出现，卯木既破又无生源，一点气也没有，为不可救药，故应该断为癌症。

六爻官鬼卯木的位置代表头部，持玄武，为暗病，医院难以检查出来。在巽宫，巽代表邪魔之病。木在八卦中指神经系统，逢年、日冲克，无水生源，故脑神经衰弱。好在处于巽宫逢卦气生，六神中玄武主水，亦有助其功效，故没有到绝症的地步，但也很难根治。

主卦三爻、四爻代表人体中肝、胆、胃的部位，丑未逢冲，与月令形成辰未丑三刑，刑则有疾病。初爻巳火发动，丑土与未土相冲为动，巳、丑与年、日三合金局，丑土下伏着申金，持勾陈，勾陈之属性为土，在兑宫，兑主金，如此金土太旺，含金量高的土也可看作为结石。未土可视为胃，无合局，胃没事。丑可视为胆，金为结石，故断为胆结石之疾。

推断 2： "你的子宫应该在 2004 年甲申做了大手术。"

反馈： "说下去。"

推断 3： "你的脑神经衰弱，一直伴随着你，但今年症状特别明显。"

反馈： "说下去。"

推断 4： "你的胆结石是在 2001 年辛巳做的手术。"

反馈： "老师还真的能掐准手术的时间。原来我只是听说老师断事如神，还有点将信将疑。但现在你我天各一方，互未谋面，只凭一线电话就能如此铁口直断！实在是高手，是神人啊！我确实是在 2004 年做了子宫切除大手术。2001 年也确实是因胆结石做过手术。今年以来一直难入睡，常做噩梦，脑神经衰弱特别明显。"

分析： 八卦中最忌讳巳火占着二爻、初爻及五爻。如摇出之卦初爻、五爻为巳火，此为火蛇伤人，多主刑伤、手术之灾、破大财。

内卦初爻巳火发动化出寅木，必在 2004 年与太岁甲申构成三刑，且世爻持腾蛇，应验手术之灾。

2001 年巳火太岁，入初爻、五爻逢值，卦中双重巳酉丑金局，金土旺相，逢巳火流年克金，即为胆结石手术之应期。

今年 2005 年为乙酉太岁，卯酉相冲，克制六爻官鬼卯木，卯木在巽宫，巽为木，木主神经系统、邪病等，故说卦主今年脑神经衰弱特别明显。

推断 5："就在你打电话给我的此刻，你的肚子都一直在疼痛。这是术后的后遗症所引起的。"

反馈："李老师，您真让人不可思议！我们相隔千里，您却能说出我现在身上的感觉，真了不起啊！正像您说的，我此刻肚子确实在隐隐作痛。"

分析：测卦日为酉日，与卦中组合巳酉丑金局，二爻官卯受日冲克而暗动，卯为破、休囚，暗动则为正在发作，疼痛。

推断 6："你的诸多病症 2006 年立冬后就可以渐渐好转了。"

反馈："希望如此。"

分析：为何说 2006 年丙戌立冬后就可渐渐好了呢？ 2006 年立冬后水旺可生卯木，旺金有水通关，五行流通，接下去为水木流年，所以说 2006 年立冬后可渐好。

推断 7："你头胎生女儿，目前有一女儿。"

反馈："对，那您再看看我有没有儿子命。"

推断 8："你现在就有个儿子，但不是你亲生的。"

反馈："太对了！八卦真神奇！怎么就能看出是抱养的？我确确实实只生了一个女儿，老二为儿子，是抱养别人的。"

分析：内卦代表家，子孙伏于三爻丑土之下。子孙为申金，丑土为金之库，也可说是家。申金在兑宫三爻，兑主女儿，在主卦的下卦，故说头胎为女儿。

日建酉金与内卦中巳丑合金局，为子孙之局，入丑库（家），金为子孙，申金为女儿，那么酉金应该就为男孩，酉为日建，不在卦中，但却合入丑库，申、酉金成为一家人。故说儿子是抱养的。

推断 9："你丈夫已经不在人世间了。是在 1998 年去世的。是因泌尿系统方面的疾病而不治身亡的，很可能是肾脏、膀胱之类的恶疾。"

反馈："我丈夫确实是 1998 年在医院病逝的。因肾衰竭得尿毒症而亡。"

分析： 世爻为测卦之女士，应爻为她的丈夫，火在年、日处死地，应爻巳火化出官鬼寅木，寅即为应期，应在寅年，所以断其丈夫为 1998 年戊寅病逝。

寅木在卦中休囚，无一点生气，无水之源生助，为患绝症。官鬼寅木在坎宫，坎主水，主肾脏及泌尿系统，故断其丈夫患有与肾脏、膀胱、泌尿系统有关的疾病。

二爻官鬼为夫，在年、日均为死绝之地，伏下为空，在卦中无救应，对世爻未土而言，是入墓之象。

应爻在内卦为兑，为折为损，《中孚》卦大象为艮为山为坟墓，此时应爻发动化出官鬼寅木来就不能再看成是化回头生，而是化死地，变成鬼了，所以断定其丈夫已不在人世间了。

推断 10： "你女儿已经离婚。"

反馈： "唉，我本来命就苦，女儿也像我一样命苦。我失去丈夫，她也失去丈夫。怎么我们母女就这样婚不顺啊？"

推断 11： "她现在不在国内。"

反馈： "我女儿已经去了英国。"

分析： 依三飞理论，克我者为官为丈夫。三爻伏神子孙申金代表女儿，则取初爻父母巳火为女儿丈夫，初爻父母巳火发动化出寅木与伏神申金构成寅申相冲，寅巳申三刑，刑则伤，冲则散，说明女儿已经离婚。

代表女儿的子孙申金伏藏不现，但又临年、月、日建生助，旺而鲜活，坐在兑宫里，兑也主西方国家，故断她现在不在国内。

推断 12： "你儿子日后难守在你身边。他多才多艺，有能力，长相英俊潇洒，交际广，能发四面八方之财，是有出息之辈。"

反馈： "我儿子现在在英国读书，他是我唯一的骄傲。只要他过得好，就是不在我身边我也满足了。"

分析： 日建酉金代表儿子。日建远离世爻，不在卦中，故说儿子日后难守在身边。

酉金为桃花，为游年太岁，为流日，常旺不衰。桃花主英俊潇洒，多才多艺，有能力。故说儿子日后发四面八方之财，是有出息之辈。

107. 官鬼两现财伏藏　测婚大忌财遭殃

新加坡余太太摇卦测婚姻：

	申月	甲辰日	（寅卯空）
	《水火既济》	《泽火革》	六神
	兄弟子水、、应	官鬼未土、、	玄武
	官鬼戌土、	父母酉金、	白虎
	父母申金 ×	兄弟亥水、世	腾蛇
妻财午火	兄弟亥水、世	兄弟亥水、	勾陈
	官鬼丑土、、	官鬼丑土、、	朱雀
	子孙卯木、	子孙卯木、应	青龙

推断： 据卦中信息，我对余太太讲："你一生最大的不幸是婚姻上多灾多难，你第一个老公在2002年有外遇，2003年离婚。第二个老公在2005年出车祸身亡。第三个老公是2009年上半年有病灾，多指肾上有病危及生命。"

我还指出，近两年余太太破财，妇科有病，多为子宫肌瘤，月经不正常，经血少肚子痛，阴阳失调易上火发脾气。

反馈： "2002年我丈夫经常晚上不回来，后来才发现和一个湖南的女孩同居，2003年离了婚。2004年我交了一个男朋友，没办结婚手续，只是同居，2005年在马来西亚出了车祸当场死亡。在2006年的下半年通过朋友介绍认识一男友，可是在2009年他得了尿毒症死在医院。你说我身上的病都对，在你面前真是无秘密可谈。"

分析： 卦成事明，女摇卦测婚姻最忌兄弟爻旺，官鬼爻旺。男测婚怕兄弟爻持世。我在实践中的经验，女测婚，兄弟爻持世乃多婚之象。余太太摇卦测婚是个测婚大忌之卦。卦逢两鬼无财，切记不可成婚，遇着不死则离，必是断头婚，三婚难到头。官星暗动明动外合入库，均为测婚大忌。五爻乃夫君之位，宜旺不宜衰，怕临凶神旺是凶者更凶，今五爻官星戌土在五爻临白虎暗动，又丑未戌三刑，主此女婚姻上多灾多难。今卦中四库俱全，主凶，辰戌丑未为四冲，就是逢吉也变凶。应爻代表现在和过去的婚姻信息，五爻代表后半生的婚姻信息，官鬼爻代表婚姻的吉凶信息。此卦应爻兄弟子水虽在月令得长生，可惜子水化回头克入月令辰土之库，也是凶象，世爻临兄弟亥水，也是人生曲折，多灾多难，被重重官鬼土爻所克，卦中官鬼化官鬼兄弟化兄弟，必有大的伤灾。

在六爻卦里，只要女同志摇卦，二爻官鬼化官鬼相刑，四库全，都是克夫的信号在里边。若男的摇卦二爻官鬼化官鬼相刑克主克妻，破家。

老公2002年有外遇，是指应爻为第一次结婚的老公，子水化官鬼未土也临玄武，子水为桃花玄武主暧昧，2002年者是财爻午火伏在三爻亥水之下，2002年午火临太岁而旺得出，子与午相冲，又官星未土与午火生合，午火桃花也，故断2002年丈夫外遇。2003年离婚，丑未戌三刑主有灾，灾应在了婚姻上。

第二个丈夫2005年出车祸，卦中官鬼化官鬼兄弟化兄弟主伤灾，但官鬼相刑又相冲，当然是余太太的老公有车祸了。2005年乙酉年，是五爻官鬼戌土被日令辰土冲起为白虎暗动，戌官暗动化父母酉金，五爻为道路，日冲暗动是别人开车冲撞余太太的老公，暗动是祸来不知，灾来不明，虎动主丧，父母酉金代表车，故断2005年车祸死丈夫。

周易·八卦健康案例精典

2009 年第三个老公尿毒症，其实也是肾病，是二爻官鬼化官鬼之故，测丈夫最忌鬼化为鬼是不祥之兆，二爻代表肾区，官鬼为老公，又化出官鬼代表是病，又坐离卦犯三刑，离为火助鬼丑土，肾以金水为用神大吉，土为病，故断 2009 年肾有病危及生命。

余太太有妇科病，是离卦化离卦之故。

108. 阴阳颠倒婚有变　夫君入库灾难来

河北的王女士找我测婚姻运，摇卦得：

庚寅年	辰月	乙巳日	（寅卯空）

《山天大畜》		《地风升》	六神
	官鬼寅木○	子孙酉金、、	玄武
	妻财子水、、应	妻财亥水、、	白虎
	兄弟戌土、、	兄弟丑土、、世	螣蛇
子孙申金	兄弟辰土、	子孙酉金、	勾陈
父母午火	官鬼寅木、世	妻财亥水、、	朱雀
	妻财子水○	兄弟丑土、、应	青龙

推断：根据卦中的爻象明示，我对王女士讲："你是 1995 年结婚，1998 年领的结婚证，2000 年生的小孩，是个女孩，是剖腹产。

你本人在事业单位工作是一个好单位，2005 年你的婚姻有变化，是因为你老公加入了犯罪团伙，主要是偷盗汽车，你老公是这个团伙的头目。2005 年案发，2006 年你老公入狱，被判刑 6 年，2007 年你与在狱中服刑的丈夫办了离婚手续，同年你和一个有妇之夫打妍到现在。

你今天测卦主要是问你这个男朋友能否与妻子离婚，你和此男有没有结婚的可能？"我又指出王女士的眼睛在 2001 年或者 2002 年做过手术，左眼做的手术成功，右眼做的不成功。"

反馈："今天你测的都对，我是 1995 年结的婚办酒宴，到 1998 年才领结婚证，当时为了考公务员，过了两年才要的小孩，也就是 2000 年，当时难产确实是剖腹产。

我先生是偷盗团伙的小头目，专偷好的轿车，2005 年在北京案发，逮了 50 多人，我老公躲起来了，直到 2006 年公安局才逮住我老公，是判了 6 年。2012 年出狱。

我 2007 年认识了一个老板对我很好，帮了我不少忙，我们就好上了，一直到现在他和太太也没离婚，我是想知道我跟他能结婚吗？他啥时候能离婚？"

分析：女测婚若世为阴爻应为阳爻婚姻大吉昌，今日之卦是阴阳反错为多婚之命，子孙爻在主卦伏藏，官星无制，财爻无原神，也表明此女是多婚之命，父母爻不上卦，婚姻不长久。官休囚女再嫁，财休囚男伤妻再娶。今应爻代表此女的老公，五爻也代表此女的老公，五爻子水化亥水为退神又入月库，卦中土神乱动克制子水亥水，命书上有水库于四季之土，可见此女的老公不进病房也得入牢房。

1995 年结婚，是应爻水神临太岁而旺生助世爻，1995 年为乙亥年，子水旺相化出亥水临太岁生合世爻，太岁生合世爻必有喜事临门，故断 2005 年有婚庆之喜。应爻为老公，五爻为老公，子水亥水库与土，必在旺相之时才能生合世爻，此为断卦之理。

1998 年为戊寅年，父母爻午火伏在寅木之下，伏来得长生，构成寅午戌三合局，父母爻为文书证件也，故断 1998 年领结婚证。2000 年生女儿是子孙爻申金伏在三爻辰土之下，又化出子孙爻酉金，酉金坐下巽卦，巽主长女故断是女儿。二爻代表女同志的子宫，二爻官鬼寅木与日令巳火相刑，化出的亥水与日令相冲，子孙酉金与亥水同宫，巳火冲亥水，故断孩子是剖腹产。

老公是偷盗团伙之首，是应爻子水在五爻之故，五爻为统帅之位，子水为财与兄弟丑土合与辰土合，兄弟戌土暗动劫财，故断子水为众兄之首，卦中兄弟重重，兄弟爻为劫财之神，所断是偷盗团伙。卦中六爻鬼动化子孙酉金临玄武，鬼临玄武动主偷盗，子孙酉金在此位不能代表公检司法和部队，因是官鬼动化出酉金临玄武，此子孙酉代表偷盗的团伙，与日令巳火构成巳酉丑三合局相刑，丑戌相刑主刑狱，坤卦主车，土旺，故断专偷盗豪华轿车。2005年案发，是上六子孙爻酉金旺反克官星寅木之故。老公躲藏，是子水入辰库之理。2006年为丙戌年，戌土冲辰库故放出子水，反被戌土所克制，故断2006年丈夫被抓入狱，2012年出狱，是辰土冲戌库之理。

2007年与一老板同居，是世爻寅木化财爻亥水，相生相合之故。最后我告诉王女士，你与此老板结不了婚，老板也不会离婚，因亥水暗动入辰库不生世爻。断此卦还有很多信息在其中，由于文字所限不能全部写清，望广大读者深读细究，领悟其断卦之理。

109. 卦现双鬼　女命婚灾

陈女士占测自己的运气和丈夫的情况：

	壬午月	癸酉日	（戌亥空）
	《雷泽归妹》	《火泽睽》	六神
	父母戌土 ×应	官鬼巳火、	白虎
	兄弟申金、、	父母未土、、	螣蛇
子孙亥水	官鬼午火、	兄弟酉金、⚊	勾陈
	父母丑土、、世	父母丑土、、	朱雀
	妻财卯木、	妻财卯木、	青龙
	官鬼巳火、	官鬼巳火、应	玄武

推断1："你性格乐观直爽，能言善辩，工作利索，信用无欺。

自尊心很强，是自己的就是自己的，不是自己的分文不要，有时还很任性。"

反馈：陈女士嫣然一笑："别人也是这样说我。"

分析：世爻父母丑土在兑宫持朱雀，兑主喜悦，朱雀主会说话。世爻为丑土，土的特性就是讲信用，一言九鼎，一诺千金。卦中与日令巳酉丑合金局，金在卦中为兄弟，兄弟的个性特点是自尊心强，任性。

推断2："你在家时得父亲疼爱。你的学业是二次完成的。"

反馈："说得对。我是高中毕业后，就参加工作了，在工作期间又进修学习了一次，才取得了大专文凭。"

分析：世爻本身就临丑土父母爻，三爻代表父亲，所以卦主在家得父亲疼爱。

主卦中两重父母爻，丑土为四库最小的，在三爻为高中毕业，戌土之库比丑土大，在六爻为大学毕业。

推断3："你出社会较早，17岁就离家自立了。你的职业与公检法有关。"

反馈："是的。我是1955年出生的，17岁就参军当兵了，后来分配到武装部门工作。"

分析：1955年出生，17岁时是71年，为庚戌流年，卦中大限走在二爻卯木上，与太岁流年相合，二爻卯木临青龙，合则动，青龙动有喜事临门。17岁小限走五爻兄弟申金，五爻为道路，在震宫也主动，青龙在兑宫动，动的信息很明显。五爻申为金，在震主威武刚强，故说17岁就离家走入社会。

职业与公检法有关，是因为世爻父母丑土为工作单位，在兑宫，兑主金，金代表政府、公检法等。断她在这些部门上班。

推断4："你的父母现仍然健在，父母的家庭境况一般，父母之间关系不错，社会交往关系也不错，会交际，同心协力。"

反馈："父母身体好，没啥大毛病，他们和睦相处。"

分析：三爻父母丑土代表父亲，六爻父母戌土代表母亲，丑、戌之土临月午火生旺，故说父母皆健在。有易友会问：六爻父母戌土逢空，持白虎，为何不断母亲去世呢？因为六爻戌土发动，动则说明母亲人还健在，还有气。

二爻卯木妻财代表家庭，临日月不旺，故说父母家庭境况一般。

所谓父母关系和睦是因为，六爻父戌动化出巳火与世爻父母丑土相生相合。

社会交往关系也不错是因为世应化出的巳火与日建组合巳酉丑三合局，日建代表事情的始与终，从头至尾，父母夫妻二人团结齐心，人缘好。

推断5："你们家兄弟姐妹共四个。"

反馈："确实是兄弟姐妹四个。我有一个哥哥，一个姐姐和一个妹妹。"

分析：世爻父母丑土，主变卦中共有四重土，土为丑之比劫，故看土的数量。土数为5、0，按道理说应该是五个兄弟姐妹，但丑未戌逢三刑，兄弟姐妹肯定有损，参考主变卦中有四重土，故断其兄弟姐妹四个准确无误。

推断6："你头胎生的是女儿，属鸡的，现在不在你的身边。"

反馈："1981年生了一个女儿，现在在国外。"

分析：四爻子孙亥水伏于四爻，四爻为阴爻，亥水为阴支，化出酉金为阴支，在离宫为女。故说头胎生女孩。四爻化出酉金，酉生肖为鸡。

子孙爻亥水伏藏在四爻不出现于卦中，而且逢空，故断女儿不在身边。

推断7："你事业有成，但婚姻不顺，1991年有离婚之象。一次婚姻不能到头。"

反馈: "是的，我1991年离了婚。"

分析: 卦中出现两重官鬼，女人测卦为婚姻不顺。1991年辛未流年与世爻丑土相冲，朱雀发动有争讼、口舌官司。1991年大限行在六爻父母戌土上，小限走在四爻官鬼午火上，岁与大小限构成巳午未合官旺之火局，入六爻动库戌土中。戌发动持白虎，白虎主官司，且丑未戌三刑，逢刑必有官司，是世应刑，世受冲，故有离婚之灾。

推断8: "你目前的丈夫身体很差，使你在家庭建设和日常家务中不得不受苦受累。他肝上有病、肾虚。今年四月发生一次生死攸关的大灾，很可能是上呼吸道之疾病。"

反馈: "今年四月咽喉道出血差点要了他的命。今年他肝区也说经常疼痛，肾虚，精神差，睡不好觉。"

分析: 今年乙酉太岁，与应爻、世爻合成巳酉丑兄弟金局，兄旺夺财，破财之象。应爻白虎发动，主血光，应在震宫主头部。巳月份为巳申相合，申暗动，持腾蛇，在五爻位置上，主喉道，为喉道出血，差点死是应爻动化出巳火值月旺，随时可入戌土之库。但巳火旺相，与卦中组合成巳申合、巳酉丑合，被绊住而没有入库。

二爻卯木代表肝脏，在卦中为休囚状态，逢太岁酉金冲克，故说有肝疾。

卦中子孙亥水不现，逢空，水主血液，水主肾脏，故说肾虚精神差，身体欠佳。

推断9: "你现任丈夫今年九月还会有场大灾，明年丙戌流年仍然灾病连连。"

分析: 九月为戌土值旺，明年丙戌流年，为戌土值旺。戌土旺即为白虎旺。戌为火库，逢流月值或太岁值入爻，化出巳火入戌库，故此灾大而且凶。

推断10: "你近来身体不佳，贫血，肾虚，经常头痛，脾胃也不好，很容易疲倦。你照顾丈夫的同时，也应该多注意自己的健康。"

反馈:"近来确实很容易疲倦,常感头晕、目眩,有时腰疼,胃口也不好。"

分析:世爻父母丑土与应爻戌土与五爻化出未土构成丑未戌三刑,说明卦主心情不好,身体不佳。卦中水不现,逢空亡。水代表肾脏,代表血液,故说患有贫血、肾虚之疾。三爻代表胃部,持世,逢丑未戌三刑,为胃脾不调,易疲倦劳累。六爻父母戌土在震宫,震主头部,六爻也为头部,戌土动化巳火持白虎之,故患有头痛症。

推断11:"你从2003年至2006年,运势坎坷曲折,辛苦奔波,耗财不断,特别是2006年尤为不顺。2007年后雨过天晴,诸事顺意。"

反馈:"2003年至今确实耗财不断,女儿出国,丈夫患病,确实劳碌辛苦。"

分析:2003年至2006年为土金旺相之流年,土旺世逢刑,遭遇坎坷,临父母为辛苦之神。

2006年戌土太岁临应爻夫位,与世爻相刑,太岁戌土值白虎且发动,大凶,破财之象。夫有灾,自己也不顺。

2007年后为水木旺盛之流年,福神财神同旺,故为雨后天晴,阳光普照之象,诸事顺意。

110. 缘何大难不死 只因冲逢生合

一位女士求测运气：

西月　　乙未日　　（辰巳空）

《雷天大壮》　　　　六神

兄弟戌土、、　　　　玄武

子孙申金、、　　　　白虎

父母午火、世　　　　螣蛇

兄弟辰土、　　　　　勾陈

官鬼寅木、　　　　　朱雀

妻财子水、应　　　　青龙

推断1： "恕我直言，你的命扎根在桃花园里，花开得较早，应该在22岁就有了动婚之事。就算是没登记结婚，也有夫妻之实，过着不是夫妻胜似夫妻的甜蜜生活。"

反馈： "不好意思，真是真人面前无隐私，我确实在22岁时与一位有妇之夫同居了，但未登记结婚。"

分析： 此女为1970年生人，22岁时流年为1991年辛未，大限走在六爻兄弟戌土上，持玄武，小限走在初爻妻财子水，持青龙；妻财子水为应爻，也为丈夫的位置；流年未土与世爻父母午火相生相合，这些都是有利于结婚大喜的信息。而为什么卦主说是"同居未登记"呢？卦中寅午戌三合火局入戌库。戌库也可看成一个家。戌库居六爻，二十多岁大限正行走在六爻戌土上。六爻临玄武，主暧昧，虚假。故有可能是未登记的"假结婚"。而小限妻财子水主桃花开，持青龙，逢喜事，临着应爻夫宫位置，代表着结婚，流年与世爻午未相生相合，所以说过着不是夫妻胜似夫妻的甜蜜生活。即有夫妻之实，但未登记结婚。

推断2："你个性热情奔放，做事风风火火，干脆利落。虽然只有高中文化，但深明大义，处世灵活，经验丰富，做事果断。能吃苦耐劳，是女中强人。一生不愁钱财。唯独美中不足的是婚姻欠佳。"

反馈："我确实是高中毕业。关于我的个性特点，我的姐妹们也是如此评价的。为了事业，有时也会觉得很累，所以想早点成家，有个避风的港湾。"

分析：世爻父母午火临年、月、日休囚，不旺，位居四爻，故断她为高中毕业。

午火的特性，即为热情奔放，风风火火，干脆利落。世爻与日建未土相生合为暗动，动则闲不住，是能吃苦耐劳的女性。世持螣蛇得生，故说她为人处事灵活，经验丰富，处事果断。

卦中申子辰三合水局为财，故说她一生不愁钱财。

卦中世爻与应爻子午犯冲克，所以说婚姻为美中不足，不顺。

推断3："你从事的行业应与金或水有关。现在所做的行业还算对路，财运一直都不错。"

反馈："我从高中毕业后就学的开车。而后一直以开出租车为生，也积蓄了一些钱。"

分析：卦中以子水为妻财，水之原神为金，故说她从事金或水的行业。水金为卦中之财福，行业还算对路。卦中财不弱，财运应该一直都不错。

推断4："你23岁之时是你的悲喜交加之年。即有生孩子之喜事，头胎应该为男孩；又有因生了孩子而危及丈夫或男友之悲。该年丈夫或男友有生死大灾。"

反馈："23岁时，我生了一个儿子。儿子才一个月大时，他（指丈夫或男友）就出车祸死亡了。孩子我一直带着，苦熬到今天。李老师能看准这点，我真是佩服！佩服！"

分析：23岁为1992年壬申流年，大限走在六爻兄弟戌土上，小限走在二爻官鬼寅木上，申金流年是子孙逢值旺相之时，卦中寅午戌（即大限、小限、世爻）三合火局，助旺世爻父母午火，实为身旺子孙旺。五爻子孙申金代表长子，在震宫也代表长子，持白虎为见血光，生孩子必见血光，故断她有生孩子之喜事。

另一方面，从一卦多断的角度来说，二爻官鬼也代表她的丈夫或男友，逢小限值之，逢太岁冲克，太岁入五爻子孙申金，持白虎，冲克之，所以因小孩子的出生，对夫星影响极大，上卦震主动，下卦乾主车，寅申之冲为驿马之冲，《大壮》为六冲之卦，乾为天，天处于下卦，说明有翻车、车祸之象。证实为丈夫或男友车祸身亡。正所谓的"悲喜交加"！

推断5： "今年（2005年）上半年你的车出车祸了，具体点说应该发生在农历四月份。"

反馈： 此女士听后眼睛睁得很大，但欲言又止，似乎在等待进一步的说法后再表达她的惊讶。

推断6： "这次车祸你没有受伤，但车上的四个人有伤有亡的。"

反馈： 此女士惊呼："我的天啊！您简直是亲眼看到这场车祸的发生一样。你咋不说我也受伤了呢？我的确是在今年农历四月份出的车祸。当时车上坐着二男二女。撞车后，一男一女当即死亡了，另一男一女也重伤，而我自己也奇怪，竟然没伤着！"

推断7： "这次车祸你得掏一大笔钱财出来才能摆平哦。破财数的尾数应该带5、0，确切点说，应该是20万或25万左右。"

反馈： "这次车祸我被刑事拘留了3个月。最后与死者家属达成协议，赔偿25万元，这事儿才算摆平了。虽破了财但也免了牢狱之灾。"

分析： 2005年流年乙酉，流月为辛巳月，大限走在初爻妻财子水上，小限走在三爻兄弟辰土上。流年酉金白虎临旺，流月巳火与卦中五爻申金、二爻寅木组合寅巳申三刑，刑则有动，引动了五爻申金及二爻寅木，申金为车，临太岁与酉金并，在五爻为道路上，持白虎旺动，卦中金旺就代表白虎旺，白虎主血光之灾。

子孙申金、酉金皆代表卦主的客源。即她所载的客人，也是财之原神，所以出事的是客户，申金在震宫，震主4数，故说伤亡人数为4人。

二爻官鬼寅木可代表官方，持朱雀，说明官方出面作调解。卦中寅午戌合火局入六爻戌土之库，官临寅木，木主3数，故官方将她刑事拘留3个月。

为何这次车祸中4位乘客两死两伤而卦主却没有事呢？细审卦中组合，世爻为父母午火，三爻辰土逢空，初爻妻财子水临太岁酉金逢生，持青龙，有化险为夷之象，妻财子水生二爻官鬼寅木，三爻辰土逢空，二爻官鬼寅木直接生世爻父母午火，世爻之源头源远流长，源头又为青龙把持，故千灾万祸皆可化为尘。

为何破财为25万元呢？《大壮》卦数为5，卦中两兄弟夺财，土为5、10数。旺者加倍，因是伤亡两条人命的大案，按现行的通常情况，经官方调解赔偿至少应该在20万左右，故断她破财25万元左右。

推断8："你2008年可遇上心中的白马王子。下半年将有成婚之喜。"

反馈："唉！但愿如此。我也好想早些有个稳定的家，一个人过得真是好累。"

分析：2008年流年戊子，大限走在初爻妻财子水上，持青龙，流年太岁又为子水，女命逢财旺利官利夫。下半年金水旺时，一定有成婚之喜事！

推断9："往后10年间，你的事业稳固，财源不断，财运、事业两旺，是一生中的红火时期，好好抓住时机，努力创造一个美好的人生吧。"

反馈："听李老师这番话，我也就充满了自信，等我好了以后，我定来拜谢老师！"

分析：往后10年间，大限走初爻、二爻财官之运，连续相生到世爻，加上往后流年皆为水、木、火之流年，非常有利财与官的求取，故说财运、事业兴旺发达，家庭和睦美满。

111. 卦中见巳火 手术难逃脱

广州刘小姐打电话测婚姻，得《晋》之《天地否》卦：

庚寅年	辰月	癸巳日	（午未空）
《火地晋》		《天地否》	六神
官鬼巳火、		父母戌土、应	白虎
父母未土 ×		兄弟申金、	腾蛇
兄弟酉金、世		官鬼午火、	勾陈
妻财卯木、、		妻财卯木、、世	朱雀
官鬼巳火、、		官鬼巳火、、	青龙
子孙子水	父母未土、、应	父母未土、、	玄武

推断1：据卦中信息，我给刘小姐讲："从2001年到2010年你谈过的男朋友不少于10个，但都不能成功，主要在于你没有诚意，你把婚姻当作儿戏，常常立足于三个男人中间，结果把自己的身体搞坏了，婚姻不成一身病，以后应有正确的恋爱关系，好好谈一个结婚成家，踏实过日子。"

反馈：刘小姐听了我的话很受感动，一切都默认了。

推断2：我断定刘小姐今年正月子宫做过大手术。

反馈：刘小姐讲是子宫长了一个很大的病瘤，正月做的手术，现在腰还痛呢。

分析：因二爻官鬼巳火化巳火临日而旺，我的经验巳火在卦中是代表手术刀，申金也是手术刀，凡是测卦二爻是巳火或者申金者，肯定预测人做过手术，此是断卦的硬道理。

推断3：据卦象爻象的信息，我断定刘小姐的母亲子宫也做过大手术。

反馈：刘小姐说她16岁时母亲是做过子宫切除手术。

分析：子宫瘤者，是下卦为坤卦，下卦或是艮卦同理。是何卦理，因下卦坤卦化坤卦，坤主母亲，二爻官鬼巳火化巳火，二爻也主母亲，五爻主父二爻主母，这是断卦之理，初爻父母未土化父母未土，当然母亲子宫做过大手术了。

此卦为两官鬼一财，主婚姻不顺，也就是脚踏两只船，一个都不成。世应虽然相生，但是世爻与月令辰土相合，外面还有意中之人，世爻又化官星午火，也是主世爻的老相识，情丝未断，官星午火入戌库，说明午官已有老婆，与世爻是不正当关系。卦中子孙爻不上卦，处于死地，官鬼重重又旺无制，财休无原神，是断头婚之信息，也说明此女在男女关系上乱来，兄弟酉金持世，说明她谈婚不是论人品长相，而是看钱而谈。日上一个巳官，卦中三个巳官均于世爻争合，说明此女交往的男朋友多。

我断此卦是以讲学的模式讲解，望广大读者能够深刻的领悟断卦之理。

112. 世应旺相遇三刑 婚姻不顺有灾情

西宁杜女士经朋友介绍前来找我测婚运，得《雷泽归妹》之《兑》卦：

庚寅年　　辰月　　癸巳日　　（午未空）

《雷泽归妹》	《兑为泽》	六神
父母戌土、、应	父母未土、、世	白虎
兄弟申金 ×	兄弟酉金、	螣蛇
子孙亥水　官鬼午火、	子孙亥水、	勾陈
父母丑土、、世	父母丑土、、应	朱雀
妻财卯木、	妻财卯木、	青龙
官鬼巳火、	官鬼巳火、	玄武

推断： 根据卦中信息所示，我向杜女士讲："你不但婚姻不顺，你曾有过多次手术之灾。2004 年到 2005 年你脖颈上有两次手术，2001 年你离婚同时做过人流，2007 年做过人流，你至今没有子女。

你第一个丈夫在 2000 年有外遇，2001 年离婚；你于第二个丈夫是 2002 年结婚，2004 年你的丈夫有牢狱之灾；2005 年你与第三个丈夫同居，2006 年有血光牢狱之灾；第四个是 2008 年戊子相识，同居，今年春天分手。"

反馈： 我断完卦，杜女士惊呆了，激动说："我也找人预测过多次，都没像今天你讲得这么清楚，讲得这么准，真是不可思议。我是2001 年离婚，当时怀孕了，既然离婚了，那小孩也就不要了，所以就做了人流； 2002 年第二次结婚，2004 年丈夫因打架出了人命案被判了十年牢狱，接着我的咽喉长东西做了手术，命运实在捉弄人，连续灾难都降落到我的身上，真是受不了，当时自杀的心都有了。2005年咽喉又做了一次手术，因 2004 年手术没做好。2005 年下半年我认识了一个男朋友，可在2006年出车祸身亡。2008年认识了一个男朋友，同居了一年多，今年二月被这个男的妻子发现了，就此我们也分手了。

李老师，我什么时间运气才会好，我会做尼姑吗？"

分析：此卦是官鬼化官鬼，兄弟化兄弟，必有手术之灾。官鬼爻巳火临日令而旺，兄弟申金动化进神，巳火申金均代表手术刀，卦中上六爻戌土化未土相刑临白虎，也主有大的伤灾，月令辰土冲起戌土白虎发动更说明有伤灾，所以断杜女士有多次手术之灾。2004年甲申，卦中五爻申金动化进神临螣蛇，说明杜女士有手术之灾，五爻代表脖颈，当然是脖颈手术。

我的经验是五爻临金水在身体上代表眼睛代表肺，火和土代表心脏，木代表肝胆，具体还要以卦宫而确定。今所断此卦是震卦主头化兑卦主嘴，五爻定然是脖颈了，故断2004年、2005年有两次手术。

2001年离婚又做人流，是卦中官星巳火临太岁而旺无制，与动爻申金合，巳火克申金，我克者为财，说明巳官爱上了申金，也正是离婚之年。做人流是官鬼巳火冲子孙爻亥水，火旺水干，故断此女2001年离婚又做流产。2007年做流产，是子孙爻亥水临太岁与卦中官鬼午火相克。官鬼化子孙，子孙化官鬼遇着百无一活。今因子孙亥水伏在官鬼午火之下又化子孙亥水，此为卦中之理。

2002年二次结婚，是官星午火临岁生世之故。午火为红艳桃花，此年有结婚之庆。2004年有牢狱之灾，2004年甲申是卦中子孙爻亥水临长生克制官鬼午火，子孙爻代表公检司法，卦中又丑未戌三刑，2004年官星午火处于病地，与戌土合，未土合遇三刑，午火入戌库，故断第二个老公有十年牢狱之灾。到2012年出狱，2012年是辰年冲戌放出午火之理。

2005年结交了一个男朋友同居，是卦中五爻发动化酉金与世爻合局，酉金在五爻主男朋友，丑土为酉金之库，入库者同居也，酉为桃花。2006 年出车祸人亡，是 06 为丙戌年世应与变爻丑戌未三刑，应爻戌土也代表老公，戌土临岁旺坐在震卦与月辰土相冲，临白虎，震主车，五爻临腾蛇发动，也说明此女的男友在 2006 年丙戌有车灾。白虎主血光，震主车，月令辰土冲戌土，正说明两车相撞之理。

2008 年认识了一个男朋友，同居一年多是戊子年与世爻相合之故，太岁合世必有喜事。2010 年被男朋友妻子发现分手了，正是卦中财旺克世之理，今年为庚寅年，是寅申巳三刑，所以好景不长。

最后我对杜女士说："今年五月份官星临旺，你可以遇到一个知己，抓住机会，可在下半年九月结婚，今年是寅年合住子孙爻亥水不克午火，寅午戌又三合局，所以下半年结婚大吉。"

113. 财旺官旺 事业顺畅

北京的赵先生请我测运，得《旅》之《讼》卦：

	庚寅年	辰月	辛卯日	（午未空）
	《火山旅》		《天水讼》	六神
	兄弟巳火、		子孙戌土、	腾蛇
	子孙未土 ×		妻财申金、	勾陈
	妻财酉金、应		兄弟午火、世	朱雀
官鬼亥水	妻财申金○		兄弟午火、、	青龙
	兄弟午火 ×		子孙辰土、	玄武
父母卯木	子孙辰土、、世		父母寅木、、应	白虎

推断： 根据卦象爻象显示，我给赵先生讲："你是文才出众，财旺官旺十年内连升三级。你 2002 年提升 2004 年又提升，到 2008 年又提升。你 2008 年虽提升官职，但 2003 年有孝服在身，应该是父亲。2008 年升官，但桃花运也旺，外有女朋友，你是 2005 年有婚庆

之喜，2006 年生子没成活，2009 年离婚，现在与一个女孩同居。"

反馈：赵先生很惊讶地说："太准了！说得非常正确，我是 2002 年提副科级，2004 年提正科，2008 年提副处。2003 年我父亲肝癌病故，我是 2005 年结婚，妻子是教师，2006 年是生一个男孩，妻子难产小孩没活。2008 年我被提为副处，离婚是在 2009 年，我现在这个女朋友是 2008 年认识的，老师你看我们今年能结婚吗？"

分析：世爻辰土临月而旺，古人云：子孙爻持世不得官，今赵先生打卦是子孙持世，为什么会连升三级呢？其不知是妙在奇中，今世爻辰土是万物之库，当然也是官星亥水之库，又得贵人午火发动而生，此卦为六合之卦，为人谦和世爻合财，世应相合，官星伏财下得长生，可谓世旺财旺官旺，所断连生三级。文才出众，是父母爻旺，世应合财之理。2002 年提升，是卦中午火临岁生世之理。太岁生世一年好运，太岁克世一年难伸，这是断卦硬道理。卦中午火动与五爻合又生世，故断 2002 年生官。2004 年提升，是财爻申金临太岁又临青龙发动，龙动主有喜事，官星亥水伏在旺财申金之下得长生，入库于辰土，当然 2004 年升官了。2008 年提升，是官星临太岁，2008 年为戊子年，官星旺，与财爻申金，三合财官局。

2003 年父亲肝癌病故，是 2003 年为癸未年，子孙爻未土在五爻动化申金临勾陈，五爻为父子孙未土动，子孙爻是父母爻寅木之库，入库入墓也，临勾陈是入土之象，当然是父亲入墓啦。肝癌，是因为肝胆的五行属木，卦中木入库，土动生财，财旺克父，财爻申金冲克寅木，木处于衰绝之地，所以是肝癌。

2005 年结婚，是卦中应爻酉金代表配偶代表结发之妻，世应相生相合，2005 年是乙酉年，正是结婚之年。2006 年是子孙爻临太岁，故断此年生子，但月令辰土冲戌土又戌未相刑，故断小孩难以成活。2009 年离婚，是卦中土旺金入库，官星受克，2009 年为己丑年是金入库，官休囚，财官休囚，婚姻分离，又卦中丑未戌三刑，故断此年离婚。

　　我最后告诉赵先生："今年你的姻缘到了，下半年八月，结婚大吉，正是世应逢合之时。"